U0536768

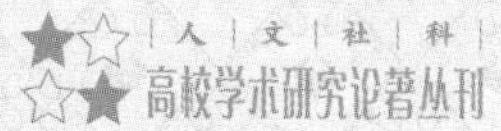

翻译语言服务与研究

关熔珍　主编

图书在版编目(CIP)数据

翻译语言服务与研究 / 关熔珍主编 . -- 北京 : 中国书籍出版社 , 2021.4

ISBN 978-7-5068-8425-9

Ⅰ . ①翻… Ⅱ . ①关… Ⅲ . ①翻译 - 服务业 - 广西 - 文集 Ⅳ . ① H059-53

中国版本图书馆 CIP 数据核字（2021）第 065590 号

翻译语言服务与研究

关熔珍 主编

丛书策划 谭 鹏 武 斌
责任编辑 毕 磊
责任印制 孙马飞 马 芝
封面设计 东方美迪
出版发行 中国书籍出版社
地 址 北京市丰台区三路居路 97 号(邮编：100073)
电 话 (010)52257143(总编室) (010)52257140(发行部)
电子邮箱 eo@chinabp.com.cn
经 销 全国新华书店
印 厂 三河市德贤弘印务有限公司
开 本 710 毫米 ×1000 毫米 1/16
字 数 323 千字
印 张 18
版 次 2023 年 1 月第 1 版
印 次 2023 年 1 月第 1 次印刷
书 号 ISBN 978-7-5068-8425-9
定 价 88.00 元

目　录

一、翻译探讨

翻译实践教学问题模型基础架构

——翻译方向行动学习范式前期准备

容向前

摘要：翻译专业学生们会提出很多问题，问中有问，题外有题，互相重叠、嵌套，循环往复。校外实践提供很多解题方法，需要且可以范式化。瑞文斯行动学习以及翻译界众多学术理论提供了基本原理和可借鉴原理。建立问题模型，依托问题模型，筛选理论、流程和案例，可为学生们提供解题的方向性辅导，进一步启发学生自主模仿学习。

关键词：翻译实践，教学行动，学习问题模型

1. 引言

翻译方向本科或硕士学生会遇到各种各样的问题。假以时日，这些难题和困惑都可以逐一得到解答。不过，学生们不能用时间来解决的问题是，导师开出的书单越来越长，学制却没有相应地延长，而且，还需要分出时间参与社会实践。当社会实践机会来临，学生或者校内导师调课又面临各种资源的拷问。单一的问题不算问题，但学生问题牵扯导师，牵扯学校，牵扯社会，变成问中有问、题外有题，就令师生们困惑纠结了。解答这些互相重叠、嵌套、循环往复的问题，需要校内校外导师协同配合，发挥合力，构建有针对性体系化的翻译实践教学范式。本文基于笔者亲历的翻译实践以及翻译实践辅导、翻译项目管理的心得体会，首先进行前期的问题建模思考。

2. 基本问题及分组

2.1 问题筛选

结合实际，依据“问中有问、题外有题”条件进行筛选，共选出16道问题，即【问1】要去哪里实践；【问2】要达成什么样的目标；【问3】要担当什么职责；【问4】人岗如何适配；【问5】到岗离岗的地理位置；【问6】绩效如何考评；【问7】实践成果怎么回归本专业学习；【问8】怎么对待额外接触和学到的知识；【问9】需要多少实践学习才能毕业；【问10】学不学更多语种；【问11】哪个语种更值得投入时间精力；【问12】是谁要求你做到“忠实”；【问13】是谁要求你的翻译“完整准确”；【问14】别人语言不“雅”怎么办；【问15】译员角色作用是什么以及能改变什么。最后，是一道哲学意味浓厚的问题，即【问16】我是谁，从哪里来，到哪里去。

2.2 问题分组

西北民族大学阎佩衡指出“译事”是“以‘指事’经‘行事’而‘成事’为过程”的行为曲线（阎佩衡，2015）。此论与笔者“问题重叠、嵌套、循环往复”的发现高度契合。借鉴此思路，以上16问可按指事、行事、成事三大模块分组。实际分组时，笔者参考其他理论并结合自己的理解，重新界定概念，分“译事、译行、译学”三大模块进行探讨，即“译事”模块收集问题，“译行”模块有组织地解答问题，而“译学”模块提炼答卷并完成学科学习。

3. 基本概念梳理

3.1 翻译学习与实践

翻译练习。任何人完成一定量的语言学习，就可以起步练习翻译。自发的翻译练习基于个人兴趣爱好，自主安排起始时间，不限地点，不设定阶段和终极目标及完成时限，自主选择源语文本或音视频，独力完成练习或者临时随机求助导师。

翻译学习。翻译学习由学校或培训机构发起，限定课时和地点。考虑地点因素，分为课堂学习与社会实践。课堂学习由导师选择源语文本和音视频，对学习进度进行干预性安排。从事翻译学习的译员和准译员，角色身份都是学员。翻译学习内容包括翻译理论学习。

翻译过程。笔者于2009年向学生们展示细分阶段的“翻译过程流水线”,认为“语言的形式和内容结合紧密,进入翻译过程后被拆分,其内容与新的语言形式重新组合后被输出到翻译过程的出口。”(容向前,2009)。完整的翻译过程包含全程结合的口译和笔译,也包含中程即译员脑中的语言转换过程。翻译过程是动态的,翻译学习并不需要完成完整的翻译过程,仅仅完成前半阶段解读或后半阶段表达也能达到学习目的。

翻译实践。面向实时源语文本或音视场景开展的翻译学习,完成完整的翻译过程,视为翻译实践。在翻译实践中,学员角色身份转成准译员。准译员“唱主角”,导师角色地位淡化,视情况提供辅导性支援。学校的“应用翻译工作坊”使用实时文本,视为翻译实践。

翻译任务。译员从指定来源接收实时源语文本或音视场景,完成完整的翻译过程,向指定方向交付靶语译出结果,视为领受并完成翻译任务。

翻译项目。事实上,翻译任务附着于其他主体性任务,翻译任务只是主体任务的有机组成部分。多元多模块的任务可以分项,属于翻译任务的分项就是翻译项目。翻译项目涉及译员之外的人员,这些人员的行动影响制约翻译项目。

3.2 翻译行动学习

行动学习。行动学习(Action Learning)概念由英国管理思想家雷格·瑞文斯(Reg Revans,1907—2003年)于1940年提出,并将其应用于英格兰和威尔士煤矿业的组织培训。它的主要内容就是,按照企业要求安排受训人员与有经验人员混合编组,使用真实的问题或工作项目作为学习工具,允许相互咨询或质疑,用集体讨论得到的共识代替“权威意见”。其核心要义就是“有组织、带问题、干中学”。

翻译行动。原则上,译员响应翻译项目要求采取的行动包括转场转岗行为,界定为翻译行动(简称译行)。翻译行动发起人、目标、时限、场景、资源、效益等因素发生变化,则翻译行动各因素可能发生变化。

翻译行动学习。经翻译行动发起人同意,为翻译行动任务清单增设培训译员或测试、验证译员完成工作任务能力的目标,则本次翻译行动对于译员来说同时是翻译实践。在翻译行动各方同意的情况下,学员可以申请参与翻译实践。任务之外更多的正式译员可参照学员标准申请参与。这种情况下,翻译实践的本质就是翻译行动学习,简称“译行学习”。从总体局部关系看，译行学习是“干中学”“译内学”，而从时间区隔看，是“译间学”。

4. 译行学习问题的模块化分析

从实际场景看第1节收集的问题，可以看到用行动解决问题验证答卷的是职场，答问题最多的是学界，提问题最多的是外语学习界别（语圈）。当然，所谓“语圈”“学界”，也是职场，它们的实际场景是学校、研究院所，即语圈在学界，学界在职场。三者之间的关系有分有合，以一对二，落脚点是职场。【问1】去哪里实践的问题就是职场关联问题，可用模型表示为“职场⟷语圈⟷学界⟷职场”。【问2】实践的目标，包括行动方案和结果设计，投影到对应职场，表示为译行学习模块关系，即“译行⟷译事⟷译学⟷译行”。

4.1 译行问题

职场关系。参与翻译行动学习人员不完全是在学或在职人员，他们的关系可以因就职情况变化而变化。对他们的人力资源开发和调动使用目标和手段随之发生变化。很多同学直接要求“上场”，忽略了译行学习从属于翻译行动的性质，也忽略了人力资源管理的固有属性和人才培养使用的客观要求。【问3】担当什么职责，问题对应的关系模型是“志愿⟷兼职⟷专职⟷志愿”。

岗位关系。翻译岗位与职场岗位有所不同。翻译岗位指从文字到文字的笔译、从文字到语音的视译、从语音到文字的译写、从语音到语音的口译等。其中，会议口译的语言能力要求最高。原则上，译行学习应该做到全岗覆盖（单人多岗轮换），还应该做到全员覆盖（单岗多人轮换），每次轮换都做到人岗适配。【问4】人岗适配关系模型表示为“文字⟷语音⟷文字”。

工位关系。相对于翻译岗位，职场岗位对应实际场景，在地理位置方面有所差别。【问5】场景位置决定了学员到位才算到岗，到岗就是到“工位”（职场岗位）。原则上，译行学习应该实现职场场景的全覆盖。场景转换形成工位关系转换，问题模型表示为“驻场⟷随行⟷远程⟷驻场”。一般情况下，专职岗位要求驻场或者远程在线，兼职岗位或志愿岗位可以随服务对象移动并因服务对象原因交替在场或离场。

考评关系。绩效（值）、标准（尺）、能力（技）表现是考评的主要要素。

"技"主要考评学员、译员个人翻译技能,包括使用语言工具及辅助工具的能力。"尺"(标准)主要考评译员资格与译出结果质量。"值"(价值与价格)着力考评主要目标类工作绩效以及衍生的经济成本和收益。有时候,考评主要依据自评。行动学习允许互相提问、答问、质疑,因此考评对象有机会换位去考评别的对象,需要处理目标、标准、人的关系。【问6】职场考评以绩效为主,而译行学习的考评,以能力水平为主。二者有侧重次序的矛盾,但又相辅相成。这几对关系,构成模型"技⟷尺⟷值⟷技"。各方的考评操作技能也可以归入"技"的范畴。翻译批评的理论方法适用于考评。

4.2 译学问题

学科。放到时间线上,翻译行动、译出成果、理论形态、互动批评都能入"史"(翻译史)。由史生论(翻译理论),引论据史而评(翻译批评),评后成论成史,也呈现循环往复的规律。【问7】实践学习与课堂学习的关系问题,对应译学关系问题,用模型表示为"史⟷论⟷评⟷史"。

学界。最早的关联学科是语言学和文学。随着管理学、心理学等学科的介入或拓展,这里,拓展学科的介入具有随机性和浅入性,可贡献学科术语和更多理论依据。译行学习关联学科及拓展学科最终服务于翻译学科。但是,所有学科都服务于职场。很多学生通过译行学习,掌握了其他学科如经济学、法学知识,走上经商、法律咨询职场。因此,【问8】怎么对待额外接触和学到的知识,产生翻译学科升华或者扬弃的结果。此时,学科关系问题模型是"翻译学⟷关联学科⟷拓展学科⟷翻译学"。

学员。通过译行学习,学习者技能水平提升,角色身份从学员(准译员)升格为译员。【问9】需要多少实践才能毕业,这里,入职就是毕业。不过,译员知识结构与实际涉及的知识领域存在不对称关系。面对涉及新专业领域或本专业新知识点的翻译任务,即使是经验丰富的"老司机"级别译员,也不可避免地从翻译行动转向翻译行动学习,像现实中的老司机那样先"减速、降档"后"变道、提速、爬坡"。这种重新"加油提速"耗费的时间成本,解释了为什么有些译员资历越老,越不轻易接受新的限时限量的翻译任务。译行学习永无止境,译员转换专业领域,因"变道降档"成为另一领域的学员。从学员起步,成为译员,又重做学员,重新起步。学员译员成长问题模型也遵循螺旋循环规律,表示为"学员⟷译员⟷学员"。

4.3 译事问题

语圈之问。语言学习位于译行学习上游。语际翻译要求译员掌握至少一门外语。鉴于语言存在吸收“外来语”的情况,掌握第二外语有利于译员快速准确完成翻译任务。实际情况是,“外来语”来源开放多元,使得更多外语学习成本收益极不对等。【问 10】学习更多外语还是选择随机的语种协作,属于可反复考虑的问题。它体现在语圈关系问题模型,表示为“母语⟷外语⟷其他外语⟷母语”。

语源之问。语际翻译过程中,双语可以互为源语靶语。学员对其中任何一个流向掌握不熟练,可重点选练之。【问 11】语源关系问题模型比较简单,表述为“源语 A(靶语 B)⟷靶语 A(源语 B)”。

呼应问题。《天演论》译者严复(1854—1921)指出“译事三难:信、达、雅”,虽未详细论述有关概念,但明显指的是各方呼应的问题。这“三事”已经过很多学者论证,比如认为“信”意味着“忠实原文”,“雅”意味着“表达文字优雅”。笔者认为,“信”指“忠实”但不局限于“忠实原文”,“雅”指“语言载体规范”而不是“优雅”。

全面呼应方面,翻译项目发起方也会以明示或暗示方式要求译员学员对自己忠实。信是忠实于四方,即“发起方⟷源语方⟷译作方⟷靶语方⟷发起方”。【问 12】,四方互相配合又互相制约,需要某种程度的妥协。其中,因为翻译行动学习项目从属于主体行动任务项目,发起人拥有最大否决权。全面呼应最难做到,如发起方要求译作方短时间内将数百页的书籍简介给他,会造成译作方“顾信矣不达,虽译犹不译也”的窘境。有些老师要求学生去“教育客户”,超出了学生的能力和“权力”。

双语对应方面,要求“完整准确”已经是译界的共识,即在语言负载优先原则下,做到载体对应。严复的“达”与此要求吻合。“达”实际上是同时忠实于 3 方,即“源语方⟷译作方⟷靶语方”。【问 13】按译界共识做到“完整准确”,是“信”的缩小版。即使是缩略版,也会有做不到的情况,如源语载体使用“双关”,靶语也要求“双关”,就形成可能有解也可能无解的难题。

单语对应方面,属于“雅”的范畴,分别忠实于二方。翻译过程前半段和后半段情况不一样。前半段,译作方需要全部接收源语方的信息传送,包括语言载体部分个性化的文本和语音变异(俗称口音),话语权很小,存在得到源语方的支持支援的可能性但属于少数情况。后半段,留给译作方和靶语方更广阔的操作空间,只需要双方认可,关系问题更快更容易得到解决。这里，形成两个有差别的问题模型，前半段是“源语方→译作方”【问 14】，后半段是“译作方←→靶语方”【问 15】。在前半段，源语方“雅”或“不雅”，译作方改变不了，也不应该去改变。在后半段译作方有更大的自由裁量空间和话语优势。译作方可能呼应靶语方的要求修改靶语载体，牺牲掉部分语言负载。但如译作方滥用话语优势，忽略对靶语方的责任，就容易引发失信（不忠实）于靶语方的现象。后半段的译作方的自由裁量空间也考验译作方对自己的“信”。

综合呼应对应情况，我们可以得到一个既有循环，又有套叠的问题模型：“信←→达→雅→信”。这里，有很多事例不支持因信而致雅，因雅而致达的结论。【问 16】我是谁，从哪里来，到哪里去？问的是角色问题，也是伦理问题和哲学问题。它是初始问题、本源问题，是问题之母。

以上 16 道问题经模块化分组，可以构成问题模型基础架构，并由笔者制成图表“翻译方向行动学习思维导图”（简称思维导图，如图 1 所示）。

5. 思维导图应用建议

5.1 范畴与边界

思维模式。问题模型的基本形态要求采用多元、循环、动态的思维模式。

出发点。任何一个社会角色位置（参看“实线”框），都可以作为译行学习考虑问题的出发点。译员以及外语零基础的在职人员，都可以发起译行学习并充任项目管理员。

终点。译行学习的目标是培养译员。译行学习的终点是它投影的职场。学员完成译行学习并成长为译员后，最吻合的落脚点是专职译员，受雇于语言服务企业或者自雇为自由职业译员，其次是担任培训教员以及到各用人部门、单位就职（任何职位，并承担“兼职”性质的本部门、单位的翻译岗位或工位任务）。译行学习目标任务组织中的任何人，可以发现译员人才并推荐使用。

边界。笔者主张，以思维导图为参照，“双虚线环线”涵盖的模块及问题模型属于译行学习范畴。“单虚线环线”涵盖的模块属于翻译行动或者关联及拓展范畴。

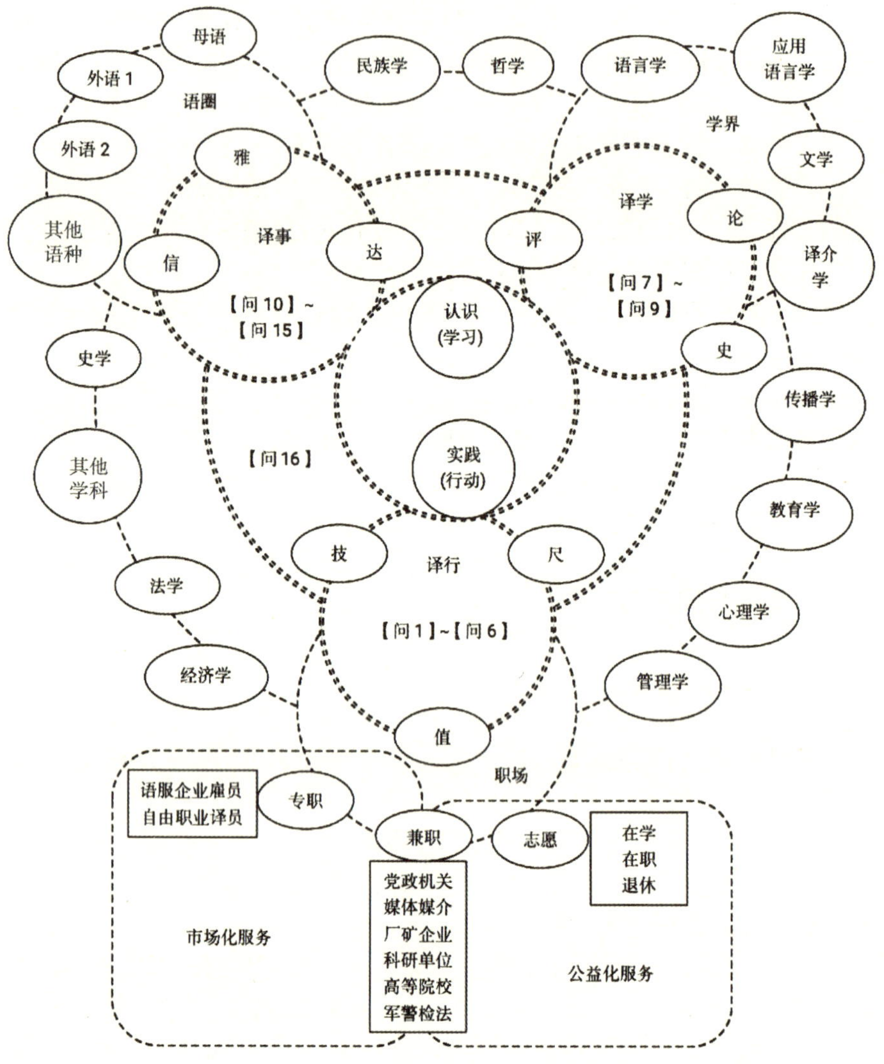

图 1：翻译方向行动学习思维导图

5.2 规则与原则

笔者主张优先遵循职场规则规范，包括规章、制度、技术质量标准以及个人行为规范、指南等要求，其次遵循翻译行业规范。各规则规范条文之间有矛盾的，原则上通过协商解决，达成协议或共识。

6. 结语

译行学习问题模型及流程表明，就翻译方向学员译员个体而言，行动学习的组织可能不同，但组织内角色作用相同。每个人岗位工位及遇到问题的先后顺序可能不同，但问题本质相同。学科建树成就以及耗时可能不同，但最终归途相同。

注释

关于范式，笔者与广西医科大学外国语学院周红霞教授在广西翻译协会 2018 年年会上曾做过探讨，一致认为学生们可在课堂学到很多翻译学术范式，但还缺乏可操作的实用范式，应该尝试构建"量身定制"式范式。问题模型则是范式构建的必要准备。

关于"职场规范"，其他学者也有类似论证，如姜秋霞坚持外事翻译标准以"信"为首要（2009），中国海洋大学任东升、高玉霞提出过"制度化"思路（2015）。

参考文献

[1] 阎佩衡 . 译事的语言学外层结构问题 [J]. 中国翻译，2015（4）.

[2] 容向前 . 翻译过程结构变化与对策 [J]. 广西大学学报：哲学社会科学版，2009，31（05）：142.

[3] 姜秋霞 . 外事笔译 [M]. 北京：外语教学与研究出版社，2009：9.

[4] 任东升 . 翻译制度化与制度化翻译 [J]. 中国翻译，2015（1）.

作者简介

容向前，广西外事办公室一级调研员，副译审，翻译硕士校外导师。研究方向：国际关系、区域合作、外事翻译。

论语境视角下英汉语用翻译策略运用

赵琦　谭发莲

摘要：翻译是发生在社会语境下的交际过程。当形式等值、语义等值和语用等值在翻译中不能同时获得时，译者应确定语境视角下的语用翻译应当优先于形式翻译和语义翻译。本文从语境视角分析英汉语用翻译策略的选择，如转换翻译、套译以及语用含意的全面嵌入译法等，以便阐释翻译中语境对实现翻译目的积极影响，有效地、更好地实现英汉语言之间的交际目标。

关键词：英汉翻译，语境，语用翻译策略

1. 引言

在翻译中当形式等值、语义等值和语用等值不能同时获得时，要实现交际目标，要使有效翻译成为可能，译者需要决定何种等值应该被优先选择以完成有效的翻译。语用翻译是很好的选择，因为它将人类纳入考察的视野而能够从多变的语境中掌握动态的整体语言系统。本论文通过阐释语境理论，分析语境视角下英汉语用翻译策略的运用对翻译的过程和结果能起到促进作用，以便更好地实现英汉语言之间的交际目标。

2. 语境与语用翻译

2.1 语境

语境是语用学的一个重要概念，语用学研究的意义不是由静态语言系统自身生成的，而是由交际情景下的参与者传达和操纵的动态交际现象。纽马克指出："语境在所有翻译中都是最重要的因素，其重要性大于任何法规、任何理论、任何基本词义。"纽马克关于语境的说法可理解为翻译离不开语境，因为语境中的语用意义是动态的，不是孤立的；语用意义也可以被看作语言形式和交际行为参与者之间的关系，语用意义实质

上是指语境中的意图。[1]

语境因素是翻译研究不可忽视的,因为语境差异因文化习惯的不同而带来的思维习惯以及理解方式上的不同,人们借助语境达到交流的目的,翻译时会因为语境而明显地影响具体词语的选择和安排。[4]

2.2 语用翻译

语用翻译观是近年来出现的一种翻译新论,从语用学的角度探讨翻译实践问题,即运用语用学理论去解决翻译操作中涉及的理解问题和重构问题、语用和文化因素在译文中的处理方法以及原作的语用意义的传达及其在译作中的得失等问题,是语用学运用于翻译领域的结果。何自然先生在他的《语用学与英语学习》中提出语用翻译可以通过两种语言的对比,分别研究语言语用等效和社交语用等效的问题。他认为语用翻译把翻译看作一种跨文化交际活动,强调译文应再现原文的语用潜力,使译文与原文达到语用等效。[3]

Grice(1975)语用翻译的意义理论以及 Lecch(1983)关于语用语言学的观点都认为,要理解说话人的意图,听话人首先必须正确识别和理解语言的基本意思和规约意义。[5] 根据语用翻译的观点,译者往往要考虑包括文化、源语文本、译文发起者的要求、译者动机以及读者在内的各种宏观语用因素和指示语、会话含义、言语行为、礼貌和关联等微观语用因素。实现语用上的等效翻译,可采取不同的语用翻译策略,如转换翻译、套译以及语用含意的全面嵌入译法等。

3. 英汉互译的语用翻译策略

3.1 转换翻译

转换翻译,即在翻译过程中,词序的重组要首先考虑逻辑意义关系,再考虑表达中语法的正确性,翻译时将句中的某一成分转换成另一种成分。如有些英语句子从形式上看是定语从句,但从语用意义上分析却具有状语从句的性质和功能,翻译时应分析原文主句和从句之间表示目的、条件、结果、让步、原因及时间等逻辑关系,然后译成相应的状语分句。[2] 再如,把一些非人称主语转换成汉语的状语以再现句子的逻辑意义。还有一些情况下,根据上下文的语用意义,将某种状语从句转换成其他类型的状语从句。

因此,当语言语境因素,如从语法意义、语义意义等方面无法传递源语所表达的真实逻辑意义时，就应优先考虑语用因素，即语用意义，如翻译目的、翻译动机和译入语读者等因素，从而准确传递语用意义，实现交际意图。例如：

（1）英语的定语从句转换为汉语的状语从句

例 1：In a dispute between two states with which one is friendly, try not to get involved.

当两国发生争端时，如与两国都友好，则力避卷入。[7]

该例的定语从句含有表条件的状语意义，即“如与两国都友好”，为了使汉语译文更为流畅通顺、更合逻辑，翻译时根据其实际语用意义，将原文转换成汉语的条件状语从句。

例 2：I could not recognize him who had changed so much in the past ten years.

我几乎认不出他了，因为在过去十年中，他变的太多了。[8]

该例的定语从句的实际语义是“在过去十年中，他变的太多了”，表原因。译文处理时优先考虑其实际语用意义，译为原因状语从句。

（2）英语的非人称主语转换成汉语的状语

除了一些定语从句含有状语意义，根据语境分别用不同含义的状语从句来翻译。然而，主语通常作为动作的执行者，或谓语所陈述的对象，在某些英语句子中的非人称主语也含有状语意义，其功能相当于状语，翻译时也要根据语境，用状语形式来翻译，以实现其实际交际效果。例如：

例 3：To translate this ideal into reality requires hard work.

要把这种理想变为现实，我们得辛勤劳动。[7]

该例的主语含有目的意义，翻译时转换成表目的的状语符合原句的逻辑意义，常见于不定式作主语的句子。

例 4：This field witnessed a battle.

这片土地上曾打过仗。[7]

该例的主语是地点，谓语是“见证”，句子主语含有状语意义，这句话相当于“A battle was fought in this field.”遵循汉语表达习惯及其语境，主语转换成表地点的状语，译文读起来通顺自然。[7]

（3）状语从句类型转换

充分考虑到语言语境因素，如篇章内部上下文的环境，如词、短语、语段或篇章的前后关系，在翻译某种状语从句将其转成其他类型的状语从句，使译文更加符合汉语习惯。例如：

例 5：We can't stop the job until we have the approval from the authority concerned.

如果没有相关当局的批准，我们就不能开始这项工作。[8]

该例的实际语境意义是“没有……的话，就不能……”将 until 引导的时间状语从句转译成条件状语从句是基于汉语语境的考量。

例 6：Something further must be down to the amplified signals before that can be sent to the transmitting antenna.

对于放大了的信号，必须做进一步的处理后，才能把它们传送到发射天线上去。[8]

该例将 before 引导的时间状语从句转译为条件状语从句“必须……才……”，符合句子的语境意义，更为连贯。

以上的英语定语从句、非人称主语及状语从句类型等的转换译例，充分说明语用翻译策略的运用对翻译的交际效果产生积极影响，是加强语气效果的有效途径。

3.2 对译

对译中弥补文化差异，采用本国语言文字中已有的词汇套用之，弥补语境中的文化差异。因为认知环境的不同，不同语言习语的比喻用法也各不相同，同时，人类的思维在很多时候是相通的，一种语言的习语往往能在另一种语言中找到相对应的表达，只是有时喻体不同，而语用含意却相等，所以翻译最好采用套译的方法，既能保证源语的语言特色与文化，又能传达目的语的内涵，便于目的语接受者理解，同时又可以看出两种语言的互通性，增强文化交流及文化认同感，中英文里面有一类习语，可以完全套用，传达相同的意思，同时又存在于源语和目的语之间。[2] 例如：

例 7：Love me, love my dog.

爱屋及乌。[6]

该例如果直译成“爱我的话，也爱我的狗。”这样的译法读起来甚是别扭拗口，中文语境里有习语与之十分相像，那就是爱屋及乌，套译过来，十分贴切，不仅能准确地传达出所要表达的意思，还能彰显两国语言在文化中的共同精华。要注意的是，套译法的应用也不是随心所欲的，应慎防对文化语境差异的估计不足而导致的误译。

3.3 语用含意的全面嵌入译法

语用含意的全面嵌入译法，指翻译含有较强的文化特色的源语时，在目的语中没有相对应的同义表达方式，就应不拘泥于原文的内容与形式，在经过解析后以另外的形式把真正的含义表达出来，全面嵌入语用含意。

不同民族的特殊思维方式会导致不同语词表达方式的巨大差异。从语用学理论来看,语用翻译把翻译看作一种跨文化交际活动,强调译文应再现原文的语用潜力,译出源语表达方式在特定语境中隐含的语用含意,使译文与原文达到语用等效。因此,在翻译的重构过程中,我们一定要注意选用适合于译文语言环境的表达方式来再现原作者的真实意图,确保读者对原作者的真实意图的正确把握和识别。例如:

例 8: The Best Car for 2001 has just gotten better.(BMW 5 Series)

青出于蓝,更胜于蓝![5]

这则"宝马"公司广告标语的创造性翻译直接采用了汉语的习惯表达法,没有关于产品的任何直接信息或宣传,但达到了事半功倍的宣传效果。消费者自会作这样的联想:这款汽车是在之前基础上研发的,性能、配置各方面肯定超越了之前同款汽车。这一译例优先语用等效,完全顺应中文的文化语境。[5]

例 9: One can't swing a samuri sword here and not hit a place that has ready-made gifts for the picking.

随便在什么地方都可以买到礼物。

该例原文借用 samurai sword 替换"to swing a dead cat"词组中的 cat,意思是没地方或空间,使原文更有日本味。本人询问原作者才知 swing a samuri sword 的比喻意义,于是阻断其比喻形象,采取语用含意的全面嵌入来翻译,因为该词的比喻形象在中文里没有对应的比喻意义。

这些译例既保留了源语文化特色,译语的语用等效也达到了,同时还丰富了目的语的语言类型和形式,真正使翻译起到传播文化的作用。

所以,翻译蕴含文化语境的词语,不是简单的意义对等传输,需要译者对源语和目的语文化信息的准确把握,不管是创造性的增,还是技巧性的减,不管是为了异国情调的异化,还是为了洋为中用或入乡随俗的归化,只要能符合原文的语境和原作者的意图,体现原文的语用效果,译者采用什么样的语用策略都是切实可行的。

4. 结语

随着语用学的不断发展,人们更多地关注于语境的动态研究。语用学与翻译的结合为翻译研究提供了新视野。英汉翻译应充分考虑语言语境、文化语境和认知语境因素,实现翻译的语用语言等效,需要注意原作的语用(言外之意)意义 ,注意从原作的角度看源语的语境含义。因为有时话语的暗含意义与字面意义或直接用意相异甚至相反,暗含意义以及说话人的真实意图的识别对理解和翻译都非常重要，所以，运用语用翻译策略是达到翻译目的的有效方法。

参考文献

[1] Newmark, Peter. *Approach to Translation*[M]. Oxford: Pergamon Press, 1982.

[2] 冯庆华．汉英翻译基础教程 [M]. 北京：高等教育出版社，2008.

[3] 何自然．语用学语英语学习 [M]. 上海外语教育出版社，1997.

[4] 胡壮麟．语境研究的多元化 [J]. 外语教学与研究，2002（3）.

[5] 蒋磊．英汉文化差异与广告的语用翻译 [J]. 中国翻译，2002（3）.

[6] 连淑能．英译汉教程 [M]. 北京：高等教育出版社，2006.

[7] 冒国安．实用英汉对比教程 [M]. 重庆：重庆大学出版，2015.

[8] 熊海虹．研究生英语综合教程（上册）[M]. 北京：外语教学与研究出版社，2009.

作者简介

赵琦，广西全州人，南宁师范大学外国语学院教授，熟悉建筑工程翻译，曾在美国威斯康星州立大学从事教学工作，研究方向：英语语言文学与翻译。

作者简介

谭发莲，广西玉林人，南宁师范大学外国语学院在读硕士研究生，研究方向：学科教学（英语）。

生态翻译学视域下《伊豆舞女》的拟声拟态词汉译评析

刘悦　张贵生

摘要：日本文学作品中拟声拟态词出现的频率很高，它们通常用于描写动作、声音、形态，使得人物情感更丰富，情景更生动。与之相应的中文词汇却单一匮乏，这使得翻译难以符合原文语境。生态翻译学“三维”转换思想则为笔者提供了新思路。本文选取《伊豆舞女》较为经典的林少华译本和叶渭渠译本，试从生态翻译学“三维”适应性选择转换角度入手，评析其中拟声拟态词的汉译特点。

关键词：生态翻译学，伊豆舞女，拟声拟态词，“三维”适应性选择转换

1. 引言

《伊豆舞女》是日本新感觉派代表作家川端康成的早期成名作，该作品全篇字数虽少但拟声拟态词使用频繁。日语拟声拟态词数量繁多且意义多样，文学作品中各语境下的拟声拟态词词义也千差万别，拟声拟态词翻译对于读者理解原作起着重要作用。「日本語を英語や中国語に翻訳しようとすると、日本の擬音語・擬態語に該当する語が存在しないことが多い。そこで、仕方なくそれに近い普通の語に置き換えて翻訳するのですが、そうすると日本の擬音語・擬態語の持っていた情緒が失われてしまうと言います」（山口仲美，2018）。处在不同翻译生态环境中的译者要理解作品中拟声拟态词所表达的情绪，适应原文的生态环境，才能达到原著想要表达的效果。笔者从生态翻译学理论角度，对两译本中的拟声拟态词展开分析。

2. 生态翻译学理论

中国著名学者胡庚申提出生态翻译学理论，强调从生态整体性看待翻译，遵循原文的生态结构去翻译。译者可以主导翻译，主动进行选择，但同时也受到“翻译生态环境”的约束。生态翻译学的翻译评价标准有

三个方面，即多维转换程度、读者反馈、译者素质（胡庚申，2004）。多维转换程度中的“多维”主要指的是语言维、文化维和交际维……（胡庚申，2013）。近几年来，生态翻译学相关研究层出不穷，但少有日语拟声拟态词研究。并且，以生态翻译学视角分析拟声拟态词研究甚少，只有单从语言层面谈到拟声拟态词的翻译。

3. 译本中拟声拟态词汉译之三维分析

翻译是语言的转换，语言是文化的载体，文化是交际的积淀，语言、文化、交际有着内在的逻辑关系，它们体现了翻译转换的基本内容（胡庚申，2013）。即翻译过程通过语言这一媒介得以实现，翻译同时承载原作品的文化内涵，包含了原作品的交际意图。因此，掌握语言、文化、交际三层面的转换，实现译文高度的三维适应性选择转换，能提升译文的质量。下文从三个维度对译本中拟声拟态词进行实例分析，探讨译本的适应性选择转换程度。

3.1 语言维对比分析

生态翻译学中语言维度的适应性选择转换，要求翻译要注意语言形式的多方面转换。在拟声拟态词翻译中，笔者认为要在理解词语原义的基础上，进行语言风格、结构、语义等多方面的处理转换。

例（1）：二人が話し出したのを見て、うしろから女たちがばたばた走り寄って来た。（川端，1989）

林译：见我们两人在交谈，女子们从后面啪啪嗒嗒跑了过来。（林少华，2014）

叶译：姑娘们看见我们两人谈开了，便从后面急步赶了上来。（叶渭渠，2009）

此处「ばたばた」原指「面と面が繰り返し激しく当たる音、またその様子。慌てた足音などに使う」（山口仲美，2018）林译运用了汉语的重叠式象声词，翻译为“啪啪嗒嗒”，自然地表达出鞋子在碰撞地面时的声响，这在语言风格和词形结构上都比较接近原文，但在语义方面表现不足，此处背景是女子们急忙上前问候，表现出迫不及待的心情，「ばたばた」也有“急忙”这层含义，叶译使用“急步”一词虽然没有强调声音节奏，与原文语言风格不对应，但词义表述上更准确地反映出原作所展现的人物心理。

例(2)：私は心に清水を感じ、ほうっと深い息を吐いてから、ことこと笑った。(川端,1989)

林译：呵呵笑了起来。(林少华,2014)

叶译：扑哧一声笑了。(叶渭渠,2009)

此处「ことこと」原义是轻轻敲打发出的声音,此处理解为主人公被小舞女活泼可爱的样子逗乐的笑声。反映主人公从担心、郁闷转变为满心欢喜的心理历程,主人公的心灵被小舞女的质朴纯真感染了,因此“扑哧一声”比“呵呵”更能体现情感的起伏变化,“扑哧”更侧重忍俊不禁的样子,“呵呵”则单纯指笑声。

例(3)：彼女は眩しそうにくるりと寝返りして、掌で顔を隠したまま蒲团を辷り出ると、…(川端,1989)

林译：她晃眼睛似的咕噜一个翻身,依然捂着脸滑出被窝，……(林少华,2014)

叶译：她有点目眩似的,翻了翻身,依旧用手遮住了脸面,滑出被窝，……(叶渭渠,2009)

此处「くるり」“迅速回转,快速转身”形容动作迅速而短暂。林译为汉语拟声词“咕噜”,形容水流动或物体滚动的声音,将翻身这一动态画面形象地展现在眼前。但“咕噜一个翻身”汉语语序不够通顺自然,此处调整为“她似乎有些晃眼,一咕噜翻过身去”则更符合汉语表达习惯。在适应源语言的生态环境的同时,准确传达给目标语读者。

3.2 文化维对比分析

所谓文化维的适应性选择转递,即在翻译过程中要有文化意识,克服文化差异造成的障碍,努力保护两种语言的文化生态平衡与和谐,以保证信息交流的顺利实现(胡庚申,2013)。笔者认为,要理解日语拟声拟态词的文化性质和内涵,适应源语言的文化生态环境,以让译作得到目标语读者的理解和接受。

例(1)：私が指でべんべんと太鼓を叩くと小鳥が飛び立った。(川端,1989)

林译：我用手指咚咚敲了敲鼓,小鸟马上飞了。(林少华,2014)

叶译：我用手指咚咚地敲了敲鼓,小鸟全飞了。(叶渭渠,2009)

文中「べんべん」用来形容敲太鼓的声响。太鼓属于日本代表性乐器,在了解太鼓的文化、特点后,得知它与中国的鼓有相似的特征,此处的林译和叶译都把它翻译成“咚咚”这一汉语象声词,使得在文化维度上得以“整合适应”。“咚咚”在汉语中形容碰撞声，敲鼓声。但从整句话来看，主人公用手指敲太鼓，而不是手掌或棒子，此时指尖与鼓的接触面很小，不会发出特别大的声音，声音应该是清脆的。因此，“咚咚”一词不符合逻辑。笔者认为改用“嘣呤嘣呤”更能传情达意。译者在翻译拟声拟态词时，不仅要把握源语文化背景、克服文化差异障碍，还需把握汉语象声词的特征，同时结合上下文，从文章的整体出发，分析原文的情景。

3.3 交际维对比分析

翻译过程中交际意图的适应性选择转换，说的是译者除语言信息的转换和文化内涵的传递外，把选择转换的侧重点放在交际的层面上，……追求的是原文和译文的交际生态能够得到最佳的维持和保持（胡庚申，2013：239）。笔者认为就是读懂作者想要表达的深层次含义，进行准确的翻译，使得读者理解原著，达到交际目的。此处的深层次含义理解为拟声拟态词传递的人物感情或内涵，所表达的人物性格特征，反映的社会文化现象。

例（1）：暗いトンネルに入ると、冷たい雫がぽたぽた落ちていた。南伊豆への出口が前方に小さく明るんでいた。（川端，1989）

林译：冷冰冰的水滴啪嗒啪嗒滴落下来。通往南伊豆的出口在前方闪出小小的光点。（林少华，2014）

叶译：冰凉的水滴嘀嘀嗒嗒地落下来。前面是通向南伊豆的出口，露出了小小的光亮。（叶渭渠，2009）

此处背景是主人公追赶着小舞女们，穿过这个隧道很快就可以相见了。「ぽたぽた」原指「水がしたたる音。また、その様子…水滴がはっきり一つ一つわかる程度に少しずつ落ちる感じ。」（山口，2018），用在原文中表达水滴是一滴一滴落下的，并且发出嘀嗒的声响，水滴呈缓慢滴落状。结合后文，前方小小的光亮说明隧道较长且环境阴暗，光亮象征着主人公内心的期望。水滴越慢，反衬出的心情越焦急。而叶译“嘀嘀嗒嗒”节奏感更强，给人一种急促之感。林译“啪嗒啪嗒”只强调了声音。笔者认为译成“嘀嗒嘀嗒”，既能在语言上形成对应，又能反映出人物心理，让读者理解原文的深层次含义，从而在交际层面上得到适应性转换。

例（2）：私が急に身を引いたものだから、踊子はこつんと膝を落した。（川端，1989）

林译：我慌忙闪身，她“嗵”一声膝盖着地。（林少华，2014）

叶译：我连忙后退。舞女不由自主地跪在地上。（叶渭渠，2009）

事实上，在具体翻译过程中，语言的、文化的、交际的等等因素往往相互交织、互联互动，有时又是很难截然分开的（胡庚申，2013）。「こつんと」原指「かたい物同士が軽くぶつかった時に立てる音。…瞬時の響くような音を表す（山口，2018）」。叶译“不由自主”，膝盖着地时的声响没有体现，语言维度上没有很好地适应性转换。林译“‘嗵’一声膝盖着地”虽然符合语境，但不够通顺且缺少汉字音节。改为“‘噗嗵’一声膝盖着地”会更加自然。在交际维度上「こつんと」暗含当时文化背景下舞女身份低下。小舞女很自然的跪下给主人公拍灰尘，原作也有多处描写人们对舞女们的态度和语气，体现了当时人们普遍的思想意识。因而，叶译“不由自主”在交际层面上适应性转换度更高。

4. 结论

综上所述，对于《伊豆舞女》中拟声拟态词翻译问题，林译和叶译在语言、文化、交际层面的转换都各有所长。语言维度上，林少华译本在语言上更符合原词结构，遵循了原作者的语言风格，而叶渭渠译本更偏重于语义的准确表达。文化维度上，两译本的文化意识有所欠缺。交际维度上，叶渭渠译本更能传达出原作的深层次内涵，传递了拟声拟态词反映出的社会文化现象，交际维的适应性转换度更高。因此，笔者认为，生态翻译学对日语拟声拟态词的汉译有着重要的指导作用，善于应用生态翻译学理论，对日语拟声拟态词进行多层面考虑，结合原文语境，从而保持原文和译文的生态平衡，才能让拟声拟态词在文学作品中真正起到作用。

参考文献

[1] 胡庚申．生态翻译学——建构与诠释 [M]. 北京：商务印书馆，2013.

[2] 胡庚申．翻译适应选择论的哲学理据 [J]. 上海：上海科技翻译，2004（4）：1−5.

[3] 胡庚申．例示“适应选择论”的翻译原则和翻译方法 [J]. 外语与外语教学，2006（3）：49−52，65.

[4] 林少华译．伊豆舞女 [M]. 青岛：青岛出版社，2014.

[5] 叶渭渠译．雪国・伊豆舞女 [M]. 长春：吉林大学出版社，2009.

[6] 川端康成．伊豆の踊子 [M]. 新潮庫，1989.

[7] 山口仲美．擬音語・擬態語辞典 [M]. 講談社学術文庫，2018.

作者简介

张贵生，博士，广西大学外国语学院硕士生导师，研究方向：日本文学汉译。

刘悦，广西大学外国语学院硕士研究生。

释意理论关照下口译策略研究

——以李克强总理在东盟与中日韩抗击新冠肺炎疫情领导人特别会议上的讲话的翻译为例

邓羽轩

摘要：李克强总理在东盟与中日韩抗击新冠肺炎疫情领导人特别会议上的讲话是特殊时期面向全球的重要讲话。讲话向东盟、日韩乃至世界展现了中国抗疫的决心与信心，彰显了中国的大国形象、大国思维与大国责任，是正当其时的号召与倡议。讲话的口译翻译效果与其传播效果、传播意图息息相关，而译员能否在活动中巧妙运用口译策略以保证讲话信息的恰当传达，亦是判断交际效果最大化与否的重要标准。在经典释意理论框架下，针对该讲话的官方口译文本，本文从在线策略和离线策略两方面入手对口译策略进行了研究，提出了语言预测、言外预测、压缩、改编等口译策略，希望为广大口译学习者提供新的学习思路。

关键词：释意理论，口译策略研究，会议讲话

1. 概述

为积极消除西方报道中的中国叙述构建所产生的负面影响，为保证李克强总理讲话信息的充分恰当传达，为达到交际效果最大化的目标，在口译活动前、中、后的非线性过程中，译员应始终具备巧妙运用口译技巧与应用口译策略的能力，客观、合理、充分地传达讲话者意图。本文以李克强在东盟与中日韩抗击新冠肺炎疫情领导人特别会议上的讲话为例，意于在口译经典理论释意学派的框架与指导下，从在线策略和离线策略两大方面对实战口译策略展开研究，并给出切实的学习意见。

2. 释意理论与口译过程

2.1 释意理论

释意理论又称释意学派、达意理论(the Interpretive Theory, the Interpretative Approach, the Theory of Sense),是产生于20世纪60年代涉及心理学、认知心理学、语言学、实况口译以及口译教学多方面多领域的探讨口译及非文学文本笔译原理与教学的重要学派。释意理论认为,翻译即释意(达妮卡·塞莱斯科维奇,1992)。其追求的不再是语言单位或语言形式上的对等,而是意思或效果的等值。其直接源于口译实践,亦对口译实践有直接性的指导意义。该理论的三大核心内容包括:三角模型(The Triangular Model)、"脱离源语语言外壳"假说(deverbalization)以及会议口译办学模式(Conference Interpreting Training Model of ESIT)(鲍刚,2005)。以上三大核心内容为口译策略的探索与应用提供了理论框架、分析原则以及实践方向,对口译学习者的口译策略运用有很强的指导意义。

2.2 口译过程

从广义上看,口译过程涵盖了译前、译中、译后三个阶段;从狭义上看,其主要代指的是译中这一最为重要的阶段,而三角模型则对后者展开了详细的阐释。释意学派认为,口译活动是一种有人参与的思维活动,其会受到译员心理活动的影响,是一个意义的理解与再表达的过程。在这一模型中,口译过程是非线性的,其从源语(source language)出发,到达位于三角顶端的意义(sense)层面,再向目的语(target language)方向延伸。当然,若源语与目的语结构高度相似,那么也可以略过"脱壳"步骤,直接进行二语间的代码转译。在整个口译过程中,无论是译前、译中还是译后,要取得理想的口译效果,译员都需要做到对口译策略的巧妙运用。根据译前、译中、译后三大阶段,口译策略可以划分为应用于译前与译后阶段的离线策略以及应用于译中的在线策略。根据离线策略与在线策略的不同范畴与特征,译员可以运用的具体策略涉及语言预测、言外预测、压缩、改编等内容。

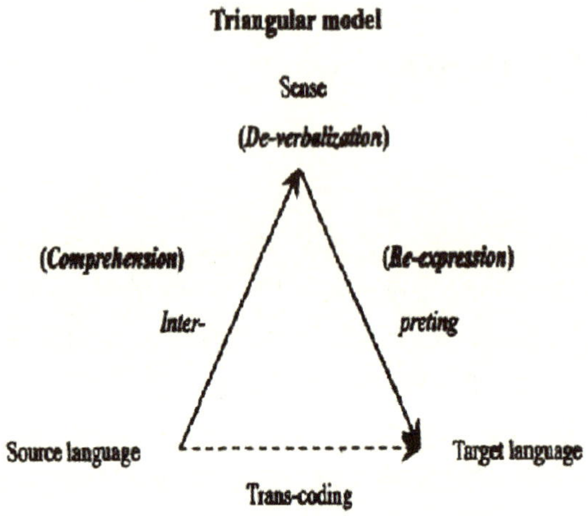

Triangular model

Sense

(*De-verbalization*)

(*Comprehension*) *Inter-* *preting* (*Re-expression*)

Source language Trans-coding Target language

图 1　释意学派三角模型

3. 口译策略分析

在李克强总理在东盟与中日韩抗击新冠肺炎疫情领导人特别会议上的讲话口译中有许多典型案例，现分析如下。

3.1 离线策略

3.1.1 语言预测

语言预测是交传（交际传译或交替传译）与同传（同声传译）策略中广受讨论的一大策略，其所谓预测的定义为在相应成分出现在源语输入之前，译员就产出了句子成分（Setton，1999），而语言预测指的则是在熟悉的词汇—语法模式之上对词语进行预测。其涉及的内容主要有关于词汇与语法，是译员根据自身掌握的双语语言知识对翻译的语言本身展开的预测。

在这个全球抗击新冠肺炎疫情的特殊时刻，召开此次特别会议正当其时。

We meet at a challenging time when countries around the world are battling COVID-19. This has made our Special Summit all the more relevant.

此处为讲话的开篇，是重大会议、讲话中十分常见的开篇用语，文中“特殊时刻”的含义类似于“艰难时刻”，意为充满困难与挑战的时刻，故译者提炼出该层意思将其译为“a challenging time”而非“a special time”。以此类推，讲话者提到该会议“正当其时”，意在传达此次会议目的明确、切题中肯、意义重大的信息，基于这样的信息，译者将其翻译为“relevant”而非“in time”是处理得当的。在译前准备时，在释意学派三角模型的指导下，译员可就自身对此类词汇、语法以及用语习惯的知识储备对讲话内容进行语言预测。如讲话者提到“特殊时刻”以及与之相似的“特殊时期、特别阶段、关键时期”等内容时，“特别”均可理解为“极具挑战性”的意思，进而译为“challenging”。再者，倘若出现“正当其时”及“恰逢其时、正逢其时”等类似表述时，译员亦需要举一反三，在对其进行语言预测的同时积极地脱离语言外壳，摆脱源语语言形式上的束缚，抓住核心内涵，将其巧妙处理为“relevant”。

3.1.2 言外预测

与语言预测相对的，是言外预测。虽然其所谓预测与前者相同，均是指在相应成分出现在源语输入之前译员就产出句子成分，但言外预测的对象不再是语言形式或语言单位本身，而是跳脱语言外壳的意义与含义。译员在言外预测过程中，需要依照相关背景与语境，基于意义期待进行预测。

疫情面前，世界各国<u>命运与共、休戚相关，没有一个国家可以独善其身。</u>

<u>No country can tackle this disease on its own. We are all in this together.</u>

疫情当下，正是构建人类命运共同体的最佳时机。根据以上背景，译员应当在听到“命运与共、休戚相关、独善其身”前做好预测，充分了解这些四字语的含义。“命运与共”实际上与“休戚相关”意思相近，指的都是国与国之间同患难、共存亡的紧密关系，即疫情无国界，所有国家和地区都可能成为疫情的受害者，所有国家都有可能卷入其中，所有国家的命运与未来都息息相关。因此，与其具体翻译出两个四字语的具体含义，倒不如进行省译，概括出二者共同的含义，译为“We are all in this together”。至于“独善其身”，其具体指某个国家或地区只顾自己、不顾他人，并希望自身不受疫情困扰。在类似文本中，“独善其身”的译文版本往往是“gain profits in isolation”，但在该语境下，其实际指的是“没有一个国家能够独自应对疫情”，因此在译前译员应对此有所准备，从而保证这层意义能够在译中得以表达。

3.2 在线策略

3.2.1 压缩

压缩是翻译尤其是口译过程中的策略之一，在交替传译中其尤为奏效，为译中策略指明了方向。译员完成交替传译过程的用时仅应当占讲话者用时的 75%（艾赫贝尔，1952）。此外，交替传译并非展现源语全貌的过程，而是传达讲话者表述的所有信息的过程（塞尔吉奥・维亚吉奥，1991）。换言之，口译注重的并非细枝末节，而是意义的转换与对等，而压缩则是实现意义、效果等值的关键，是译者实现脱离源语语言外壳目标的途径之一。

社会治理危机、人道危机风险上升，粮食危机隐忧浮现。

We are at growing risk of a social governance crisis, a humanitarian crisis, and even a possible food crisis.

此句中反复出现了“危机”一词，同时亦出现了“上升”“浮现”等近义词。中文好重复，而英文忌重复。在源语输入时，译员应考虑到这点，将“社会治理危机、人道危机风险、粮食危机”三个结构中的“危机”合并，同时将“上升”“浮现”等意义相近的词压缩为共同的意义，即“某事物正不断出现”。此外，译员还可考虑将“危机”与“事物不断出现”的含义压缩整合，使得提炼出来的意义以更加符合英文表达习惯、更易于理解的方式呈现出来，于是其可译为“the growing risk”这般的偏正结果，而非类似于源语表达中的主谓结构。

（2）面对疫情，团结一致、共迎挑战，是大义；通力合作、和衷共济，是正道。

It falls on all of us to rise to the occasion and meet this challenge with solidarity and concerted action. Working together in partnership is the right way forward.

讲话者在前文已多次提到新冠疫情，此外听众亦对这一话题十分熟悉，因此，在下文反复出现“疫情”时，译员不需完整地译出“the COVID-19 pandemic”。根据释意理论三角模型，口译过程中位于三角顶端的是意义，而准确传达源语含义亦是口译活动的最终目的。换言之，若更加简练的言语能够实现上述目标，那么其不失为一种巧妙的口译策略。此处的新冠疫情，实质上指的便是一种“情况”或者一个“背景”，因此压缩译为“the occasion”也不为过。

3.2.2 改编

改编指的是在翻译过程中对源语在某种程度上进行调整与修改，从而使译文通顺易懂、意思准确、风格得体。一般而言，改编的前提是不改变源语所传达出来的意思，是一种以翻译目的为向导的口译策略。在对外宣传类的口译活动中其使用的频繁度相对较高，对促进译者更好地建立跨文化交际桥梁以及实现交际效果最大化均有着重要指导意义。

面对疫情，团结一致、共迎挑战，是大义；通力合作、和衷共济，是正道。

It falls on all of us to rise to the occasion and meet this challenge with solidarity and concerted action. Working together in partnership is the right way forward.

中文提倡对仗工整，鼓励形散而神不散，是"竹节状"的。相反，英文则是"葡萄状"结构，忌重复，忌结构松散。讲话者所提之"大义""正道"，意义相似且颇具中文特色。但二者实质上指的均为"正确的道路""正确的前进方向"等意，因此在译中阶段，译员可提炼出此层含义，把"大义"与"正道"都改为"正确的前进道路"并在最后一并译出。译员虽改变了原文结构，但保证了不改变源语意思的前提，亦满足了"脱离源语外壳"的要求。

三是着力密切政策协调，抵御各类风险挑战。

Third, we need to intensify policy coordination to weather all kinds of risks and challenges.

此句内容有关抗疫政策与措施。虽然源语中"政策协调"与"抵御风险"是用逗号连接的，但实际上联系上下文可知二者并非并列关系。具体而言，前者为方式方法，后者为目的结果。只有协调好政策，各国才能够更好地防御风险挑战。所以，译员在处理时，需要将上述含义纳入考量之中，用表示"目的"意味的"to"来连接两部分内容。如此，前后的关联性才得以呈现，整句话意义的完整性才得以体现。

4. 结束语

口译策略是译员在整个翻译过程中应当掌握并巧妙运用的策略方法，对口译活动有着重要的指导意义。意义则是译员需要时刻关注的核心，位于释意理论三角模型的顶端。通过运用言内预测、言外预测、压缩、改编等策略，译员能够在完整恰当传达源语含义的基础上减少不必要的认知负担，充分把握活动背景、借助自身知识储备，促使交际效果最大化。在复杂的全球背景下，他国对中国的恶意论述以及抹黑言论层出不穷。疫情当前，在释意理论的框架下，基于一定的外交目的与交际目的，巧妙运用口译策略，译员能够通过自身努力维护中国的正义形象和大国形象，把中国声音、中国智慧更好地传递给国际社会。同时，不断将理论付诸实践，亦能进一步促进释意理论的创新与发展。

参考文献

[1] 鲍刚．口译理论概述 [M]. 北京：中国对外翻译出版社，2005.

[2] 操林英．释意理论关照下的口译策略研究 [J]. 跨语言文化研究，2013（00）：193-201.

[3] 达妮卡·赛来斯科维奇．口笔译概论 [M]. 北京：北京语言学院出版社，1992.

[4] 玛丽亚娜·勒代雷．释意学派口笔译理论 [M]. 刘和平译．北京：中国对外翻译出版有限公司，2011.

[5] 王朝．释意理论三角模型探析 [J]. 英语广场，2013（02）：31.

[6] 岳曼曼．"脱离语言外壳"的汉英口译技能训练 [J]. 湖北函授大学学报，2010，23（06）：107，109.

[7] Herbert, J. *The Interpreter's Handbook: How to Become a Conference Interpreter*[M]. Geneva: Georg, 1952.

[8]Setton, R. *Simultaneous Interpretation: A Cognitive-pragmatic Analysis*[M]. Amsterdam and Philadelphia: John Benjamins, 1999.

[9]Viaggio, S. *Teaching Beginners to Shut up and Listen*[J] The Interpreters' Newsletter No.4. 1991.

作者简介

邓羽轩，广西大学外国语学院翻译硕士英语口译研究生，研究方向：释意学派关照下的口译策略研究。

功能对等论视角下的汉英翻译研究

陈泽荣

摘要：奈达提出的功能对等论强调翻译时不求文字表面的死板对应，而要在两种语言间达成功能对等，而这种功能上的对等对于汉语的英译有重要的指导意义。因此，本文旨在以功能对等论作为理论指导，对《首部新华字典的故事》一文进行英译，并从词汇、句子和语篇三个层面将翻译过程中出现的难点和特殊语言现象加以整理、分析和归纳，通过运用诸如意译和增译等不同翻译方法兼顾内容与形式，再现原作风貌，实现原文与译文中信息内容及表达效果上的功能对等，进而探讨功能对等论之于翻译实践的指导意义及其实用性。

关键词：功能对等论，汉英翻译，翻译策略

1. 引言

《新华字典》作为迄今为止世界出版史上最高发行量的字典，其不仅是每一个中国人家中必备的书籍，还承载着博大精深的中华文化——汉字。透过《新华字典》中的汉字和释例，因其行文及语言具有鲜明的中国语言文化特点和信息，人们可直接有效地突破语言壁垒，深刻感受源远流长的中华文化。因此，笔者选择了《首部新华字典的故事》一文作为汉英翻译实践。在本文中，笔者将探讨汉语特殊语言结构和特点，简要介绍奈达的“功能对等”理论，并以该理论作为指导，对翻译中的特殊语言现象从信息功能层面和表达功能层面进行整理、分析和归纳，通过意译、增译等翻译策略，兼顾内容和形式，再现原文风貌，以实现原文信息在译文中达到信息和表达层面上的对等，使译文具有更高质量。

2. 功能对等理论

翻译是用最恰当、自然和对等的语言再现源语的信息，包括从语义到文体的再现（郭建中，2000）。在奈达看来，功能对等应优先于形式对等，

但并非只顾内容而不顾形式，在做到内容信息对等的同时，尽可能在形式上也要求对等，但二者中，优先考虑内容对等。

奈达在其专著《翻译的科学》中，基于翻译的本质，首次从语言学角度提出动态对等概念，对等内容包括以下四方面。

词汇对等：一个词的意义在于其在语言中的用法，在目的语中找到对应的意义。

句法对等：译者不仅要清楚目的语言是否存在这一结构，而且要明白此结构的使用频率。

篇章对等：进行语篇分析时不能只分析语言本身，而要看语言是怎样在特定语境中体现意义和功能的。

文体对等：不同文体的翻译作品有各自独特的语言特征。只有在同时掌握源语和目的语两种语言特征且能熟练运用两种语言的情况下，译者才能创造出真实体现源语风格的翻译作品。

3. 词汇层面的翻译处理

严格来讲，汉英词汇之间并非对应关系。对于汉语特色文化词语在英文文本中的翻译，其在功能上的对等是指汉语意义可用不同的英语表达方式来体现。因为译者在翻译过程中的首要目标应是使原文和译文处于内容和信息对等的关系，而非追求原文和译文是同一语言表达形式。

例 1：

ST：直到 1953 年 12 月，第一版《新华字典》才终于杀青付梓。

TT：It was not until December 1953 that the first edition of *Xinhua Dictionary* was finally available.

分析：成语“杀青付梓”意为“写定著作，完成作品且书稿雕版印刷”，对于西方读者而言，这一中国古代书籍的制作流程是较陌生的，如完全根据原意翻译未免过于啰嗦生涩，所以在译文中，通过改变词汇形式进行处理，又根据英语表达习惯，对于流通的商品一般使用“available”表达，因而选择这一词语以实现原文和译文词汇层面上的对等。

例 2：

ST：总之，初学者得之，固以为得所依傍，实则未能解决问题，或仅在解决与不解决之间。

TT：In a word, when beginners got it, they may take it for grounded that they can count on it, but in fact the problem still remain unsolved in their head, or only in-between.

分析：根据功能对等论，译者不能过分苛求原文形式，所以句末的“或仅在解决与不解决之间”就没有必要死板地直译成“Or just between resolving and not resolving”，应灵活地进行改变，译成符合英语读者逻辑思维和表达习惯的译文，所以用“in-between”一词代替，避免词语的多次使用造成句子的冗杂和拖沓。

4. 句子层面的翻译处理

奈达认为，在必要时翻译不应过分强调与原文完全对等，而应在充分理解原文的基础上，根据目的语读者的逻辑思维关系，及时、恰当地改变原文的表达方式，使译文符合目标读者的逻辑思维和表达习惯。

例 3：

ST：按理说，有这样一个专业的团队，凭借这样的敬业精神，编出一部高质量的字典指日可待，但事实却并非如此简单。

TT：It's reasonable to say that with such a professional team and such dedication, the preparation of a high-quality dictionary was just around the corner, but the fact showed otherwise.

分析：句中“但事实却并非如此简单”，如按字面意思译为“But the truth was: it's not that simple”虽无错误，但根据句法对等原则，译者需明确句子中心及句子各层次之间的关系，进而能更加细微地厘清句子中所涉及的各种细节。在分析后便可知此句所表达的意思是要和“指日可待”形成对比，为更好地传递原文意思，译成“but the fact showed otherwise”，不仅强调了原文目的，将“fact”作为主语后，句子也更显灵活生动，简明干练。

例 4：

ST：当送达终审者叶圣陶手中时，这位专家型的领导肯定“辞书社所编字典尚非敷衍之作，一义一例，均用心思，但还是感觉其普及性明显不够，唯不免偏于专家观点，以供一般人应用，或嫌其烦琐而不明快”。

TT：when it was delivered to the final reviewer, Ye Shengtao, the expert leader affirmed that “The dictionary is not perfunctory, and each interpretation is specified, but still I feel that its popularity is obviously insufficient, only it is not biased to the expert' s perspective, and suitable for the public, as well as not cumbersome yet crystal clear, it can be considered as a qualified one.”

分析：中文以意群划分句子，英文以结构划分句子。本句围绕字典的优劣进行阐述,单独成为一个分句,每个小句主语不停变化,从字典的普及性到专家再到普通民众,形容词也不停随之变化。根据“句法对等”的要求,目的语读者应该能像源语读者理解原文那样来理解译文。要实现这一点,就需在必要时改变原文形式和结构,确保译文在语法上、文体上无生硬表达,避免翻译腔。所以在翻译每个小句时添加连接词,如“but”“and”“as well as”“yet”以连接成句,使译文既实现句意的完整,又保证结构的连贯。同时增译了“it can be considered as a qualified one.”因前文中虽在提出“所编字典”的不足之处,但实际上也在传递一本合格字典应达到的要求,所以通过增译将原文更深层次的信息表达出来。

5. 语篇层面的翻译处理

在话语模式上,汉语表达偏含蓄委婉,注重铺垫,在语篇中主要采用断续分离和间接表达,更追求行文的节奏和韵律。但英语国家属于纵向思维模式,表达习惯思想开放,直接切入主题,语义关系一目了然。由于中西方文化的差异,便可在翻译过程中调整语序,使文章连贯一致,符合英语表达的特点。

例 5:

ST:在“国语运动”推行 40 多年之后,以北京音为民族共同语,以白话文为书面表达文字,这些已经深入人心的成就第一次以字典的形式确认下来,并以更强大的影响力广为传播。

TT:These achievements, after more than 40 years of the implementation of the National Language Movement, Beijing dialect was adopted as the national common language and vernacular Chinese as the written language, have been deeply rooted in people' s hearts, confirmed in the form of a dictionary for the first time and widely spread with a much stronger and further influence.

分析:语篇对等要求译者在翻译时注意整体结构,理解全文和各部分之间的联系,把握文章本意和细节,准确传递原文信息。这一部分属于全文总结部分,但这些句子所构成的语篇也为下文做了铺垫。由于英语中语义关系表达直截了当,更偏向于在表达时“先结果,后过程”,据此,便在译文中改变语序,将“These achievements”前置,通过同位语对其加以解释和补充,再用“with”的复合结构作为伴随状语衔接后续内容,将原文意思准确表达的同时也更符合英语表达习惯。

例 6：

ST：由于编撰者特别注重了“广收活语言”和“适合大众”，这部字典比较真实地反映了民间汉语言鲜活的状态，能够让广大民众携至街头巷尾、田间地头，实用且亲切。而在国民基础教育未能普及、文盲半文盲数量巨大的过去数十年里，一部《新华字典》无异于一所没有围墙的“学校”。它为这个民族整体文化素质的提升，做出了巨大贡献。

TT：Because the editors paid special attention to “the wide acceptance of vivid language” and “suitable for the public”, so this dictionary can truly reflect the lively state of the folk Chinese language, as it can be carried by the general public to everywhere, and contained with practical kindness. In the past decades, when basic education was not widely popularized and the number of illiterate and semi-literate people was huge, a *Xinhua Dictionary* was no more than a school without walls, which has made great contributions to the improvement of the overall cultural quality of the nation.

分析：功能对等首先注重的是对原意的完整传达，其次才是考虑译文与原文形式上的对等，即译文是否与原文的形式和顺序一致并非首要，而使译文能够准确地传达原文意思并且符合目标读者的表达习惯更为关键。在语篇结构上，英语注重语法结构，汉语注重语义表达。因此，在语篇翻译时，考虑到英语读者的阅读习惯，对部分篇章的结构和语序进行了调整，如将文中的最后两句话“而在国民教育……巨大贡献”进行合并后以更为流畅的行文结构进行陈述，同时，为达到英语表达的连贯性，用“as”“with”“which”等词引导小句以衔接上下文，以干练顺畅的语言进行翻译，体现英语表达的逻辑性和结构性。

6. 结论

汉英之间的翻译并非只是两种语言的转换，更是两种不同文化的交流，但由于语言和文化的差异，原文所包含的信息和独特表达特点在翻译中总会因为种种原因不能充分地传达和再现，这便会引起语义和效果上的不对等。而奈达的功能对等理论便可为汉英翻译提供理论指导，使译者能以四个“对等”的标准对原文和译文进行对比、分析、校对和归纳，同时也能从信息功能和表达功能的角度，摆脱原文形式对于译文表达的束缚，注重词义与内涵、句法与逻辑、语篇与风格，进而能以更灵活的文字和结构，让译文读者能在信息内容和表达效果上产生与原文读者相似的反应，最终实现功能上的对等。

综上，奈达的“功能对等论”无论是之于翻译理论研究亦或翻译实践探讨，其对于翻译学科的意义都是重大的，这一理论强调忠实原文的同时又不忽略源语和译语之间的对等与契合，对翻译实践具有深刻的指导意义。

参考文献

[1] 郭建中．当代美国翻译理论 [M]. 武汉：湖北教育出版社，1999.

[2] 郭建中．翻译文化因素中的异化与归化 [J]. 上海外国语大学学报，1998（2）：2–4.

作者简介

陈泽荣，广西大学外国语学院翻译硕士英语笔译研究生，研究方向：翻译理论与实践，跨文化交际。

从生态翻译视角下分析《琅琊榜》的字幕翻译

刘小梅

摘要：本文根据生态翻译学理论探讨适应选择性在电视剧《琅琊榜》字幕翻译中的应用。文章从两方面分析了适应性选择，一是从三维角度分析古装剧《琅琊榜》的字幕翻译，二是在此基础上分析所使用的相关翻译策略，进而体现适应性选择的应用及效果。此外，本文还分析了省译有助于语言维上的字幕翻译，归化是文化维上主要的翻译方法，以及在交际维上会采用意译和直译，旨在体现生态翻译学可以指导古装剧的字幕翻译，在三维进行恰当的转换时采用合适的翻译策略，从而达到最佳的字幕翻译效果。

关键词：生态翻译学，适应性选择，《琅琊榜》，字幕翻译

1. 引言

1.1 研究背景

随着我国国际交流地不断深入，"一带一路"战略的贯彻与实施，向世界传播中国文化成了目前一项重要的使命，而影视输出在其中就起着极为重要的作用。

《琅琊榜》作为一部古装权谋剧，获得诸多重量级奖项，随着《琅琊榜》的大热，其也被海外网站翻译成不同的语言上映。因此，在研究中国古装剧走出国门方面，《琅琊榜》可谓是一个重要样本。字幕翻译的好坏，关系到中国文化能否顺利走出国门，因此本文对《琅琊榜》的字幕翻译进行了较为细致的研究，希望能为后续的古装剧字幕翻译研究提供借鉴。

1.2 论文的意义

我国学者对字幕翻译的研究起步较晚，还没有系统化，故本文从生态翻译学的角度着重对《琅琊榜》字幕中的对话翻译进行分析，或许可以为

接下来的古装权谋剧的字幕翻译提供新的方向。

2. 文献综述

在国外，西方学者对此研究起步较早，对字幕翻译理论的最早研究可以追溯到20世纪50年代末到60年代初。在国内，随着时间的推移，越来越多的学者开始进行字幕翻译研究。张春柏教授（1998）认为视听语言具有大众性和即时性的特征。钱绍昌教授（2000）认为字幕具有聆听性、即时性、全面性、普及性和无注性等特点。这些学者提供了大量的视听翻译经验，为视听翻译的研究和发展奠定了基础，但系统的字幕翻译理论目前还没出现，仍有很大的发展空间。

在此期间，在影视翻译的研究上大多是从目的论、关联理论或是异化归化的角度进行分析，但胡庚申教授提出的生态翻译理论为翻译研究提供了新的方向。

在上述理论性研究的基础上，具有生态翻译学性质的应用型研究课题也相继展开。对《琅琊榜》的研究，主要有两方面的研究：一方面是从文化的角度进行研究，张靖（2016）指出，剧中所传递的价值观都成为中国文化形象乃至中国国家形象的一种外在表征。另一方面就是对《琅琊榜》的字幕翻译策略：韩笑（2017）在《〈琅琊榜〉英文字幕翻译策略浅谈》以《琅琊榜》为例，通过分析其语言特点及影视作品翻译的特点来探讨其字幕相应的英译策略，于斐燕（2019）在《从生态翻译学角度看〈琅琊榜〉字幕翻译》对31集的两个翻译版本进行三维分析，以及所采取的适应性策略。综上所述，学习研究《琅琊榜》的字幕翻译目前相对较少，从生态翻译视角的角度研究也较少，因此本文从生态翻译视角下着重分析《琅琊榜》对话中的字幕翻译。

3. 理论框架

3.1 生态翻译学的定义

翻译适应选择理论是由胡庚申教授于2001年提出的。胡庚申（2013）认为所谓的翻译生态环境，是指"源语所呈现的世界，即语言、交际、文化、社会，以及作者、读者、委托者等互联互动的整体。"

3.2 原则与方法

翻译原则是多维度地选择性适应与适应性选择。翻译方法是多维转换，通常是语言、文化和交际三个维度。

语言维度是指译者在语言层面上进行选择性的、适应性的转换。它不仅是意义的翻译，还要注意语法、语体、句法等方面。

文化维度是指译者关注双语文化，适应语言所处的文化生态。它要求译者具有文化意识，了解文化差异，并去克服其中的障碍。

交际维度是指译者会自觉关注其中涵盖的交际意图。

4.《琅琊榜》字幕翻译的三维适应性选择

4.1 语言维度的适应性选择

《琅琊榜》语言独特，富有各类诗歌、谚语、成语等，因此，本文的研究者将从语言学的角度对字幕翻译进行分析。

例 1："从官老爷到阶下囚，不哭才怪呢？"

"到也有些不哭的。"

译文："From bureaucrat to prisoner, of course they will cry."

"There are some that didn' t cry."

这是两名狱警的对话。"不哭才怪呢？"虽用问句，但实际是肯定语气。如果采用字面翻译，那就是"It is strange that if they did not cry."这样翻译的话，就会发现意思改变了，无法表达原句的意思，容易造成误解，并且过于冗长，违反了字幕的限制并且可能影响视觉效果。因此，翻译人员将结构改变为外国观众熟悉的另一种表达方式。"他们当然会哭"不仅能准确表达原意，还能强化了那些囚犯绝对哭的口气，一举两得，这也体现了语言维度上的适应性选择。

4.2 文化层面的适应性选择

爱德华·霍尔(Edward T. Hall)说，人类生活的任何方面都很难摆脱文化的影响和变化。(Edward, 1997)因此，它需要译者注意文化差异。在翻译过程中，当翻译人员面对文化差异时，有必要做出适应性选择。

例 2：麒麟才子

译文：A Divine Talent

在中国,大家喜欢用“麒麟”的名字来给孩子命名,以显示孩子非常聪明。麒麟在西方人眼里也曾是智慧的象征,但他们称它为独角兽。然而,随着时间的推移,一些西方人开始认为它是现代金钱拜物教的图腾,带着负面意味。因此,译者根据文化差异进行适应性选择,将其翻译成神圣的天才,以避免不必要的误解。“神圣天才”能够完全表达“麒麟才子”的内涵。在适应性选择的指导下,译者应进行最佳的适应性文化转换,避免文化冲突,从而保证信息的顺利传递。

4.3 交际维度的适应性选择

该剧存在不少交际层面的话语,故从交际层面进行分析。

例 3:你这嘴巴倒真甜。

译文:You are good at sweet talking.

“你嘴巴真甜”形容人很会说话,可以把人哄得很开心,说这话的人也带着一股开心的意味。如果该句采用直译的翻译方法,则会变成“your mouth is so sweet”,这样的译文并没有表达出真正的意思,也无法传达出说话人的欣喜,如此,不但无法实现交际意图,还会造成误解。因此,译者进行适应性选择,采用意译,达到交际目的。“ You are good at sweet talking.”不仅能够表达真正的意思,还能帮助观众产生同样的感觉,实现交际意图。

5.《琅琊榜》三维转换下的翻译策略

5.1 语言维度的翻译策略

省译是指源语中一些不必要的信息在译语中被省略。此外,根据字幕的约束和特点,字幕翻译应力求简洁。因此,当译者需要在语言维度上进行选择性适应时,省译是一种合适的策略。

例 4:明知是陷阱,是虎狼之穴,可是仍然要……

译文:Knowing well that it’s a trap, it’s the tiger’s den, and still wanting to rush in...

从译文中,可以看出“狼”被省略了。这与“铜墙铁壁”的译文是一个道理。“铜墙铁壁”二者意思一样,因此只译其中一个,而“虎”和“狼”在这都指代危险和可怕的事情,因此一些重复的东西可以进行删减,这样的翻译符合英语表达习惯。

5.2 文化维度的翻译策略

归化是一种以目标文化为导向的翻译。它把一些包含文化差异的东西放入目的语一些熟悉的意象中,有助于外国观众的理解。

例 5: 老夫虽姓素,可从来不吃素。

译文: Though my surname is Su, but I am not someone you can mess with easily.

"吃素" 在中文中有两个意思: 一是指不吃荤腥食物,二是比喻不好惹,厉害。根据语境该例是第二个意思。第二个意思就涉及文化差异了,因此采用直译会造成误解,所以译者采用归化的翻译策略,将其译为 "but I am not someone you can mess with easily" 可以表达出说这话的人的自信和自大,体现源语的氛围和效果,实现中西文化的和谐。

5.3 交际维度的翻译策略

5.3.1 直译

直译就是保留原文内容和形式的翻译。此外,还应遵循忠实的原则,翻译要通顺。使用直译可以保留源语言的文化、风格等。

例 6: 夏江: 我不过是擅长褪去人的皮肉,照出他们的真肺肠罢了。

译文: I am just good at peeling the skin off people, and revealing their innards.

例 6 中 "褪去人的皮肉" 和 "照出他们的真肺肠" 听起来就让人毛骨悚然,但是这话却被夏江轻轻松松地说出来,充分表明了这人的残酷,为了能让观众体会到同样的感受,译者选择直译,其中 "peeling the skin" 和 "revealing their innards" 就在目的语中展示出恶心的意象,让观众知道这人冷酷的一面。因此,为了实现适应性选择,可在交际维度上采用直译。

5.3.2 意译

意译是根据原文大意进行翻译,不作逐字翻译。

例 7: 我倒要听听这宫里还能嚼出什么舌头来。

译文: I'd like to hear what tripe can come out of those people.

"嚼舌头" 在中文里表示 "胡说,搬弄是非"。这是带有中国特色的语言。若采用直译,必会造成误解,面对这一情况,译者采用意译的翻译策略,将其译为 " what tripe can come out of those people ",其中 tripe 指的是废话,瞎写或瞎说的东西,这能准确地表达原文的意思,这也是译者适应性选择的结果。

6. 结论

译者在翻译过程中进行了三个维度的适应性选择，并根据三个维度的特性相应采用了省译、归化、直译、意译等翻译策略，来实现适应性选择和转换，最终使《琅琊榜》被外国观众所接受，在一定程度上促进了中国文化的传播。

总之，根据生态翻译学，选择性适应和适应性选择原则上可以应用到古装剧的字幕翻译中。此外，从翻译原则出发，译者在翻译过程中应更全面地思考问题，选择合适的翻译策略来适应翻译生态环境。因此，生态翻译学是指导古装剧字幕翻译的一个不错的理论，有利于文化的传播。

参考文献

[1] 韩笑．《琅琊榜》英文字幕翻译策略浅谈 [J]. 语言艺术与研究，2017（11）：329−331.

[2] 胡庚申．生态翻译学：建构与诠释 [M]. 北京：商务印书馆，2013.

[3] 钱绍昌．影视翻译——翻译园地中愈来愈重要的领域 [J]. 中国翻译，2000（1）：61−65.

[4] 于斐燕．从生态翻译学角度看《琅琊榜》字幕翻译 [D]. 北京外国语大学，2019.

[5] 张婧．“走出国门”的《琅琊榜》和《甄嬛传》对国家形象的影响 [J]. 当代电视 TV，2016（2）：18−21.

[6] 张春柏．影视翻译初探 [J]. 中国翻译，1998（2）：50−53.

[7] Hall, Edward.T. Beyond *Culture*[M].New York: Anchor Books, 1997.

作者简介

刘小梅，广西大学外国语学院翻译硕士英语笔译研究生。

越文缩写在交传速记技巧中的应用研究

杨丹妮

摘要：交传又称交替传译，是指译员边听发言人发言边记笔记，在发言人讲完一段话后进行翻译。在译者进行交传时，往往会遇到大段文字的翻译，而仅凭人脑的记忆是有限的，需依靠笔记来记录信息。在这里便需要应用到速记来快速记录信息，我们可以将越文缩写应用到交传速记当中，从而提高笔记效率。本文将从越文缩写与交传速记概述、越文缩写出现的原因、越文缩写方法、越文缩写在交传速记实践中的应用四个方面来研究越文缩写在交传速记中的应用。

关键词：越文缩写，交传，速记

1. 越文缩写与交传速记概述

随着社会的迅速发展，人们的生活节奏不断加快，出现了越来越多的越南文字缩写现象。越文缩写指的是把越南文中的词语或词素依照一定的规律，以省略声调、简化部分字母等方式，结合成一种存在于书面语中、简捷易写的形式。交传指的是交替传译，是口译的一种重要形式，要求口译员一边听原文，一边脑记或笔记，当讲话者发言结束或停下来时，译员需用目的语将源语清楚 / 准确地表述出来。在进行交传的过程中，译员需掌握良好的记忆技能，这是译员传达准确信息的前提条件。记忆指的是人脑对各种信息的储存、提取和加工，包括感官记忆、短期记忆和长期记忆。其中短期记忆在交传工作中显得尤为重要，然而仅靠人脑对信息的记忆是非常有限的。研究表明，人脑通常只能容下六个意义毫不相干的单词组成的词群，或七位无意义的数字（李娴，2015）。而且，交传具有现场性和瞬时性，有时译者要听长达几分钟的发言再进行翻译，需要记录大量的信息。译者需要依靠记笔记来记录更加完整全面的信息，从而译出更加忠实的译文。交传笔记具有很强的提示性，要求译者在听讲话人发言的同时，用简单符号或文字迅速记下发言内容的主要意思以及观点。此时，便需要译者在进行交传笔记时采用速记。速记是指以特别简便的符号表示语音，同时结合运用多种词语略写方式来迅速记录话语、思维和译抄文字资料的高效技术（韦俊谋，2002）。

将越文缩写运用到速记中，可以提高记录信息的效率。越文缩写是在不改变意义的基础上，把原来较长、较复杂的词或词组进行缩减、节略，提取保留部分成分重新组合，以一种简短的形式来替代原越文而仍然代表原越文，其具有简洁凝练的特点，而这与速记中快速、全面、正确地记录语言的目标相契合，所以我们可以将越文缩写应用到交传速记中，从而达到高效速记。

2. 越文缩写出现的原因

越文缩写是越南语言文字的一种简略形式，在人们的日常生活中随处可见。越文缩写的出现是语言发展的必然趋势，也是社会发展的需要。越文缩写出现的原因主要有以下两个方面。

2.1 受语言的经济性原则所支配

语言运转的基本原理是语言经济性原则。语言经济性原则是支配人们语言活动的规律。各种语言的发展、变化都离不开一个共同的原则，即语言的经济性原则。语言的经济性原则又称语言的省力原则，是指语言系统本身以及语言运用过程中数量与效果二者的最佳结合，是语言发展的主流规律。法国语言学家 Martinet 用语言经济原则解释了语言变化的原因，他认为，无论是语言成分的聚合还是组合方面，都有经济原则在起作用，有些简称也是经济原则作用的结果（Martinet，1960）。越文缩写在减少越文字数的情况下，仍代表原越文意义，是越南语语言系统本身以及越南语运用过程中数量与效果二者的最佳结合，符合语言的经济性原则，是语言经济性的体现。

乔姆斯基在《最简方案》中亦提到"正如语言的衍生过程不允许有羡余步骤一样，语言的表达式中也不能有羡余符号"。"羡余"即指超过传递最少需要量的信息量，语言的羡余性与语言的经济性相对。越文缩写将语言组合中的多余符号省略，如越文中的"quá"通过省略符号可写为"qua"，而"qu"又可缩写为"q"，最终通过缩写，"quá"可以写为"qa"，即"quá =qua=qa "。越文缩写对语言多余符号进行了省略，降低了越文的羡余度，体现了越文缩写的经济性原则。

Martinet 认为，经济原则必须以保证完成语言交际功能为前提，同时人们要有意无意地对言语活动中力量的消耗做出合乎经济要求的安排

（Martinet,1960）。越文缩写在保证完成语言交际的前提下，对相对较长的越文进行缩写，既不影响信息的表达，又起到缩短书写时间、减少力量消耗的效果，是语言发展的必然趋势。此外，国内学者郭秀梅也指出，“经济即指如果一个词够用的话，绝不用第二个”。越文缩写受到语言的经济性原则支配，用简便的形式对原越文进行完整的表达，形式简单而表达高效。由此我们可以看出，越文缩写的出现是语言发展的必然结果。

2.2 社会发展的需要

越文缩写的出现与社会发展有着极其紧密的联系。语言随着社会的变化而变化。越文缩写属于语言的一部分，自然受到社会发展的影响，随着现代生活节奏的不断加快，人们对高效信息表达的要求不断提高，越文缩写便以书写简便同时又能表达原文信息的优势逐渐走进人们的生活。正如夸克等人提出的“尽量缩略”原则：“不管在任何特定情况下，人们对于最清楚的表达持有什么样的理由，一般总是强烈地倾向于采用最经济的变体”（夸克，1985）。人们在使用语言的时候，往往会力求方便，简单快捷，正是因为人们尽量避免麻烦、追求经济省力的心理动因，越文缩写便应运而生。

在许多越南人的短信或网络聊天用语中，越文缩写很常见，例如在年轻人的短信聊天中出现的“That k the tin dc r.”其对应的完整越南语是Thật không thể tin được rồi.（真是不能相信。）人们将字母 â、ô、ê、ư、ơ 所带符号以及问声、玄声符号省略，用“k”表示“không”，“dc”表示“được”，“r”表示“rồi”是人们在表达信息时，趋向采用最经济的变体。

人们的需求、心理都会影响到语言的发展。Martinet 认为，语言的进化发展受到两个因素的影响：“一是人际交往的需要”，在人们互相传递信息时，采用简洁明了的越文缩写，往往省时省力，而又能达到信息传递的目的，越文缩写便应运而生。“二是人类往往想将其心智和身体活动降到最低程度的特性”（Martinet，1960）。人们懒惰的特性使得人们在言语活动中，更加趋向于使用简便语言表达，尽可能减少力量消耗，而越文缩写恰恰能够做到以更简单、快捷的方式对语言进行完整的表达，因此，在书写越南文或输入越南文的时候，相对于完整的越南语，人们更趋向于使用便捷的越文缩写，这也是越文缩写产生的主要原因之一。总之，语言不是一成不变的，语言会随着社会的发展而发展。

3. 越文缩写方式

3.1 省略法

省略符号及声调，即省略字母 ă、â、ê、ô、đ、ư、ơ 带有的“˘、ˆ、-、’、”等符号以及元音字母所带声调，如：

a、â、ă=a；o、ô、ơ=o；e、ê=e；u、ư=u；d、đ=d.

具体在句子中的应用如下：

Chỉ có dốc sức cố gắng mới có thể thành công.（只有加倍努力才能成功。）

对于这句话中依次出现的字母 ô、ư、ă、ơ、ê，我们将其所带符号省去，分别写为 o、u、a、o、e，并且将句子中出现的问声、玄声、锐声符号省去，可以写为 Chi co doc suc co gang moi co the thanh cong.

同样，Trời mà mưa thì chúng ta se hẹn gặp vào hôm khắc.（如果下雨了，我们就改天再约。）我们将这句话中依次出现的字母 ơ、ư、ă 、ô 所带符号以及玄声、跌声、重声、锐声符号省去，这句话可以写为 Troi ma mua thi chung ta se hen gap vao hom khac.

对字母 ă、â、ê、ô、đ、ư、ơ 带有的“ˆ、-、’ ”等符号以及元音字母所带声调的省略，使得越南语的书写更为简洁，也提升了我们书写越南语的速度。

3.2 替代法

即用较为简单的字母替代越文中较为复杂的音节。越南语中的辅音分别是 p、b、m、ph、v、t、th、đ、l、n、c、k、kh、qu、g、gh、ng、ngh、nh、h、tr、ch、d、gi、r、s、x，其中部分书写较为复杂的辅音 ph、đ 、k 、kh、qu、g、ng、ngh、nh、ch、gi 可以用简单的英文字母替代，如：

当以下辅音 ph、đ 、k 、kh、qu、gi 位于词首时，分别用 f、d、c、k、q、j 来代替，辅音 gh、ngh 属于同一音位，但其位于词首时，用同一字母 g 代替：

ph=f 例：phải=phai=fai；phỏng vấn=phong van=fong van

đ=d 例：đi=di ；đi đâu=di dau

k=c 例：kim=cim

kh=k 例：khó khăn=kho khan=ko kan

qu=q 例：quá=qua=qa

gh、ngh=g 例：ghe=ge；nghe=nge

gi=j 例：cái gì=cai gi=cai j

辅音	Ph	đ	k	kh	qu	gh	ngh	gi
替换字母	f	d	c	k	q	g	g	j
例	phải=fai	đi=di	kim=cim	Khó=ko	quá =qa	ghe=ge	nghe=ge	gì=j

当以下辅音位于词尾时：

ng=g 例：sáng=sang=sag

ch=k 例：thích=thich=thik

nh=h 例：quanh=quah

辅音	ng	ch	nh
替换字母	g	k	h
例	sáng=sag	thích=thik	quanh=quah

韵母的缩写：

越南语中共有 57 个“复合元音 + 字母”形式的韵母，除 oong，oanh，uênh，oach，uêch 可用上述方法写为 oog，oah，uêh，oak，uêk，其余 52 个分别如下

OĂ：··· oăt，oăc，oăn，oăm，oăng.

UÂ：··· uât，uân，uâng，uây.

OE：··· oet，oen，oem，oeo.

IÊ：··· iêt，iêp，iêc，iên，iêm，iêng，iêu.

YÊ：··· yêt，yên，yêm，yêng，yêu.

OA：··· oat，oap，oac，oan，oam，oang，oai，oay，oao.

UƠ：··· uơt，uơn.

UÔ：··· uôt，uôc，uôn，uôm，uông，uôi.

ƯƠ：··· ươt，ươp，ươc，ươn，ươm，ương，ươi，ươu.

UYÊ：··· uyêt，uyên.

复合元音	复合元音后附字母									
	t	p	c	n	m	ng	i	y	o	u
oă	oăt		oăc	oăn	oăm	oăng				
uâ	uât			uân		uâng		uây		
oe	oet			oen	oem				oeo	
ie	iet	iêp	iêc	iên	iêm	iêng				iêu

续表

复合元音	复合元音后附字母								
	t	p	c	n	m	ng	i	y	o	u
yê	yêt			yên	yêm	yêng				yêu
oa	oat	oap	oac	oan	oam	oang	oai	oay	oao	
uơ	uơt			uơn						
uô	uôt		uôc	uôn	uôm	uông	uôi			
ươ	ươt	ươp	ươc	ươn	ươm	ương	ươi			ươu
uyê	uyêt			uyên						

其中复合元音是：oă、uâ、oe、ie、yê、oa、uơ、uô、ươ、uyê；

复合元音后附字母是：t、p、c、n、m、ng、i、y、o、u

52 个“复合元音 + 字母”形式的韵母可采用以下方法缩写：

将复合元音 oă、uâ、oe、ie、yê、oa、uơ、uô、ươ、uyê 分别用字母 ă、â、e、i、o、ơ、u、ư、y 代替。

oă → ă

uâ → â

oe → e

iê, yê → i

oa → o（例外：“oay”中 oao 用 a 替代 ）

uơ → ơ

uô → u

ươ → ư

uyê → y

将复合元音后附字母 t、p、c、n、m、ng、i、y、o、u 用字母 d、f、s、l、v、z、j、w 代替。

t → d

p → f

c → s

n → l

m → v

ng → z

i, y → j

o, u → w

复合元音	复合元音后附字母							
	t=d	p=f	c=s	n=l	m=v	ng=z	i=j	o/u=w
oă= ă	ăd		ăs	ăl	ăv	ăz		
uâ=â	âd			âl	âv	âz	ăj	
oe=e	ed			êl	ev			ew
ie=i	id	if	is	il	iv	iz		iw
yê=i	id			il	iv	iz		iw
oa=o	od	of	os	ol	ov	oz	oj 例外：aj=oaj	ow
uơ= ơ	ơd			ơl				
uô= ô	ud		us	ul	uv	uz	uj	
ươ= ư	ưd	ưf	ưs	ưl	ưv	ưz	ưj	ưw
uyê=y	yd			yl				

其中，韵母ương和ước有更为简单的缩写方式，可用g和c分别代替：

•ương=g 例：đường=dg；trường=trg

•ước=c 例：trước=trc；được=đc；nước=nc

3.3 提取法

提取法即将越南语词语或词素中的部分字母提取出来，构成更为简洁的越南语缩写，如：

Không（不）=k；người（人）=ng；rồi（了）=r

Anh（哥哥）=a；em（妹妹）=e；chị（姐姐）=c

như thế nào（怎么样）=ntn

số điện thoại（电话号码）=sdt

ví dụ（比如）=vd

giáo sư（教授）=GS；tiến si（博士）=TS

Đông Nam Á（东南亚）=DNA

Trung Quốc（中国）=TQ

Việt Nam（越南）=VN

可见，以上越南语都是将词素的部分字母提取出来构成缩写，来代表原词语，所构成的缩写比原词更加易于书写记录。

由此可见，越文缩写在原越文的基础上，进行了缩减、节略、简化，减少了原越文的书写笔画，能够以更为简便的书写方式更快地记录原越文。

在速记交传笔记时，我们可将一些简洁的越文缩写方式应用到交传的速记技巧当中。

4. 越文缩写在交传速记技巧中的应用

4.1 省略法在交传速记技巧中的应用

在交传速记中，当出现一些必须记下的、带有符号及声调的（如：ˇ、ˆ、-、'、ˊ、ˋ、˜ 等）又没有其他更为简便的表示方法（包括本文中总结出的其他几种缩写方式以及其他表示方式）的关键词时，我们可以采用省略法来进行记录。例如：

hợp tác（合作）可以记为 “hop tac”

ký kết（签订）可以记为 “ky ket”

đơn vị（单位）可以记为 “don vi”

lời mời（邀请）可以记为 “loi moi”

当以上例子中所列词语的声母、韵母都不能用替代法再进一步简化，也没有其他更为简便的表示形式时，我们便可以采取省略法来记录信息。

4.2 替代法在交传速记技巧中的应用

相比省略法，替代法在交传速记中的应用更为广泛一些。当遇到声母、韵母较为复杂，又是必须记下的，同时没有其他更简表示方式（如其他图形符号、数字符号、中文等）的词，我们便可以对其声母、韵母进行替代，从而更快地表示原文。例如：

trường（学校、场地）可以记为 “trg”

nước（水、国家）可以记为 “nc”。

当 “nước” 是 “水” 的意思时，我们可以用其他图形符号表示，比如水滴。当意为“国家”时，我们也可以用图形符号“□”来表示。当记录为“nc”时，也较为简便，选择适合自己的表示方法即可。

thường vụ（常务）可以记为 “thg vu”

hiệp thương（协商）可以记为 “hif thg”

4.3 提取法在交传速记中的应用

提取法中的越文缩写相比省略法以及替代法中的越文缩写更加简便，也更为常用，我们可以记住一些常见的提取法中的越文缩写，使我们在进行交传速记时更加得心应手。提取法可应用于交传时所听到的国名、地名、常见领导人名、职称、专有名词等。例如：

Hàn Quốc（韩国）可以记为“HQ”

Hà Nội（河内）可以记为“HN”

Trung Quốc（中国）可以记为“TQ”

Việt Nam（越南）可以记为“VN”

Tập Cận Bình（习近平）可以记为“TCB”

Hồ Chí Minh（胡志明）可以记为“HCM”

Giáo sư（教授）可以记为“GS”

Tiến si（博士）可以记为“TS”

Công nghệ cao（高工业）可以记为“CNC”

4.4 综合应用

当然，在实际的交传速记中，我们不仅仅只使用一种缩写方法来进行速记，而是多种方法并用，结合其他更为简便的图形符号、数字符号、中文字等多种表示方法来进行交传速记，力求以最简单快捷的表示方法来记录信息。

例 1：

随着社会的不断发展，城市化、工业化给人们的生活带来便利，同时也带来了一些严峻的问题和挑战：交通拥堵、人口增长、资源短缺、环境破坏、文化矛盾、城镇贫困等，实现城市的和谐、可持续发展是世界共同面临的一个重大而紧迫的问题。

XH ↑

TP 化 +CN 化→ √ cus sog

↙

GT 堵

ng ↑

tai ngyt ↓

moi trg ﹀_﹀

VH ≠

TP 贫

TP 谐 & ↑ ?!! θ

注：

XH 表示“ xã hội ”，意为“社会”

↑ 表示“发展”

TP 表示“thành phố”，意为“城市”

+ 表示“和、及”

CN 表示“công nghệ”，意为“工业”

→ 表示“导致”

√表示“好”

cus sog 表示“cuộc sống”，意为“生活”

↙ 表示“伴随”

GT 表示“giao thông”，意为“交通”

ng 表示“người”，意为“人、人们”

↑ 表示“上升、上涨”或“发展”之意

tai gyt 表示“tài nguyên”，意为“资源”之意

↓ 表示“向下、下降”或“减少、恶化”

moi trg 表示“môi trường”，意为“环境”

﹀_﹀ 表示“不好”

VH 表示“văn hóa”，意为“文化”

≠ 表示“不等于、不同”

& 表示“并且、和”

? 表示“问题”

!! 表示“非常重要”

θ 表示“世界”

例 2：

Chúng tôi sẵn sàng cùng với các đồng chí Việt Nam tìm tòi không mệt mỏi trên con đường xây dựng chủ nghĩa xã hội, cố gắng không mệt mỏi nhằm không ngừng xây dựng quan hệ hợp tác hữu nghị giữa Trung Quốc và Việt Nam, và cố gắng không mệt mỏi nhằm xây dựng một thế giới hài hoà, hoà bình lâu dài và cùng phồn vinh.

译文：我们时刻准备与越南同志一道，在建设社会主义的道路上不懈探索，为不断建设中越友好合作关系不懈奋斗，为建设一个长久和平、共同繁荣的和谐世界不懈努力。

w ^_^ VN 友

↑ ↑

建 dg XHCN

T↔V √ hop tac
和、荣 √ θ
注：
w 表示英文中的"we"，意为"我们"
^_^ 表示"愿意"
VN 表示"Việt Nam"，意为"越南"
↑↑表示"不懈探索"
dg 表示"đường"，意为"道路"
XHCN 表示"Xã hội Chủ nghia"，意为"社会主义"
T↔V 表示"quan hệ giữa Trung Quốc và Việt Nam"，意为"中越关系"
hop tac 表示"hợp tác"，意为"合作"

在以上所列举的两个例子中，越文缩写的省略法、替代法、提取法都有所应用，同时结合了其他符号表示方式。在实际的交传速记实践当中，我们可以根据具体情况，结合其他表示方法选择相应的越文缩写方式，用最为简洁的方法记录说话人所传达的必要信息。

不同的译者记笔记的方式都会不同，有的译者短时记忆能力很强，大脑中可以储存较长的信息。有的译者对所译内容比较了解，专业领域知识掌握较为牢固，不需要记太多笔记。不同的人其思维方式亦不同，因此口译笔记的个人色彩非常鲜明。以上只是本人所举例的交传口译速记记法，希望其中的越文缩写速记法能对读者的交传速记记法有所帮助。

5. 结语

随着社会的发展，在语言的经济性原则和社会发展需要的支配下，越文缩写应运而生。越文缩写具有简洁凝练的特点，能够以较为简短的形式来表达原文，这与交传速记中快速记录信息的特点相契合。在进行交传的速记时，我们应遵循最简原则，尽量选取最简单的符号来表示原文。虽然并不是所有越文缩写都适合用于交传速记，如当一个词可以用其他更为简便的符号来表示时，我们就采取其他的表示方法。但是相对的，在进行交传速记时，如越文缩写是最简便的表示形式，我们便可以将越文缩写应用到交传速记当中，越文缩写在一定程度上提高了速记的效率。此外，不同的人速记的内容和方法都会有所不同，所以译者应不断完善总结出一套适合自己的速记系统。

参考文献

[1] 李娴．交传中口译笔记的常见问题及注意事项 [J]. 西北成人教育学院学报，2015（02）：53-55

[2] 张小春．汉语速记的历史和现代化研究 [D]，湖南师范大学学位评定委员会办公室，2011.

[3] 陈淑美．语言的经济性原则在汉语中的体现 [J]，韶关学院学报，2018，29（10）.

[4] 陈满华．惠特尼和叶斯柏森的语言经济思想 [J]. 中国人民大学学报，2013，27（04）：113-121.

[5] 冯志伟，刘俊丽．现代语言学名著导读 [M]. 北京：北京大学出版社，2018.

[6] 张璐．会话信息过量现象的语用解释 [J]. 吉林化工学院学报，2011，(02).

[7] 郭平．关于言语交际中经济原则的理论思考 [J]. 安徽工业大学，2018，25（2）.

[8] 刘志成．英汉人体词"heart"和"心"认知对比研究 [J]. 华北电力大学学报，2014，(06).

[9]Chữ Việt Nhanh：Cách ghi gọn chữ Việt.http：//chuvietnhanh.sourceforge.net/TocKyChuViet.htm

[10]Viết tắt chữ Việt trong ngôn ngữ.http：//vietpali.sourceforge.net/binh/VietTatChuVietTrongNgonNgu-ACong.htm

作者简介

杨丹妮，广西大学外国语学院硕士研究生，研究方向：越南语言文化与越汉翻译。

信息型文本翻译之百度与谷歌对比研究

周梅丽

摘要：随着人工智能的发展，机器翻译在21世纪取得了较大的进步，准确度越来越高，应用也越来越广泛。本文主要探究机器翻译在语言最为规矩的信息型文本中的表现，选取发展较为迅速的百度翻译和谷歌翻译作为研究对象，对比和分析百度翻译和谷歌翻译在信息类文本英译汉和汉译英中的译文质量，并根据分析结果就译者在翻译信息类文本翻译时如何选择合适的机器翻译工具给出建议。

关键词：机器翻译，百度翻译，谷歌翻译，对比研究

1. 引言

机器翻译（Machine Translation）指利用机器（计算机）翻译系统，把人类语言翻译的法则，转变成电脑的运算法则，使得电脑根据运算法则，将输入的源语言（Source Language）翻译成所需要的目标语言（Target Language）（冯志伟，2004）。这些年，“机器翻译方法历经了由生成语言学为基础的规则方法向以数据驱动为基础的语料库方法翻转变”（王湘玲，杨艳霞，2019）。在机器翻译中，百度翻译和谷歌翻译是其中的佼佼者。百度翻译于2015年5月上线了全球首个互联网神经网络翻译系统，而谷歌翻译也在2016年9月推出了一个颠覆性的系统——Google神经机器翻译系统GNMT（Google Neural Machine Translation），大幅提升了机器翻译的水平，将翻译误差降低了55%～85%。

2. 信息型文本

英国著名的翻译家和翻译理论家彼得·纽马克（Peter Newmark）在1988年出版的《翻译教程》（*A Textbook of Translation*）中将常见的文本类型主要划分为三类，即表达型文本（expressive text）、信息型文本（informative text）、呼唤型文本（vocative text）（Newmark，1988）。

表达型文本强调语言的表达功能,往往有一些带有个人印记的词语和句型,以表明作者的态度、情感、价值取向等。此类文本主要包括:严肃性文学作品,如小说、散文等;权威性言论,如某些学科领域的权威人物撰写的学术著作等。信息型文本指传递信息和反映客观事实的文本,强调语言的信息功能,所以语言一般不带个人色彩,用的是传统的习语和比喻。此类文本主要包括:教材、学术报告、论文等。呼唤型文本强调语言的呼唤功能,号召读者去思考、感受、行动。呼唤型文本主要包括宣传资料、广告等。

考虑到以上三种文本各自的语言特点,本文拟选用信息型文本进行分析。

3. 百度翻译和谷歌翻译实例分析

本文拟选用英文文本和中文文本各一篇,选取的英文文本是题为 *Consistency of Continuous Ambulatory Interstitial Glucose Monitoring Sensors* 的论文,中文文本是《动态葡萄糖监测系统产品风险管理报告》,均属于信息型文本。通过对比和分析百度翻译和谷歌翻译的译文,就译者在选用翻译机器时给出建议。

3.1 英译汉实例分析

例 1:

原文: In clinical practice, CGM devices are frequently used in patients with labile diabetes in order to define patterns of interstitial glucose concentration, which changes continuously.

百度翻译:在临床实践中,CGM 装置经常用于不稳定型糖尿病患者,以确定持续变化的间质葡萄糖浓度模式。

谷歌翻译:在临床实践中,CGM 设备经常用于不稳定型糖尿病患者,以定义组织间葡萄糖浓度的模式,该模式不断变化。

分析:百度翻译和谷歌翻译在前半句翻译基本相同,区别在于后半句。在词汇层面,百度翻译将“define”翻译为“确定”,比谷歌翻译的“定义”更加合适。在句子结构上,百度翻译将“which changes continuously”提前,置于“间质葡萄糖浓度模式”之前,使句子结构更加紧凑和简洁。而谷歌翻译按原文结构翻译,句子意义不够明确,也不够紧凑简洁。因此,总体而言,百度翻译的译文优于谷歌翻译的译文,百度翻译的译文基本可以直接使用而无需后续润色。

例 2：

原文：Healthy female and male volunteers (ages 18–55 years) were screened. Inclusion criteria were：(1) fasting glucose level < 5.5 mmol/L and (2) body mass index (BMI) < 30 kg/m2. Fasting glucose level was measured after 10-h of overnight fasting.

百度翻译：对健康男女志愿者(年龄 18-55 岁)进行筛选。入选标准为：(1) 空腹血糖水平 <5.5mmol/L 和(2)体重指数(BMI)<30kg/m2。隔夜禁食 10 小时后测定空腹血糖水平。

谷歌翻译：筛选健康的男性和女性志愿者(18-55 岁)。纳入标准为：(1)空腹血糖水平 <5.5 mmol / L 和(2)体重指数(BMI)<30 kg / m2。空腹过夜 10 小时后，测量空腹血糖水平。

分析：从词汇层面，百度翻译和谷歌翻译在细节上略有不同。百度翻译将"Inclusion criteria"译为"入选标准"，而谷歌翻译译为"纳入标准"，根据语境，百度翻译的译文更佳；百度翻译将"overnight fasting"译为"隔夜禁食"，而谷歌翻译译为"空腹过夜"，百度翻译提供的译文更学术。从句子结构来说，两者基本一致。因此总的来说，百度翻译的译文更佳，并且基本无需修改便可使用。

例 3：

原文：When peroxide reacts with platinum inside the sensor, an electrical signal is generated and sent by wireless radiofrequency telemetry to the transmitter. The electrical signal is then converted into a glucose reading by a computer program.

百度翻译：当过氧化氢与传感器内的铂发生反应时，会产生一个电信号，并通过无线射频遥测发送到发射机。然后电信号被计算机程序转换成葡萄糖读数。

谷歌翻译：当过氧化物与传感器内的铂反应时，会产生电信号，并通过无线射频遥测技术将其发送到变送器。然后通过计算机程序将电信号转换为葡萄糖读数。

分析：在词汇层面，百度翻译和谷歌翻译差不多。但在句子层面，百度翻译将"The electrical signal is then converted into a glucose reading by a computer program"译为"然后电信号被计算机程序转换成葡萄糖读数"，而谷歌翻译译为"然后通过计算机程序将电信号转换为葡萄糖读数"。谷歌翻译将英文的被动语态转为汉语里更常见的主动语态，处理得更佳，稍加润色后便可使用。

例 4：

原文：Capillary blood glucose measurements derived from conventional glucose meters served as the reference standard.

百度翻译：以传统血糖仪测得的毛细血管血糖作为参考标准。

谷歌翻译：源自常规血糖仪的毛细管血糖测量值用作参考标准。

分析：在词汇层面，百度翻译将这一句的难点词汇"derived from"译为"测得"，而谷歌翻译译为"源自"，显然百度翻译的译文正确。在句子结构上，百度翻译的结构为"以……作为参考标准"，而谷歌翻译为"用作参考标准"，百度翻译的结构读起来更顺。因此，百度翻译的译文更佳，无需润色便可使用。

3.2 汉译英实例分析

例 5：

原文：用于实时动态监测糖尿病患者或其他需要监测血糖变化的病症体内组织液的葡萄糖浓度。

百度翻译：It can be used for real-time dynamic monitoring of glucose concentration in tissue fluid of patients with diabetes or other diseases that need to monitor blood glucose changes.

谷歌翻译：It is used for real-time dynamic monitoring of the glucose concentration of the tissue fluid in diabetic patients or other diseases that need to monitor blood glucose changes.

分析：在词汇层面，百度翻译和谷歌翻译的用词差不多。但在"糖尿病患者或其他需要监测血糖变化的病症"上，百度翻译处理成"patients with diabetes or other diseases"，谷歌翻译处理成"diabetic patients or other diseases"，从语境来看，百度翻译的处理更佳，意义也更准确，稍加润色便可使用。

例 6：

原文：切勿忘记随身携带接收器，尽量将接收器放置在身体的发射器位置同一侧，人体是低功率电磁波的不良介质，会隔断数据传输。

百度翻译：Don't forget to carry the receiver with you. Try to place the receiver on the same side of the transmitter of the body. The human body is a bad medium of low-power electromagnetic wave, which will block data transmission.

谷歌翻译：Don't forget to carry the receiver with you. Try to place the receiver on the same side of the body as the transmitter. The human body is a bad medium for low-power electromagnetic waves, which will block data transmission.

分析：百度翻译和谷歌翻译的译文在词汇和结构上整体比较相似，但在细节上略有不同。“将接收器放置在身体的发射器位置同一侧”，百度翻译为“place the receiver on the same side of the transmitter of the body”，而谷歌翻译译为“place the receiver on the same side of the body as the transmitter”，谷歌翻译的表述比百度翻译简洁和地道，因此更佳，并且译文可直接使用。

例 7：

原文：数据系统的发射器和接收器在佩戴过程中，如出现电量不足，可能导致数据无法正常发送、接收或接收器无法正常显示。

百度翻译：During the wearing process of transmitter and receiver of data system, if the power is insufficient, the data can not be sent and received normally or the receiver can not display normally.

谷歌翻译：In the process of wearing the transmitter and receiver of the data system, if the battery is insufficient, it may cause the data to be unable to be sent or received normally or the receiver to be unable to display normally.

分析：百度翻译和谷歌翻译的译文在词汇和句法结构上整体比较接近。但在细节上，谷歌翻译更佳。例如“数据系统的发射器和接收器在佩戴过程中”，百度翻译译为“During the wearing process of transmitter and receiver of data system”，谷歌翻译译为“In the process of wearing the transmitter and receiver of the data system”，“佩戴过程”译为“In the process of wearing”比“During the wearing process of”更地道，和后文的衔接也更好。此外，“如出现电量不足，可能导致……”，百度译为“if the power is insufficient, the data...”谷歌翻译译为“if the battery is insufficient, it may cause...”，谷歌翻译的语义更加清楚，润色后可使用。

例 8：

原文：发射器和接收器在使用过程中，如外壳受到污染，可用酒精棉进行擦拭处理，确认晾干后，方可使用。

百度翻译：During the use of transmitter and receiver, if the shell is polluted, alcohol cotton can be used for wiping treatment, and the transmitter and receiver can be used only after they are confirmed to be dried.

谷歌翻译：During the use of the transmitter and receiver, if the shell is contaminated, wipe it with alcohol cotton and confirm that it is dry before use.

分析：前半部分百度翻译和谷歌翻译区别不大，但百度翻译对“可用酒精棉进行擦拭处理，确认晾干后，方可使用”处理不当，“for wiping treatment”为中式英语，“the transmitter and receiver can be used...”为误译，实际上应该是“the shell can be...”，相比之下，谷歌翻译的译文在词汇和句子层面均没问题，基本可以直接使用。

4. 结论和建议

在信息类文本的英译汉中，总体而言，百度翻译的译文质量更高：百度翻译的译文结构更加灵活、简洁，用词也更加地道和准确。一部分译文基本可以直接使用，一部分译文需要译者后期润色和调整后方可使用。在英译汉中，在处理结构较为简单、词汇没有歧义的句子时，机器翻译，不论是百度翻译，还是谷歌翻译，所提供的译文均已达到较高的准确率，并且可读性较高。但在词汇较难或句子结构较为复杂时，可能出现误译或漏译的情况，需要译者后期进行修改。

在信息类文本的汉译英中，总体来说，谷歌翻译的译文质量更高，表述更加简洁和地道，大部分译文在润色后可使用，一小部分译文需修改后方可使用。在汉译英时，不论是谷歌翻译还是百度翻译，在处理语义清晰、简洁的句子时，译文的质量较高；但在处理表述稍显啰唆的句子时不够灵活，译文需要修改后方可使用。

综上所述，在翻译信息类文本时，英译汉时建议选择百度翻译，因为百度翻译的译文不管在句子结构还是选词上更地道和符合中文的习惯，出错率较小；汉译英时建议选择谷歌翻译，因为其提供的译文质量更高，表述更为简洁、地道。当然，由于“翻译本身的复杂性”“自然语言的复杂性”和“机器自身的局限性”（张政，2005），机器翻译在词汇和句法结构等方面仍存在着不足，需要人工翻译进行译后编辑，而选择合适的机器翻译可以提高机器翻译的译文质量，减少人工翻译的工作量。

参考文献

[1] 冯志伟．机器翻译研究 [M]. 北京：中国对外翻译出版公司，2004.

[2] 王湘玲，杨艳霞．国内 60 年机器翻译研究探索：基于外语类核心期刊的分析 [J]. 湖南大学学报（社会科学版），2019，33（4）：90-96.

[3] 张政．机器翻译难点所在 [J]. 外语研究，2005，93（5）：59-62.

[4] Newmark P. *A Textbook of Translation* [M]. New York: Pearson Education, 1988.

作者简介

周梅丽，广西大学外国语学院翻译硕士英语笔译研究生。

《翻译的(非)人文性》汉译报告[①]

关熔珍　王易

摘要：本文是基于论文《翻译的(非)人文性》所作的英汉翻译实践报告，旨在传达学术前沿成果。原文本用词专业、句式复杂、语篇衔接缜密，因此翻译难点主要在于词汇、长句的翻译以及篇章逻辑衔接。本文以功能对等论为指导，提出读者导向和信息导向原则，运用释义、替代等方法，使译文在最大限度上达到词汇、句法和篇章对等。报告最后总结了学术文本翻译的方法：词汇上使用直译加注、意译等方法；句法上使用转换和分译；篇章上使用增译和替代。

关键词：功能对等，生态翻译，学术文本翻译，翻译策略

1. 译前分析

1.1《翻译的(非)人文性》简介

《翻译的(非)人文性》是爱尔兰翻译学教授迈克尔·克罗宁(Michael Cronin)发表在国际SSCI期刊《译者》(*The Translator*)上的一篇关于生态翻译的论文。克罗宁教授在论文中称，这项研究是为了“探讨人类时代，翻译如何为思考主体性新形式提供思路。”(Cronin，2019)。

1.2《翻译的(非)人文性》语言特点分析

总体来看，源语文本专业术语多、句子冗长复杂、语篇逻辑思维缜密。

词汇上最突出的特点在于术语、专有名词和文化背景词三个方面。由于文化差异，两种语言的词义并不完全对等，但这样的专业词汇承载着最重要的信息，因此对这类词汇的处理至关重要。

① 基金支持项目：2018年度学位与研究生教育改革专项课题“语言服务人才需求市场分析及其培养对策研究——基于中国—东盟博览会服务的调查研究”，项目编号：JCY2018010。

句法上，原文本句子成分繁多、语法结构严谨。原文通常以松散句和周期句的形式出现，这两种句式都具有长而复杂的语法成分。此外，英语在正式写作中多使用被动语态，而汉语则相反。

语篇上，原文本整体逻辑的连贯性和衔接性强，英语的语篇逻辑顺序与汉语有一定差异。为了使目的语读者更好地理解文本内核，翻译需注重语篇的逻辑连贯性。

2. 奈达的功能对等理论

原文本是关于生态翻译的学术论文，其目标读者是翻译学者和翻译爱好者，因此语言的准确和流利至关重要。本报告将使用奈达的功能对等理论作为指导，解决翻译难题。

"功能对等"由奈达在《翻译科学探索》一书中首次提出，该定义有三个核心：（1）对等；（2）自然；（3）恰当（Nida，1969）。奈达认为，"功能对等"包括形式对等和内容对等，其中内容为主，形式为次。翻译的作用是超越形式的限制，把最恰当的对等信息传递给目标读者，并根据目的语的习惯选择最恰当的表达。

功能对等包括三个方面：词汇对等、句子对等、篇章对等（Nida，1964）。然而在某些情况下，原文本和目标文本之间并不存在完全的对等（马会娟，2003）。因此，奈达主张将对等概念分为两个层次，即最低层次对等和最高层次对等。由于最高层次是一种理想模式，最低层次就成了翻译共同的标准，即"译文的读者应该能够以与原文读者基本相同的方式理解和欣赏它"（Nida，2001）。如果翻译存在以下几种情况，则译文可以灵活变通，或是添加脚注保留直译：（1）可能对单词指称意义造成误解；（2）没有意义；（3）语义和句法无法译出，以至于目标受众无法理解；（4）可能造成对原文联想意义的严重误解（Nida，2001）。

综上所述，奈达所提出的理论可以提炼为信息导向原则和读者导向原则。翻译的最终目的是将信息从一种语言传递到另一种语言，并使目标语读者能够接受。因此，在进行翻译实践时，应考虑读者的阅读体验，注重功能对等。

3. 案例分析

3.1 词汇层面

3.1.1 意译

例 1:

原文: The disguised legacies of language violence have played out in different settings in Ireland.

译文: 语言暴力在爱尔兰不同的环境中上演,不知不觉却又影响深远。

"legacy" 字面意思是遗产,但若直译为"伪装的遗产",整句话是没有意义的。根据上下文语境,该词应当是指长久存在的事物,可意译为"影响深远"。"disguised" 则具有讽刺意义,在这句话里指的是无人察觉却又长久存在的情况,因此可意译为"不知不觉"。意译可以最大限度符合汉语的习惯,将最接近原文的信息传达给目标读者,实现功能对等。

3.1.2 直译加注

例 2:

原文: Faustian energies

译文: 浮士德式精神(象征西方对工业文明不断地追求和探索)

"Faustian energies" 源于歌德的一部文学名著,是西方文化中一个独特的意象,这里仅指西方世界对工业文明的永恒追求。在读者导向原则下,此句翻译宜在直译的基础上再加解释性说明,让读者获得有效信息。

3.2 句法层面

3.2.1 转换

例 3:

原文: In this hylomorphic model of creation, form was imposed by an agent with a particular design in mind and matter itself was passive and inert, that which was imposed upon.

译文: 在这一理论中,形式是由设计者预先设计的模型,而原质本身是被动和惰性的,是受力方。

英文的正式文体通常使用被动语态,而汉语则恰好相反。根据功能对等论，翻译时应将原有的语序调整，使之成为汉语中的主动语态，以保证目的语读者不受形式的干扰，获得与原文读者相同的信息。如例 3 的翻译可以换成主动语态，用“由”或“是”等汉字替换“被”字，同样可以传达原句含义。

3.2.2 分译

例 4：

原文：The French sinologist François Jullien advocates the usefulness / of looking at other traditions / as a way / of both revealing blind spots in how we interpret the world and / locating repertoires of thinking / that allow us to capture important dimensions to subjective and social experience.

译文：法国汉学家弗朗索瓦・朱利安（François Jullien）提出一种有用的方法：从他国的历史传统出发，不仅可以有效揭示我们解读世界的方式中的盲点，还能找准思考的技能，让我们能够抓住个人主观想法和社会经验中的重要维度。

英语通常以松散句或掉尾句的形式出现，其特点是结构长而严谨；而汉语是一种意合语言，即句子在没有显示它们之间的内在结构或关系逻辑连词的情况下按顺序排列（方梦之，2004），通常以短句形式出现。例 4 包含多个句子成分，语法结构复杂，因此翻译时需改变原有结构，用中文短句表达原内容，符合汉语习惯。通过分译的方法，中文读者可以在不受形式干扰的情况下获得相同的信息，实现功能对等。

3.3 语篇层面

3.3.1 增译

例 5：

原文：*The Irish language* should be placed near the bottom of the list just ahead of *postage stamps*（McGee 2015）. The Irish-language version of the programme which appeared on the official commemorative website was unintelligible.

译文：《爱尔兰语》应该放在名单的末尾，仅排在最末的《纪念邮票》前一位（McGee，2015）。除此之外，该方案在官方纪念网站上出现的爱尔兰语版本也令人费解。

源文本作为学术论文，多用名词性结构来组成句子，以达到清晰简洁的目的。这样做的好处是语言简练，符合研究的严谨性，但翻译时会存在逻辑关系上的冲突。为了达到语篇层面的连贯性,可以根据语境在原文基础上增加一些表达,使译文读者明白句子的含义。例 5 中虽没有明确说明,但两个句子之间实际存在着逻辑联系。为实现语篇对等,在翻译时宜在两句中间增加逻辑连接词“除此之外”,表示下一句话是上一句的补充,实现衔接与连贯。

3.3.2 替代

例 6:

原文: Crucially, however, and this brings us back to transversal subjectivity, it suggests a way of dealing with relatedness across difference that does not lead to the extinction of difference.

译文: 然而最重要的是,这种奇异性让我们回想起横向主体性,它提出了一种方法,既能处理差异之间的关系,又不会导致差异消失。

例 7:

原文: Yet, more than 150 years after the event, not one single psychology department in Ireland or elsewhere has carried out a major study on what is arguably the most traumatic psychosocial event on the island in the nineteenth century. In the various commemorative events around the nineteenth century.

译文: 然而,饥荒发生 150 多年后的今天,对这 19 世纪发生在爱尔兰岛上,可以说是最具创伤性的心理社会事件,爱尔兰或其他地方依旧没有任何一个心理学派曾进行过研究。

英语文本在写作中经常使用代词或名词代替之前提到的人物和事件,避免重复,而在汉语中则相反,尤其是在学术文本中多使用重复词汇以确保用词的准确性和严谨性。在英汉翻译中,找出原文代词所指的具体事物,并用这些具体的指称代替原文所用的代词,是实现语篇对等的有效途径。

名词型替代即用指示代词作为整句话主语,指代前文所提到的事物,如“this”“that”等(Halliday&Hasan,1976)。例 6 的“this”指的是“视差的不确定性产生了奇异性”。然而如果保留原文的代词,则很难体现整体含义。根据语篇对等原则,将代词替换为更明确的指称“这种奇异性”,可以平衡双语间差异,使目的语读者获得对等的信息。例 7 中的“The event”是指前文提到的 19 世纪爱尔兰发生的大饥荒。但若直译为“事件”,可能会出现指代不明。因此,在翻译时用更准确的“饥荒”一词来代替“事件”,实现语篇对等。

4. 总结与反思

本报告是以奈达的功能对等理论为指导的英汉翻译实践，主要从词汇对等、句法对等和篇章对等三个层面探讨学术文本的翻译。通过本次翻译实践，报告总结出以下学术文本的翻译策略：在词汇层面上，要注意根据不同的词汇和词性运用翻译技巧。对于术语宜采用直译的方法，保留词汇本身的科学性质。专有名词宜采用释义，使读者了解词汇的字面意义，同时更好地理解原文词语的内涵。对于特殊意义词，意译能以最自然的方式传达最恰当的信息，符合目的语的习惯。在句法层面上，无论是哪种句式，都应优先传递信息。汉语和英语对主动语态和被动语态的用法截然不同，而句法对等要求翻译的表达应该让目的语读者获得与原文读者相同的阅读体验。因此，在翻译时可以改变原有的句式，变换语态，通过转换和分译等技巧使信息传递更自然。在语篇层面上，应按照一定的逻辑顺序调整译文。翻译不是简单地将句子和段落堆叠在一起，而是应该按照合理的逻辑顺序组合。换言之，每个部分之间必须有衔接和连贯性，实现语篇对等。为了达到这一要求，可以采取增译和替代两种方法。

参考文献

[1] 方梦之. 译学词典 [Z]. 上海：上海外语教育出版社，2004.

[2] 马会娟. 奈达翻译理论研究 [M]. 北京：外语教学与研究出版社，2003.

[3] Cronin, M. The (in) Humanity of Translation [J]. The Translator, 2019, 25 (3): 1-15.

[4] Halliday, M. A. K. & R. Hasen. *Cohesion in English* [M]. London: Longman, 1976.

[5] Nida, E. A. *Toward a Science of Translating: with Special Reference to Principle and Procedures Involved in Bile Translating* [M]. Leiden: Brill, 1964.

[6] Nida, E. A. & C. Taber. *The Theory and Practice of Translation* [M]. Leiden: Brill, 1969.

[7] Nida, E. A. *Language and Culture: Contexts in Translating* [M]. Shanghai: Shanghai Foreign Language Education Press, 2001.

作者简介

关熔珍，博士，广西大学外国语学院教授，研究方向：比较文学与世界文学，翻译研究。

王易，广西大学外国语学院翻译硕士英语笔译研究生。

二、文学翻译

不破不立

——解构主义翻译观下探析庞德的中国古典诗歌英译①

李晓滢　王永健

摘要：庞德的中国古典诗歌英译因其忠实性不足一直倍受争议。本文试以解构主义翻译思想为理论依据，通过具体实例来探析庞德英译中国古诗的创造性及其译作与原诗之间的关系，进而从解构主义翻译观中获得对翻译的评判标准、译文与原文的关系以及译者主体性的启发性思考。

关键词：庞德，解构主义翻译观，中国古典诗歌英译

1. 引言

身为20世纪英美文学运动里的中坚人物，埃兹拉·庞德（Ezra Pound）对诗歌创作与翻译有着独特且出色的见解。20世纪上半叶，庞德在领衔意象派诗歌创作的同时，还翻译了许多中国古典诗歌。在费诺罗萨（Ernest Fenollosa）遗稿的基础上，庞德选译了十多首中国古诗并结集出版为《华夏集》。此外，他还创造性改译过《怨歌行》《落叶哀蝉曲》等诗作。庞德的中国古典诗歌英译在西方获得了深远的传播，给西方诗学领域增添了东方的异域色彩，也为意象派诗歌的发展贡献了新的理念。

① 基金支持项目：2018年度学位与研究生教育改革专项课题“语言服务人才需求市场分析及其培养对策研究——基于中国—东盟博览会服务的调查研究”，项目编号：JCY2018010。

然而，庞德对中国古典诗歌的翻译中不乏误译、漏译以及增删改译之处，而且译作的语言风格也颇为自由，不拘格律。这与国内以“信”为先的翻译标准大相径庭，引来了学者对其译作忠实性不足的争议与批驳。20世纪60年代，解构主义思潮逐渐兴盛，建立起全新的解构思维来突破逻各斯中心主义的思想传统和消解结构主义关于结构和意义等重要概念。得益于这一思潮，解构主义翻译观初露锋芒，提供了变革性的翻译思想。20世纪90年代末，解构主义翻译观进入国内学界视野，为重新审视庞德的英译中国古诗带来了新的契机。本文试以解构主义理论为据，来探析庞德译作中所蕴含的解构理念，并对译文与原文之间的关系、译者的主体性等问题进行更多启发性思考。

2. 解构主义翻译观

解构主义致力于消解传统的二元对立结构并否定中心和本原的存在。它发掘出文本意义的不确定性，主张以一种开放性、延续性、差异性的观点来解读文本。本雅明（Walter Benjamin）于1923年发表了《译者的任务》一文，他提出，在完整和抽象的“纯语言”（pure language）概念下，使用不同具体语言的译文和原文都是“纯语言”的碎片，两者同为“纯语言”的组成部分却又相互区别。这意味着二者不再是从属关系，译文获得与原作一样独立平等的地位。通过反映语言间的差异，译作能发掘出原作的深层内涵和价值，成为原作的“来世”（afterlife），为其延续生命力。本雅明的观点启发后人进一步解构译文与原文之间的关系，为解构主义翻译理念发出先声。

20世纪60年代，德里达（Jacques Derrida）对解构主义理论进行了系统性的阐释，更为解构主义翻译观开辟新径。他引入“延异”（différance）这一概念，革新性地包含了“延迟”（defer/delay）和“差异”（differ）两个方面，前者体现时间上的差异，后者则是空间上的区分。它表明意义始终处于延迟呈现的状态，需要不断对其进行增补，所以无法从根本上确定下来。为此，德里达强调文本是开放且不完整的系统，文本的意义没有终点，既无固定中心亦无完整结构，可以由“意义链”（chain of signification）去涵盖不同时空下有差异性的意义，进而交织成具有更多可能的意义网络。所以，解构主义引导人们在解读文本时要超越“在场”的意义，关注到其背后“未在场”的意义。人们通过把握不同语境下文本留下的“痕迹”（traces），方能体会到文本的不确定性和互文性。

解构主义翻译观下译文和原文是平等共存、互为补充的关系，就此打破了译文与原文的二元对立的传统格局。解构主义视角下，翻译是一种“可调控的转换”（regulated transformation），译文应当保留语言转换间产生的差异，用以揭示文本的多重意义。原文可以在不同的文化语境下被改写并重建，译文的忠实性也不再是优先的衡量标准。解构主义翻译观还推动译者从依附于作者的主从关系里解放出来，肯定了译者的主体性和创造性。

3. 对庞德的中国古典诗歌英译的解构主义探析

庞德对中国古典诗歌的英译有不少更改之处，有些归因于他创造性的翻译手法，也有些源自他对原诗的误读。从传统的翻译理论来看，庞德英译的中国古诗对原作而言讹误较多，其忠实性大打折扣，进而加深了人们对庞德译作的误解和批评。但若以解构主义翻译的观点来探析，就能合理地评析庞德译作的立异之处，还能探寻译作与原作、译者与作者的平等互补关系，从解构主义翻译观中获得更多启发性思考。

3.1 打破忠实：庞德英译古诗中的创造性

中西学者一向秉持“求信”“求真”的翻译标准，要求译文尽可能的贴合原文，以译文的忠实程度来思量译文的可取性，对译文里出现的改译、误译持反对意见。然而，解构主义坚持文本意义的不确定性，强调源语文本的意义一直是开放的、流动的、不断生成的，译文无法从真正意义上对原文做到内容上的忠实和结构上的对等。解构主义翻译观打破了一成不变的“忠实”原则，允许译者发挥主观能动性，也为翻译中出现的文化误读和误译现象提供了理论依据。

落脚于庞德具体的英译中国古诗，庞德身为译者的主体性和创造性值得称赞。以庞德对《怨歌行》的改译为例，他将原诗重新题名为 *Fan-Piece, For Her Imperial Lord*，直接点明原诗中的核心意象“团扇”和诗中暗指的“君王”，直白的引导读者把握诗歌的关于宫怨的悲情主题。《怨歌行》本就短小精练，但庞德的英译仅有三句，“O fan of white silk, /clear as frost on the grass-blade, /You also are laid aside.” 译诗前两句是对前四句“新裂齐纨素，皎洁如霜雪。裁为合欢扇，团团似明月”的糅合，形容团扇宛如秋冬草叶上的白霜，纯白而又光洁。“You also are laid aside.” 一语双关，“also” 传达出君王既将团扇搁置又无情冷落嫔妃的双重内涵，与最后两句“弃捐箧笥中，恩情中道绝。”相吻合。与原诗相比，庞德的英译只保留客观事物的呈现,摒弃了所有修饰性的字词,使原诗中哀怨的情绪愈发含蓄,令人回味。

庞德对中国文化的掌握十分有限,除了对原诗的增译或漏译,他的译作中还存在很多典型的误读和误译。《华夏集》中,庞德将"烟花三月下扬州"译成"The smoke-flowers are blurred over the river"。"smoke-flowers"显然是庞德对"烟花"的误解,却巧妙地呈现出一种迷蒙的视觉意象,无疑是庞德对原诗送别画面的领悟和重构。庞德的误译也常与英语语法不合,敢于挑战英语诗歌的语言规范。譬如,他破格性地将李白的"荒城空大漠"和"惊沙乱海日"分别译成"Desolate castle, the sky, the wide desert."和"Surprised. Desert turmoil. Sea sun.",虽说不顾词法和句法规则,多个意象的平行并置却有力地渲染出荒凉壮阔的诗歌意境。

上述几例可以看出,庞德对中国古典诗歌的英译有以下特点。

首先是语言的简练与自由。庞德采用自由诗体来表达原作,背离了原诗的古典形式。从解构主义角度出发,翻译是一种"延异"行为,庞德在所处的20世纪初西方文化语境里解读中国古诗,其生成的译作符合当时文化语境下的语言风格即可。其次是意象的并置和凸显。庞德的英译古诗常常删繁就简,略去诸多原诗的修辞性以及抒情性的表达,只把原诗里的重点意象并置在译文里,使得译诗比原诗的抒情更加含蓄,以供读者遐想。庞德在译诗里对意象的强调,更是与他所推崇的意象派诗歌创作理念达成了契合。最后是文化的误读和差异。解构主义思想包容翻译里因文化误读而产生的差异,认为误译能为译作所处的主流文化带来新的文学表现形式。庞德的英译古诗推动了东方诗歌理念和西方意象派诗歌理论的交融,也为维多利亚时期的诗歌传统注入新活力。

3.2 树立新生:庞德英译古诗与原诗的联系

通过具体实例的解析,庞德的英译古诗的创造性和差异性显露出来,译作里受到批评的改译和误译也得以正名。接下来,庞德的译诗与原诗的联系也值得商讨。解构主义翻译观提出,翻译是赋予原作生命力的重要手段,译作衍生自原作,却又独立区别于原作。译作能够成为原作的"来世",在时间和空间意义上对原作进行拓展和延续。以此推之,庞德的英译中国古诗是否也起到焕发原诗生机的功效?答案是肯定的。

T.S. 艾略特在《庞德诗选》的序言中,曾高度称赞庞德是"我们这个时代中国诗歌的发明者"。他评论庞德的《华夏集》"将被视为'20世纪诗歌的杰作',……庞德以其传神的翻译丰富了现代英语诗歌的宝库。"

（张春英，2007）其中，庞德译自李白《长干行》的 *The River-Merchant's Wife: A Letter* 被收录于多家出版公司编选的经典英美诗集中，如《诺顿诗选》等，可见庞德的译作在海外受到了广泛的认可，为中国古典诗歌在西方的"播散"（dissemination）做出有力的贡献。同时，解构主义观还提倡文本的互文性，文本间既有联系的一面，更有差异的一面，所以译文和原文之间是平等互补、求同存异的关系。庞德的英译中国古诗对原诗进行了个性化的解读，也对原诗内涵加入新的诠释，深化了原诗主旨。总体来看，庞德的英译古诗对原诗起到积极的影响，使中国古典诗歌在西方的文化语境里获得了新生。

4. 不破不立：对解构主义翻译观的启发性思考

在解构主义翻译观下探析庞德的中国古典诗歌英译，给今后的翻译理论和翻译实践带来了新的启示。第一，解构主义翻译思想撼动传统的翻译标准，以文本的不确定性破解了译文的忠实性，主张以多元的、开放的、动态发展的解构思维审视译文，包容译文的创新性和差异性。第二，解构主义翻译观打破了译文和原文的二元对立，认可原文依赖译文延续生命力，译文能够为原文增添异质性，提倡以和而不同的眼光看待译文和原文的关系。第三，解构主义翻译观提升了译者的地位，突出了译者的主体性，使译者在翻译实践中更具创造力和灵活度。正所谓"不破不立"，"破"本身就蕴含着"立"，解构主义翻译观既从多方面否定和破坏传统翻译理论的基础结构，又变革性地树立起开放型的解构思维，并用之来探讨翻译，是如今翻译理论发展不容忽视的新兴力量。

参考文献

[1]Benjamin, Walter. *The Task of Translator. In The Theory of Translation: An Anthology of Essays From Dryden to Derrida* [M]. Ed. Rainer Schulte & John Biguenet. Chicago & London: The University of Chicago Press, 1923.

[2]Eliot, T.S. *Ezra Pound: Selected Poems* [C]. London: Faber and Faber Limited, 1934.

[3] 陈德鸿，张南峰编．西方翻译理论精选 [M]. 香港：香港城市大学出版社，2000.

[4] 补爱华．解构主义翻译观对翻译研究的影响 [J]. 外国语文，2010,

26 (05): 89–91.

[5] 张春英 . 庞德《长干行》中的“解构”痕迹 [J]. 绍兴文理学院学报(哲学社会科学版),2007 (04): 84–88.

作者简介

李晓滢,广西大学外国语学院副教授,研究方向: 翻译研究,教育管理。

王永健,广西大学外国语学院硕士研究生,研究方向: 英美文学,文学翻译等。

卞之琳"顿法"论在诗歌翻译中的运用

——以卞译《哈姆雷特》为例

翟悦

摘要：卞之琳提出的"顿法"论是他诗歌创作观和翻译观的核心观点。他主张诗歌翻译"以顿代步"，以每句五"顿"代替英文素体诗的五音步，以此解决英文素体诗在汉语中缺乏对等文学形式的问题。卞之琳的"顿法"论深刻体现在他翻译的《哈姆雷特》中。本文通过分析卞译《哈姆雷特》，研究卞之琳的"顿法"论在诗歌翻译中的运用。

关键词：卞之琳，顿，《哈姆雷特》

卞之琳先生是我国著名现当代诗人、文学评论家、翻译家。作为翻译家，他的译作涵盖诗歌、戏剧等多种类型，在文学翻译领域占据重要地位。"顿法"是卞之琳为中国新诗格律提出的观点，同时，也被他运用到诗歌翻译中，成为他诗歌创作观和翻译观的核心观点。卞之琳主张译诗时，诗歌格律"以顿代步"，以每句五"顿"代替英文素体诗每行五音步。

《哈姆雷特》是莎士比亚四大悲剧之一，在国内有多种译本。《哈姆雷特》剧词原文多用抑扬格五音步素体诗，汉语中缺乏与之对等的文学形式，因此，国内对莎剧素体诗的翻译主要分两个流派：以朱生豪、梁实秋为代表的散文体派和以孙大雨、卞之琳、方平为代表的诗体派。卞之琳先生作为诗体派翻译家，将"以诗译诗"和"顿法"论用在翻译莎士比亚素体诗中，翻译的《哈姆雷特》得到了普遍认可。王佐良评论说，卞之琳的莎士比亚译本达到了他翻译事业的巅峰，可置诸世界各大语种最杰出的莎剧译本之列。1958 年，上海译制片厂引进了英国 20 世纪 40 年代拍摄的电影《王子复仇记》，并根据卞之琳译本整理配音。

1. 卞之琳的"顿法"论

卞之琳在《雕虫纪历 · 自序》中说到，"所以用汉语白话写诗，基本格律因素，像我国旧体诗或民歌一样，和多数外国语格律诗类似，主要不在于脚韵的安排而在于这个‘顿’或称‘音组’的处理。”他认为“顿法”是格律的基础，是“汉语的基本内在规律、客观规律。”诗的格律以“顿”数作为单位，摆脱以字数作为单位的束缚（卞之琳，1984）。在《莎士比亚悲剧四种》的译本说明中，他明确说明了自己如何将“顿法”运用在莎士比亚素体诗翻译中。

首先，翻译素体诗的音步时，“按汉语规律，每行用五‘顿’（或称‘拍’或‘音组’，非西诗律的‘行间大顿’）合‘五音步’”。接着，对应素体诗的抑扬格，他解释了“顿”的轻重音：“每‘顿’（‘拍’‘音组’）当中不拘轻重音位置，但总有一个主要重音（两个同重音或同轻音练成一‘顿’[‘拍’‘音组’]也就相当于一个重音）”。

第二，在字数问题上，每“顿”的字数最普遍是两个字和三个字，一字“顿”和四字“顿”比较少。四字“顿”最后一字必然是“的”“了”“吗”之类的虚字，或者是外国人地名，不然就分成两个二字“顿”。一字“顿”的上下文是二字“顿”时，往往需粘附上前或后的二字“顿”，不再独立成为一字“顿”（卞之琳，1989）。

第三，“顿法”还不拘平仄。卞之琳指出，尽管中国旧体律、绝诗注重平仄，在白话新体诗里，平仄安排关系不大。

第四，“顿”的安排与诗的节奏也有所关联。“在新体白话诗里，一行如全用两个以上的三字‘顿’，节奏就急促；一行如全用二字‘顿’，节奏就徐缓，一行如用三、二字‘顿’相间，节奏就从容。”

第五，一般诗行中不能用太为齐整的“顿”格式，以避免单调呆板。在卞之琳自己的作、译实践中，只做到每行里必有二、三，很少一行中全用二音节或三音节（卞之琳，1984）。

2. 卞之琳译《哈姆雷特》中“顿法”的运用

《哈姆雷特》第三幕第一场，哈姆雷特的独白“To be or not to be, that is the question”是书中最著名片段，在国内外，这段独白都是论述最多的片段。本文选取此段独白原文及卞之琳译文进行分析。

下表将原文及译文并列排版，以方便比较。译文按照卞之琳先生的“顿法”论，以斜线隔开每一顿。

莎士比亚原文	卞之琳译文	每“顿”字数
To be, or not to be – that is the question;	活下去 / 还是 / 不活: / 这是 / 问题。	三二二二二
Whether 'tis nobler in the mind to suffer	要做到 / 高贵, / 究竟该 / 忍气 / 吞声	三二三二二
The slings and arrows of outrageous fortune	来容受 / 狂暴的 / 命运 / 矢石 / 交攻呢,	三三二二三
Or to take arms against a sea of troubles	还是该 / 挺身 / 反抗 / 无边的 / 苦恼,	三二二三二
And by opposing end them; to die: to sleep –	扫它个 / 干净? / 死, / 就是 / 睡眠——	三二一二二
No more, and by a sleep to say we end	就这样; / 而如果 / 睡眠 / 就等于 / 了结了	三三二三三
The heartache and the thousand natural shocks	心痛 / 以及 / 千百种 / 身体 / 要担受的	二二三二四
That flesh is heir to: 'tis a consummation	皮痛 / 肉痛, / 那该是 / 天大的 / 好事,	二二三三二
Devoutly to be wished – to die: to sleep -	正求之 / 不得啊! / 死, / 就是 / 睡眠;	三三一二二
To sleep, perchance to dream – ay, there's the rub,	睡眠, / 也许要 / 做梦, / 这就 / 麻烦了!	二三二二三
For in that sleep of death what dreams may come	我们 / 一旦 / 摆脱了 / 尘世的 / 牵缠,	二二三三二
When we have shuffled off this mortal coil	在死的 / 睡眠里 / 还会 / 做些 / 什么梦,	三三二二三
Must give us pause: there's the respect	一想到 / 就不能 / 不踌躇。/ 这一点 / 顾虑	三三三三二
That makes calamity of so long life. (Shakespeare)	正好 / 使灾难 / 变成了 / 长期的 / 折磨。 (卞之琳, 1989)	二三三三二

首先,从上表对比可看出,译文每行均为五“顿”,对应原文的五音步。卞之琳先生讲究等行翻译,行数对等,除划线部分外,其余各行都在原文换行处换行,划线部分译文换行与原文换行不对等,正是为了调整音节数量,保证每行五“顿”的效果。

第二,从每“顿”字数上看,二字“顿”、三字“顿”居多。

卞之琳遵循自己的“顿法”原则,多用二字“顿”、三字“顿”,并且二字“顿”、三字“顿”交叉使用,每行中都不存在全是二字“顿”或全是三字“顿”。十四行中,没有连用或有规律地使用同样的二字“顿”、三字“顿”分布,避免格律单调。在此之外,还出现了一次四字“顿”、两次一字“顿”。

四字“顿”出现在“心痛 / 以及 / 千百种 / 身体 / 要担受的”一句中。“要”

作为一个虚词，也可粘附在“身体”后，形成“心痛 / 以及 / 千百种 / 身体要 / 担受的”的“顿”法，但根据语境，笔者决定将其与“担受的”连起来划分成一“顿”。

一字“顿”都出现在同样的句子中：“死 / 就是 / 睡眠”。笔者对此处翻译持有异议，此句或可翻译为“死了 / 就是 / 睡眠”，用两字“顿”代替“死”的一字“顿”。此处原文为“to die: to sleep –”，“to die”是一个包含两个音节的音步，卞之琳将之译为“死 / 就是 / 睡眠”，在口语中，“死”一个音节被拖长，占据两个音节的长度。因此，不如将“死”译为“死亡”，或“死了”。再看与卞之琳同为诗体派代表人物、支持“顿法”的孙大雨、方平两位先生的译本，孙大雨译为“死掉，睡眠”，方平译为“死了——睡熟了”，都将“to die”译作两个音节一“顿”。但是，从另一个角度来说，卞之琳译为“死 / 就是 / 睡眠”，把“死”字做一“顿”，放在每“顿”字数为三三一二二的句子结构中，也突出了“死”这一字，强调“死”在句中的核心地位。

另外，笔者认为卞译第一句“活下去 / 还是 / 不活：/ 这是 / 问题”也值得探讨。这句话是《哈姆雷特》各译本争议颇多的句子，因为不同译者对“to be, or not to be”的理解各有不同。此处笔者不讨论理解问题，而从节奏和“顿法”角度出发，认为“这是 / 问题”可译为“这是 / 问题啊”或“这是个 / 问题”。此句以每“顿”字数划分结构为三二二二二，连续四个二字“顿”，略显单一。再看孙大雨译为“是存在 / 还是 / 消亡，/ 问题的 / 所在”，方平译为“活着好，/ 还是 / 死了好，/ 这是个 / 难题啊”，两位诗体派大家的译文都可以按“顿法”分为五“顿”，对应五音步，两种译文分别在“问题”“难题”后添加一个虚词“的”“啊”，都将“the question”译为三字“顿”。“the question”作为本句的重点之一，翻译成“问题”或“难题”时，添加一个发音较轻的虚词，能够将这个词与其他词做区分，因此，笔者建议卞译可在问题后加“啊”，译为“这是 / 问题啊”。此外，1958 年上影译制厂根据卞之琳先生的《哈姆雷特》“译本整理”进行配音译制，将此句改为“活着，/ 还是 / 不活，/ 这是个 / 问题。”此处将虚词黏着于“这是”上，形成每“顿”字数为二二二三二的句子结构，“个”作为间隔的虚词，也令“问题”和前面的词语区分开来，突出了“问题”一词的地位。

从诗行节奏来看，连用两处以上二字“顿”或连用两次以上三字“顿”的只有三行。一是第一句“活下去 / 还是 / 不活：/ 这是 / 问题。”连用四个二字“顿”，使诗行节奏徐缓，引人思考。笔者上一段虽主张或可将此句改译为“活下去 / 还是 / 不活：/ 这是个 / 问题。”也许失了节奏徐缓的好处。此选段最后“一想到 / 就不能 / 不踌躇。/ 这一点 / 顾虑”“正好 /

使灾难 / 变成了 / 长期的 / 折磨”两行都连用了两个以上三字“顿”,诗行节奏急促,展现了哈姆雷特对死亡的焦虑不安。

3. 结语

卞之琳先生追求“亦步亦趋”的翻译,既追求翻译的内容对等,又追求翻译的形式对等。但中国译者需要面临英诗在汉语中没有对等文学形式的问题,为解决英诗译的格律问题,卞之琳将其为新诗格律诗提出的“顿法”运用于诗歌翻译中,“以顿代步”为翻译英诗的格律提供了独到的解决方案。卞之琳的《哈姆雷特》译本展现了他如何将“顿法”论运用于翻译实践中,值得细读和分析。

参考文献

[1] 卞之琳 . 莎士比亚悲剧四种 [M]. 北京:人民文学出版社,1989.

[2] 卞之琳 . 人与诗:忆旧说新 [M]. 北京:生活·读书·新知三联书店,1984.

[3] 卞之琳 . 卞之琳文集(下)[M]. 合肥:安徽教育出版社,2005.

[4] 陈本益 . 卞之琳的“顿法”论 [J]. 西南大学学报(社会科学版),1996(4):62-64.

[5] 许宏,王英姿 . 亦步亦趋:卞之琳的诗歌翻译思想——从卞译《哈姆雷特》谈起 [J]. 解放军外国语学院学报,2010(2):85-90.

[6] 黄元军 . 卞之琳文学翻译论 [J]. 名作欣赏,2019(26).

[7] 袁可嘉,杜运燮,巫宁坤 . 卞之琳与诗艺术 [M]. 石家庄:河北教育出版社,1990.

作者简介

翟悦,广西大学外国语学院硕士研究生,研究方向:英语语言文学。

目的论视角下《快乐王子》的汉译本研究

陈泱汝

摘要:《快乐王子》是英国著名唯美主义作家奥斯卡·王尔德创作的童话作品,讲述了生前不知忧愁为何物的快乐王子死后目睹了种种人世间的苦难,最终牺牲自我帮助他人的故事。目的论由汉斯·弗米尔提出,其核心概念是:翻译过程的最主要因素是整体翻译行为的目的。该理论认为翻译必须遵循一系列原则,其中目的原则居于首位。本文从目的论视角出发,选取《快乐王子》汉译本中的周作人译本、巴金译本和苏福忠译本进行对比分析。

关键词:目的论,快乐王子汉译本,翻译目的,对比分析

1. 引言

1.1 研究背景

同一源语文本在不同时期常常呈现出不同的风格,除了不同时代的环境因素外,整个翻译行为的目的是最重要的影响因素。经典童话《快乐王子》的汉译本就是一个很好的研究对象。许多翻译理论曾被运用于英文小说的汉译本研究,汉斯·弗米尔提出的目的论便是其中之一。然而,在对各种书籍和文章进行检索后,笔者发现,从目的论的角度分析《快乐王子》汉译本的研究相对有限。

1.2 汉译本选择

笔者选择了三个最具代表性的译本:周作人译本、巴金译本和苏福忠译本。这三个译本在不同时期都具有其代表性:周作人是第一个将王尔德童话引入中国的推广人,晚清特殊的文化背景和其自身的文化态度,使《快乐王子》虽然以文言文的形式出现,但承载着全新的思想。巴金翻译的《快乐王子》首次以白话文的形式出版,他的翻译受到了白话文的推

广及自身文化态度和翻译观念的影响。苏福忠译本由教育部统编出版，这个版本比以前的译本更具可读性，体现了时代的发展。

1.3 研究意义

汉斯·弗米尔提出的目的论在许多翻译文本的分析中得到了广泛的应用，但很少有文章研究目的论如何影响《快乐王子》汉译本的翻译过程。本文以《快乐王子》汉译本为研究对象，试图分析目的原则在其中的体现。

2. 目的原则在三译本中的体现

2.1 周作人译本

周作人是中国现代著名的散文家、诗人、翻译家，中国民俗学的开拓者和新文化运动的杰出代表。周作人翻译《快乐王子》时，中国正处于翻译热潮。当时，白话文在中国还处于萌芽阶段，文言文仍然占据主导地位。纪启明（2019）认为："在翻译实践中，周作人在童话和儿童文学翻译中最大限度地运用了直译。"

例 1："Shall I love you？" said the swallow, who liked to come to the point at once, and the reed made him a low bow.（Oscar, 2015）

便曰，"吾爱君可乎？"苇无语，惟一折腰。（鲁迅，周作人，2006）

在这里，周作人省略了"who liked to come to the point at once"的翻译，这是因为这类表达与中国传统美德相悖，而《快乐王子》主要是面向儿童读者。因为燕子代表善良和人性，所以它的形象应该总是正面的。"折腰"出自于《晋书·陶潜列传》，讲述了诗人陶渊明即便是在穷困潦倒的时候，也不愿刻意迎合权贵们的故事。由于儿童读者对中国传统文化中的这种表达方式比较熟悉，他们会更愿意进一步阅读这个故事。在这个例子中，周作人可以达到激发儿童读者阅读外国文学作品的兴趣这一目的。

例 2：...for I lived in the palace of Sans-Souci, ...（Oscar, 2015）

以吾居商苏西（此言无忧）宫中……（鲁迅，周作人，2006）

在古代，特别是封建王朝统治时期，"宫"是帝王居住的地方，象征着至高无上的权力。在外国文化中，"宫"是"place"的对应表达。当时的儿童读者更容易理解这样的翻译，因为当这个译本出版时，清朝仍然存在。这种翻译也能唤起儿童读者对故事的进一步阅读兴趣，这也更符合目的原则。

例 3：He is trying to finish a play for the director of the theatre, but he is too cold to write any more...（Oscar，2015）

彼方为梨园主者作传奇，顾天寒不复能书……（鲁迅，周作人，2006）

周作人把"theatre"译成了"梨园"，这是一个很有中国特色的表达方式。这样的翻译能为儿童读者提供一些有关中国传统文化的知识，帮助他们更好地从自己的角度理解故事。在一定程度上，这可以激发他们阅读这个故事的兴趣。

在这些例子中，笔者发现周作人试图激发儿童读者阅读外国文学作品的兴趣。因此，他采用了许多中国传统文化中的经典意象和表达方式。此外，周作人在翻译中使用了归化策略。张树元（2018）也指出，当时的中国人面临着鸦片战争的失败及其导致的损失，但又不愿承认中国文化的落后。传统的思想观念仍然深入人心，翻译文学处于边缘地位。因此，被击败的现实和文化优越感的复杂感受导致了对于西方文学作品使用高度归化翻译策略。

2.2 巴金译本

巴金是著名的作家、翻译家和社会活动家，被誉为"20世纪中国文学的良心"。他一生翻译了许多外国儿童文学作品，不仅使许多儿童读者受益，也给一些儿童作家的创作带来了很大的帮助。郑美香（2013）认为："在文体再现过程中，由于英汉语言的差异，文体的再现很难做到完美。然而，巴金以一种敏感的心态，找到了原作的美，并结合了原作的文体特征。"

例 1：His face was so beautiful in the moonlight that the little swallow was filled with pity.（Oscar，2015）

他的脸在月光里显得这么美，叫小燕子的心里充满了怜悯。（巴金，2010）

巴金将"pity"译为"悲悯"，唤醒读者的审美情趣。另外，可以让读者清楚地知道燕子对快乐王子感到很同情。在这个例子中，巴金的目的是唤起孩子们纯洁心灵中的美好情感，从而帮助孩子们在童年时期养成良好的品格。

例 2："Swallow, swallow, little swallow," said the prince, "do as I command you".（Oscar，2015）

“燕子,燕子,小燕子,”王子说,“你就照我吩咐你的做罢。”(巴金,2010)

巴金通过有意的重复和拟声词的使用,再现了原文的韵律美。“燕子,燕子,小燕子”重复出现在文本中六次,通过有规律的呼唤可以引起读者的注意并与逐渐深沉的情感相契合,使读者在阅读之后也久久不能忘怀。巴金此处意在展示快乐王子是多么渴望帮助他人,并引导儿童读者主动帮助他人。

例 3:“How cool I feel,” said the boy, “I must be getting better”; and he sank into a delicious slumber.(Oscar, 2015)

“我觉得多么凉,”孩子说,“我一定好起来了。”他便沉沉地睡去了,他睡得很甜。(巴金,2010)

在这个例子中,巴金想为读者营造一个轻松的氛围。快乐王子和燕子的善良帮助小男孩摆脱了疾病,恢复了健康。读者会认为帮助他人是一种良好的行为,能给他们带来快乐,这有助于帮助读者树立良好的人格。即使在当今社会,这样的翻译仍具有重要意义。

根据以上实例,笔者发现巴金的主要目的是教育读者。他的语言表达十分简单,但充满了音律美。巴金高度重视自己作品的文学价值,同时考虑读者的需要。更重要的是,他希望帮助读者在成长过程中形成良好的人格。

2.3 苏福忠译本

苏福忠在出版社工作了 30 多年,参与过大量译著的编辑工作。与以前的翻译相比,这个版本更注重可读性。

例 1:The happy prince never dreams of crying for anything.(Oscar, 2015)

看看人家快乐王子从来不为小事哭闹。(苏福忠,2015)

苏福忠在他的译本中使用了“看看”和“人家”,这两个词使译文更通俗,更符合母亲对待孩子的语气。苏福忠在这一译例中旨在提供一个符合读者年龄和思维习惯的阅读情境。

例 2:“She has no conversation,” he said, “and I am afraid that she is a coquette, for she is always flirting with the wind.” And certainly whenever the wind blew, the reed made the most graceful curtsies.(Oscar, 2015)

“她不懂得跟人说话,”他说,“我担心她就是一个轻佻女子,看她风

一来就摇晃的轻浮样儿。”一点没错，只要起风了，芦苇就风情万种地行屈膝礼。（苏福忠，2015）

通过添加一些副词和形容词，使得译文更具可读性，更容易引起孩子们的注意。这样的处理不仅符合读者的语言习惯，而且有助于他们在阅读过程中进行大声朗读，从而促进语言的学习。

例 3：But before he had opened his wings，a third drop fell，and he looked up and saw —Ah! What did he see?（Oscar，2015）

他还没有张开翅膀，第三滴水又掉了下来，他抬头一看，只见——唔！天哪，他看见了什么？（苏福忠，2015）

小燕子看到落泪的快乐王子雕像，惊讶之情溢于言表。在这句话的翻译中，苏福忠试图与读者进行适当的互动，以唤起他们的好奇心，以便引导他们阅读下面的故事。

从这些例子中，笔者发现苏福忠的目的是使他的版本更具可读性。苏福忠的目标读者不仅是儿童，也包括青少年。作为教育部组织出版的一个版本，该翻译旨在满足他们的阅读需求，鼓励他们多读书，培养人文精神。

3. 结论

3.1 主要发现

本文的主要发现是，在所选的三个汉译本中，不同的目的对不同的翻译文本有很大的影响：周作人译本旨在激发儿童读者阅读外国文学作品的兴趣，因此他借助了许多中国传统文化中的经典意象和表达；巴金译本旨在教育儿童读者，为其成长发展打下良好的基础，所以他采用了一种儿童读者更能接受的表达方式；苏福忠译本作为新时代教育部统编发行的译本，旨在为学生提供可读性更强的阅读材料，以满足其成长过程中的阅读需要，所以他使用了更简单的表达方式。不同的翻译目的使译者在翻译方法上做出了不同的选择，使得译本也呈现出不同的风格。

3.2 不足之处

本文以目的论为指导，论证了目的原则对翻译文本分析的有效性。此外，通过对所选三个汉译本的研究，丰富了《快乐王子》汉译本分析的范围。然而，笔者只选择了三个典型的汉译本，可能研究结果不够全面。此外，笔者并未涵盖目的论的所有原则进行进一步的分析。因此，未来的研究还有更大的空间。

参考文献

[1] 王尔德 . 快乐王子及其他故事集 [M]. 巴金译 . 上海：上海译文出版社，2010.

[2] 王尔德 . 快乐王子及其他故事集 [M]. 苏福忠译 . 北京：人民文学出版社，2015.

[3] 张树元 . 从译者的文化态度看《快乐王子》的三个汉译本 [D]. 上海师范大学，2018.

[4] 郑美香 .《快乐王子》之巴金译文赏析：唯美叙事风格的再现 [J]. 安徽工业大 学学报（社会科学版），2013，30（6）：61–62，64.

[5] 周作人，鲁迅 . 域外小说集 [M]. 上海：新星出版社，2006.

[6] 纪启明 . 周作人的儿童文学翻译："形式国语化，内容要欧化" [J/OL]. http：//kns.cnki.net/kcms/detail/37.1394.C.20200102.1426.032.html，2020–01–02/ 2020–1–29.

[7] Oscar, W. *The Happy Prince and Other Stories*[M].Irvine：Xist Classics，2015.

作者简介

陈泱汝，广西大学外国语学院翻译硕士英语笔译研究生。

京剧在美国的译介研究

——以《凤还巢》《牡丹亭》《打渔杀家》为例[①]

叶露　李木紫　刘雯雯

摘要：在全球化的形势之下，提倡中国优秀传统文化“走出去”的呼声不断。京剧的海外传播成为提升和彰显国家文化软实力的重要一环。京剧得以在海外传播，不仅有演出者的贡献，也有京剧译介者的功劳。本文以《凤还巢》《牡丹亭》《打渔杀家》为例，分析京剧在美国的译介过程与特点，并阐述相关研究的价值及其影响，希望探究出适合京剧作品对外宣传的有效模式，为解决京剧在海外传播困难的问题提供参考。

关键词：京剧，中国文化，海外传播，译介研究

京剧作为我国的国粹经典，是中华民族优秀传统文化的重要内容，也是中华文化在西方世界的“形象大使”。京剧起初由安徽的“三庆”“四喜”“春台”和“和春”四个戏班子组成，后融合湖北的汉调，吸收昆曲、秦腔等其他剧种的特长，经过不断交流与融合，最终形成“京剧”（梅若蘅，2017）。由于受到国家重视和提倡，加上经济支撑，京剧迅速在国内发展开来，成为中国戏曲的代表，2010年京剧被列入“人类非物质文化遗产代表名录”。

京剧“走出去”的历史渊源

京剧在海外的发展由来已久，值得关注。1919年4月21日至5月27日，梅兰芳剧团到日本进行访问演出，打开了京剧走向世界之门。从东京到大阪再到神户，梅兰芳出演了《天女散花》《御碑亭》《黛玉葬花》《贵妃醉酒》《嫦娥奔月》《春香闹学》《游园惊梦》等剧目，在日本引起极大反响。1924年10月，梅兰芳率团再度赴日演出，梅兰芳的名字家喻户

---

① 本论文在广西师范大学第十八届“创新杯”大学生学术科技和创业计划竞赛中获得铜奖，作品编号为B07201804。

晓。1930年1月，梅兰芳剧团赶赴美国演出，先后在华盛顿、纽约、旧金山、洛杉矶等地巡演，受到热烈欢迎（李四清，2014）。中国政府十分重视京剧艺术在海外的传播。1949年后，京剧艺术团前往世界各地演出，梅兰芳在1952年、1967年和1960年先后到苏联进行访问演出，其高超的京剧艺术造诣，精湛的表演，让外国观众对京剧刮目相看。从1978年至今，京剧艺术多次走出国门，在亚洲及欧洲国家，美洲部分地区已经有了相当大的影响。

京剧《凤还巢》《牡丹亭》《打渔杀家》在美国的译介研究

作为一门复杂的综合艺术，京剧的译介情况与其他文学体裁大有不同。本文以《凤还巢》《牡丹亭》和《打渔杀家》三部经典京剧为例，探析京剧在国外的译介研究。

1. 京剧《凤还巢》在美国的译介研究

1972年，美籍华人杨世彭（Daniel S. P. Yang）在夏威夷大学排练京剧《凤还巢》，曲调保持原有风格，但使用英文唱词和英文念白，合辙押韵，抑扬顿挫，音乐感强。1986年7月，该大学演出团受邀到中国演出，后来该演出团成员魏丽莎（Elizabeth Wichmann-Walczak）将京剧《凤还巢》译为英文，题目为“The Phoenix Returns to Its Nest”，吴祖光为之作序，该作后发行于北京新世界出版社（马祖毅，1997）。

魏丽莎系美国堪萨斯州人，生于1951年，是最早来中国留学的美国学生之一。早在1979年中美建交之时，魏丽莎来中国南京大学学习中国戏剧，拜梅兰芳的嫡传弟子沈小梅为师。1980年，魏丽莎参与《贵妃醉酒》的公演，出色的表演令其获得“洋贵妃”的雅号。1982年，魏丽莎回到夏威夷大学，从此致力于在美国传播中国的京剧艺术文化，先后翻译编导了《凤还巢》《玉堂春》《沙家浜》《四郎探母》《秦香莲》《铡美案》和《杨门女将》等英文版京剧。

京剧在国外的传播形式主要有四种：一则将原汁原味的剧作在国外公演或是以戏曲影视形式在荧幕上播映，二则以第一种方式为基础，加上对应的英语字幕，三则以戏曲电影加英语配音的形式播映，四则直接用英语代替汉语在国外公演或播映（肖维青、熊贤关，2016）。魏丽莎对《凤还巢》的翻译处理方法则为第四种传播方式奠定了基础。京剧讲究文学性和舞台性，魏丽莎的京剧译本十分注重舞台性，其采用“研究先行，译介并行”的模式，展开京剧翻译实践。作为戏剧爱好者，魏丽莎对京剧的音乐与声腔、声韵和念白、化妆、行当和服装等颇有了解，这为她译出《凤还巢》这一经典剧打下了坚实的基础。

魏丽莎的《凤还巢》译本有其自身比较明显的特点：首先，语言简洁易懂，既能满足演员断句换气或拖腔的表演需要，也能帮助观众快速接受和理解信息。第二，译文音韵优美，适于演唱。考虑到中文是单音节语言，又有第四声，而英文是有多音节的，有升降调，魏丽莎学习了歌曲译配的填词方法，尽量将英文单词的音节拆分开来，对应着中文原唱词。如此一来，“她所翻译的唱词，每句发音都是按照中国京剧的音节，所以在胡琴方面颇能一致，听众不会觉得有什么不合”（肖维青、熊贤关，2016）。此外，魏丽莎尝试在京剧译本中的对白部分加入一些美式幽默，在表演过程中插入诸如耸肩之类的身势语，以丰富剧场效果。

魏丽莎的京剧翻译实践，推动了中国戏曲文化在美国的传播。相比于早期美国学者对中国京剧的知识普及对其发展历史做出的描述，魏丽莎的研究更加深入，甚至到了对艺术进行学习和交流的技术层面。

2. 京剧《牡丹亭》在美国的译介研究

《牡丹亭》是明代剧作家、文学家汤显祖的作品，该剧文辞典雅，语言秀丽（仲方方，2010）。1598 年，汤显祖辞官，回到家乡江西临川县的乡村闲居，他耳闻目睹了一些青年男女的爱情遭遇，这些经历激起了他的创作灵感，由此完成了《牡丹亭》的写作（闫婷婷，2016）。

《牡丹亭》共有 55 出，具有鲜明的浪漫主义色彩。除了在国内演出大受欢迎之外，该剧还登上了国外的舞台。美国导演彼得·塞勒斯依据《牡丹亭》英文全译本，执导了具有西方特色的歌剧版《牡丹亭》，全剧长达三个小时，于 1998 年 5 月在维也纳首演，而后又在巴黎、罗马、伦敦等地巡演，1999 年在美国作了最后一场演出。

《牡丹亭》最早的英译本是 1980 年由美国印第安纳大学出版社发行的白之（Cyril Birch）译本（Birch，1980）。白之的译本遵守尤金·奈达的功能对等理论，例如，将《牡丹亭》中的“梦短梦长俱是梦，年来年去是何年”译为“brief dream, long dream, still a dream; this year, next year, when is the year.”原文中的三个“梦”字和三个“年”字在译文中用三个“dream”和三个“year”完整呈现了，原文中的两个对仗句的句型也得以保留。白之在翻译时除了注意句子结构对等外，还运用了其他翻译方法，如翻译中文的无主句时增添主语。例如，“朝看飞鸟暮飞回，印床花落帘垂地”的译文为：“The birds I saw off at dawn, at dusk I watch return. Petals from the vase cover my seal box, the curtains hang undisturbed.”原文中"看飞鸟"并无主语,但英文的句子注重主语,一般要写明施事人,所以译文中加入"I"表明主语,帮助外国读者理解原文。第二句的主语为物,译文也顺其自然将物作主语,与原文在形式上达成一致。

此外,白之在翻译时选词慎重,如原文"虽然乞相寒儒,却是仙风道风"翻译成"Though beggarly the student in appearance, breath and born are formed of the Way's pure essence."此句中,"仙风道风"的翻译难以处理,因为"仙""道"这类词不仅意象抽象,还蕴含中国古代的神话或传说。译文选用"breath and born"和"Way's pure essence"来诠释。首先,"仙"和"道"在文中指的是人生来的一种道德,一种从骨子里散发出来的气质。"breath and born"完美地表达了这层意思。"Way"含有风度、作风的意思。而"pure essence"把原文想要表达的"本质淳朴"之意阐释清楚了。

3. 京剧《打渔杀家》在美国的译介研究

《打渔杀家》是一部经典京剧,该剧反映了中国平民老百姓与官僚阶级的矛盾,揭露了封建剥削的残酷和封建政治的黑暗,表现了"惩恶"的主题,歌颂了被压迫人民的反抗斗争。

《打渔杀家》有许多英译本,译者姚莘农、旅华学者阿灵敦(美国)与艾克敦(英国)及杨宪益、戴乃迭夫妇等均曾从事此作品的翻译工作。《打渔杀家》反映了反抗的主题,在当时的国际社会,尤其是苏联,引起了巨大反响(吴峰峰,2016)。阿灵敦、艾克敦翻译此剧作正是受反抗主题的吸引。两位都是对中华文化有一定了解的学者,当时的中国儒家思想仍然是主流,但《打渔杀家》彰显的民众反抗的主题与儒家思想略微有一些碰撞。尽管如此,阿灵敦的翻译版本并未用大量的笔墨来渲染这种反抗的精神,而是在原剧的语言风格上有所侧重,译本仍保留了原剧的语言特色。

阿灵敦与艾克敦翻译的《打渔杀家》,用词简洁,译者删减了剧本中出现的某些重复对话,并且译者在译本中对唱词做了板式标注,这对于外国人欣赏京剧的节奏韵律具有十分重要的意义。阿灵敦与艾克敦虽对中国文化有一定程度的了解,但在一些细枝末节上,不及懂传统京剧文化的国人更占优势。如此,《中国百部京剧经典系列》丛书应运而生(凌来芳,2017)。

《中国百部京剧经典系列》丛书的译文在语言上呈现出简单化、通俗化的特点,译者多选用常用词,尽量避免使用高级词汇。唱词中反复出现"说""唱""白",这些曲词里面常用的字眼,译者处理为,"speak""sing"

简单明了,易于外国读者快速理解。对于文中所用的“为父”,“儿”,尤其是中文特有的说法和称呼,译者在明确所指之后直接翻译成为相应的人称代词,直截了当。曲词的翻译要旨在于忠实准确地传达词义,但难得的是,翻译之后还是能够保留唱词的美感,也兼顾了可表演性原则。

京剧《凤还巢》《牡丹亭》《打渔杀家》在美国的译介价值

魏丽莎翻译并导演的《凤还巢》在美国肯尼迪剧场演出时,赢得了美国评论界的高度赞誉,深受美国观众喜爱。据统计,《凤还巢》在美国舞台上的每次演出都会引发观众一百余次笑声。这种良好的剧场效果既与京剧本身具有的独特审美价值相关,也离不开魏丽莎团体的精彩表演。白之翻译的《牡丹亭》强调韵律和意象,读来朗朗上口。其英译本的发行不仅推动了中国京剧的传播,也成功吸引了一大批美国读者以及研究者加入对京剧的欣赏与学习中来。京剧译介的最终目的是推进中国传统文化在国外的传播,无论是阿灵敦版本的“删繁就简”还是《中国百部京剧经典系列》的“精细处理”,都站在接受者的立场上做出了相当的努力(邹桧,2016)。然而由于京剧本身作为一种独特的艺术,同时兼具文学性和表演性,译者对于到底该以何为首要考量,也确实遇到了诸多难题。但纵观以往京剧翻译的经验,京剧的表演性才是最能吸引外国观众的因素,因此京剧在观众中的接受度是衡量一篇京剧译作好与坏的重要标准。只有多管齐下,落实好每一个维度,才能将中国传统文化的流光溢彩全面而深刻地展示给国外观众。

结语

京剧在海外的传播方式日趋多元化,从早期的戏剧改编,到剧本翻译,再到实况演出,经历了一个漫长的过程。而多元化的京剧译介真正意义上为中国戏剧在世界各地传播搭建好了“梨园”,多元化京剧译介不但包括了传统意义上的戏剧阅读本的翻译,还涵盖了经典剧本的综合性全方位翻译。作为一个国家“软实力”的标志,文化是一个国家影响力、凝聚力和感召力的体现,在综合国力竞争中发挥着越来越重要的作用。基于此,我们应当响应时代的呼声,坚持文化自信,让中国优秀的京剧艺术文化自信地“走出去”。

参考文献

[1] 李四清，陈树，陈玺强．中国京剧在海外的传播与影响——翻译与传播京剧跨文化交流的对策研究 [J]. 理论与现代化，2014（01）：106-110.

[2] 凌来芳．中国戏曲"走出去"译介模式探析——以"百部中国京剧经典剧目外译工程"丛书译介为例 [J]. 戏剧文学，2017（08）：117-124.

[3] 马祖毅，任荣珍著．汉籍外译史 [M]. 武汉：湖北教育出版社，1997：374.

[4] 梅若蘅．京剧的前世今生 [J]. 中外文摘，2017（22）：55-55.

[5] 吴峰峰．基于目的论的京剧英译 [D]. 济南：山东师范大学，2016.

[6] 肖维青，熊贤关．两百余载薪火旺 新凤又胜老凤声——中国京剧的译介研究 [J]. 艺术百家，2016（05）：168-173.

[7] 闫婷婷．妙笔生花怎么来的 [M]. 敦煌文艺出版社，2016（04）：47.

[8] 仲方方．浅析《牡丹亭》在中国戏曲史上的地位与价值 [J]. 黑河学刊，2010（08）：56-58.

[9] 邹桧．从《打渔杀家》的剧本英译看京剧文本对外传播 [D]. 北京：北京外国语大学，2016.

[10]The Peony Pavilion. *Cyril Birch*[M].Bloomington：Indiana University Press，1980.

作者简介

叶露，广西师范大学外国语学院硕士研究生，研究方向：翻译理论与实践。

李木紫，广西师范大学外国语学院硕士研究生，研究方向：翻译理论与实践。

刘雯雯，广西师范大学外国语学院硕士研究生，研究方向：翻译理论与实践。

浅谈《红楼梦》两个全译本中人名的异同

郭玮晗

摘要：人皆有名。人名不仅仅是单纯的代号，更折射出一种文化，它总以寥寥几字表现丰富的内涵。现实如此，文学亦然。国内外浩如烟海的文化典籍里，涌现出许多优秀的小说作品，其中每个角色都有自己独特的名字。作为中国四大古典名著之一，《红楼梦》中人物名字的艺术更是引人深思，许多人都尝试过翻译《红楼梦》这本书，他们对人名的翻译也不尽相同，本文主要通过对比其中两个比较优秀的全译本，来分析不同人名翻译策略的运用。

关键词：《红楼梦》，人名，翻译策略，对比

《红楼梦》是中国文化的瑰宝，其中的人名更是极具中国传统文化特色，涉及小说人物多达四百余人，被誉为中国古典小说史上描写人物的典范作品。曹雪芹这位语言大师，十分灵活地利用了汉语在音、形、意等方面的特点，赋予了《红楼梦》人物一个个独特的名字。但是，正是这份独特的命名艺术，常常给读者带来理解方面的困难，只有结合作者所处的时代背景以及每个人物的性格特征和命运，才能领略这些名字的独到之处。正因如此，这更为小说的翻译带来了巨大的障碍。本文主要通过对比分析霍克斯译本和杨宪益译本在《红楼梦》中人物姓名的英译，进一步分析和比较不同翻译手法所体现出的人名翻译特色，从而得出不同译者所采取的方法与技巧，并帮助读者进一步客观认识人名翻译行为，从中发现和总结出更多的人名翻译策略，通过对比分析不同人名翻译策略的运用，推动更多优秀译本的出现。

姓名不仅仅是单纯的语言符号，更富有文化内涵以及社会意义。因此，译者应该考虑如何将日常交际中人物姓名的翻译规范化，以便达到使文学作品中的人名翻译能够最大限度传达作者的寓意，同时保持原作风格的效果。"《红楼梦》本身是一座中华语言文化的宝库，其众多的外文译本亦是翻译研究取之不尽的资源"（冯全功，2011）本文主要讨论《红

楼梦》中人名的翻译。到目前为止,关于《红楼梦》的英译,有两个比较完整的版本,一个是杨宪益夫妇译本,他们主要对人名采用了音译的办法;另一个则是霍克斯译本,他对主角名字采用音译而次要人物意译。以下表格显示了杨、霍两个版本中人名翻译的一些示例(根据《红楼梦》中的名字分类)。

Classification	Chinese name	Yang version	Hawkes version
Main Characters	Jia Zheng	Chia Cheng	Jia Zheng
	Jia yucun	Chia Yu-tsun	Jia yucun
	Jia Baoyu	Chia Pao-yu	Jia Baoyu
	Lin Daiyu	Lin Tai-yu	Lin Daiyu
	Xue Baochai	Hsüeh Pao-chai	Xue Baochai
	Yuanchun	Yuan-chun	Yuanchun
	Yingchun	Ying-chun	Yingchun
	Tanchun	Tan-chun	Tanchun
	Xichun	His-chun	Xichun
	Jinchuan	Chin Chuan	Golden
	Yuchuan	Yu Chuan	Silver
	Xiren	His-jen	Aroma
	Kongkongdaoren	The Reverend Void	Vanitas
	Mangmangdashi	Buddhist of Infinite Space	Buddhist mahasattva Impervioso
	Miaomiaozhenren	Taoist of Boundless Time	Taoist illuminate Mysteroso
Other names	Qiguan	Servants' Names	Bijou
	Baoguan	Pao Kuan	Tresor
	Fangguan	Fang Kuan	Parfemee
	Lingguan	Immortal Names	Charmante
	Wenguan	Wen Kuan	Elegante

根据上表不难发现两个版本的异同。首先,很明显有两个相似之处:杨和霍都采用音译来翻译小说中的主角名字;针对神仙的名字两版本均采用了意译的方法。

采用音译的方法来翻译主角姓名大有益处。首先,无论采用霍克斯倾向的中文拼音系统还是杨宪益偏爱的韦氏拼音系统进行音译，都可以暗示汉语名字中的重复字以及发音，这可以帮助读者理解汉字名称文化。而且，由于有些名字是成组出现的，所以音译更可以暗示人物关系。例如贾家的四姐妹，她们名字的结尾都带有“春”字，表明她们是姐妹关系。这些主角名字的音译可以帮助英语读者清楚地了解她们之间的关系。

而针对神仙的名字，杨宪益和霍克斯不约而同的选择了意译的方法。首先僧侣、神仙这种具有中国文化特色的人物身份是外国读者比较罕见的，因此，采用意译的方法不仅可以为整个故事营造一种神秘的氛围，也能够比直译或者音译更易于读者理解。例如，仙女、和尚等这些不为大众熟知的角色，只会出现在特定的时代，但是这些人物的名字以及其本身又对后面的故事情节起到了重要作用，因此这些名字的翻译不容忽视。意译可以使他们身份易于区分，并表达其名字的隐藏含义，因此两位译者多选择具有神秘含义的单词，如“虚无”“无限”“无国界”“伟大的圣人”等这些带有强烈神秘感的词语。而通过上表，也可以明显看出两个版本有很大的翻译差异。杨宪益主要使用韦德 - 吉尔斯（Wade-Giles）系统来命名大多数人物，主要采用意译的方法，尤其针对其中隐藏有特殊含义的人物名字，杨宪益通常在其中添加脚注以进行解释。但是，霍倾向于音译，并使用汉语拼音系统作为主要翻译基础。

“有学者指出，霍译本最令人叹服的地方在于，它将原文的每一字、每一句都译了出来，此举为翻译文学名著的不二法门。”（刘泽权、刘艳红，2011）由于翻译策略的选择不同，两个版本中采用的翻译方法也不尽相同。如上表所示，针对仆人的名字和演员的戏称，尽管他们都使用音译来翻译主要人物的姓名，但是使用了不同的转录系统。杨使用了有影响力的中文转录系统韦氏拼音系统，而霍克斯使用了中文拼音系统，这是现在中文的标准转录系统。在发明中国拼音系统之前，该系统在中国香港和台湾地区广泛使用。

另外，虽然杨宪益和霍克斯在翻译神仙和僧侣的宗教名字时都使用了意义翻译，但是对于具有特征的名字，他们选择了不同的词。杨宪益偏爱使用英语单词，但霍克斯充分利用了多国语言，如英语、希腊语、法语、梵语、拉丁语和意大利语。杨宪益通常使用那些与中文名称具有相似含义，并且在翻译其名称时具有很强的神秘感的英语单词，例如，牧师空虚，热情的和尚，无限空间的佛教徒，无限时的道家等等。这些单词的身份可以通过英译清楚地显示出来，这是因为杨选择了不朽和尚的名字作为词汇。这样，这些名称就可以营造一种神秘的气氛，并且很适合这个故事。尽管这些角色看起来很常见，但它们在整部小说中仍然占有重要的位置，因此霍克斯更加关注这些名称，并使用多语言对其进行翻译。

杨在翻译仆人的名字时主要采用音译，从而可以向外国读者介绍中文姓名文化，但由于大多数仆人的名字在小说中都有隐含的含义和特殊功能，因此音译往往不能够将这些全部表达。相反，霍克斯采用意义翻译来翻译仆人名字的时候，由于考虑到仆人地位低下的现实因素，霍克斯偏爱用植物、石头的词汇来意译仆人的名字。

作为一个地位高、影响力大的氏族，贾氏家族需要大量戏曲演员为宴请等特殊场合备用。而演员的戏名，即贾家中的十二个女孩的名字，也十分有讲究。她们的名字大致可分为三类，分别是珠宝名、植物名和花名，这十二个女孩的名字全都以“官”结尾。与仆人的名字相似，音译的方法同样被杨宪益用在翻译演员的戏名上，她们的名字都以“官”结尾就是一个显著的特征。霍克斯则用直译来表示演员的正式名字，如“蒋玉菡”等，而在艺名的翻译上则更多采用了上述形式的意义翻译。

综上所述，不同的翻译人员总是采用不同的名称翻译策略。许多因素都会影响名称翻译策略的选择，比如翻译背景、翻译目的和翻译全文的策略。接下来本文将以两个未删节版本的名称翻译策略为例，分析不同译者采用不同策略的原因。

第一个原因是翻译的背景，尽管杨和霍的版本都是在 1970 年创建的，但霍将前 80 章分为三个部分并进行了翻译，由企鹅图书出版，最终一共用了十多年的时间才完成了《红楼梦》的翻译。而杨的第一版于 1978 年由北京外国语出版社出版。因此二者在翻译过程中所处的文化背景不同。第二个很重要的影响因素就是翻译目的。翻译目的直接影响名称翻译策略的选择，而潜在读者与翻译目的之间有着密切的关系。杨版本的潜在读者是对中国文化和文学感兴趣的说英语的外国人。杨宪益对我们的国家有强烈的信心，他认为自己的翻译是西方国家中国文化的特使。杨先生深信，从长远角度看来，他更希望读者能够逐渐认识到这部经典作品的意义和中国古典文学的魅力。因此，杨的版本更注重文化底蕴，而不是在那个时期的通俗度。相比之下，霍克斯的翻译目的与杨宪益不同。只是就像他在翻译中说的那样，“为了博学的读者，我也许应该解释一下该翻译实际上代表了我自己的新版本。出于以下原因我会尽力澄清，我认为现代译者可以遵循任何现有版本而不会偏离它”（Hawkes，1980）霍克斯以读者为翻译的中心，为此，他费了很多心思，只为了让读者阅读时更方便明了。他更注重翻译策略的可接受性，使目标语言读者可以更好地理解隐藏的含义。

根据以上分析可以得出结论，名称翻译策略的选择会受到整个文本中翻译背景、翻译目的和翻译策略等交互因素的影响，因此在翻译姓名时，翻译人员应特别注意这些因素，以进行完善的姓名翻译。在翻译过程中，也需要针对具体情况采用不同的翻译理论与策略。简言之，翻译应根据风格、修辞和内容的特定需求采用灵活多样的翻译方法。

参考文献

[1] 曹雪芹，高鹗．红楼梦 [M]. 长沙：岳麓书社，1987.

[2] 冯全功．新世纪《红楼》译学的发展现状及未来展望 [J]. 红楼梦学刊，2011（4）：135-154.

[3] 刘泽权，刘艳红．初识庐山真面目——邦斯尔英译《红楼梦》研究（之一）[J]. 红楼梦学刊，2011（4）：30-52.

[4] Hawkes, David. *The Story of the Stone* [M]. London: Penguin Books Ltd, 1977.

[5] Yang Xianyi, Gladys Yang. *A Dream of Red Mansions* [M]. Beijing: Foreign Language Press, 1978.

作者简介

郭玮晗，广西大学外国语学院翻译硕士英译笔译研究生。

释意理论视角下的中国现代散文翻译

——以《花生的荣耀》选段为例

刘小渝

摘要：由玛丽安·勒代雷（Marianna Lederer）和达妮卡·塞莱斯科维奇（Danica Seleskovitch）提出的释意理论强调文本转换过程中意义的产生，即先充分理解源语所表达的意义，脱离源语言外壳，对译文进行再创造，保留原文的意义。本文以释意理论的两大理念为理论框架，对中国现代散文《花生的荣耀》的翻译实践展开分析，从认知补充和情感对等两方面阐释了释意理论的意义对等概念，并从词义、句义以及篇章意义三方面阐释三角模型对于译者进行散文翻译时的启发作用，借以探究释意理论对中国现代散文英译的指导意义。

关键词：释意理论，散文翻译，意义对等，三角模型

1. 释意理论的框架

释意理论由玛丽安·勒代雷和达妮卡·塞莱斯科维奇于 20 世纪 60 年代末提出，释意学派认为翻译不仅需要传达言内意义，还要传达特定语境中的言外意义。如果语言是一种交际行为，那么翻译的对象必然是交际意义，而交际意义是语言知识和语言外知识相结合的结果。要实现意义对等，翻译就需要实现交际意义，而认知对等和情感对等是实现交际意义的两个主要部分。在翻译过程中，译者要理解源语言，脱离其语言形式，对译文进行再创造，实现意义对等。在此基础上，释意理论提出了三个翻译步骤：理解、脱离源语言外壳和重新表达，如图 1 所示。

2. 释意理论的研究现状

自提出以来，关于释意理论 20 多部重要作品相继问世。20 世纪 90 年代，释意理论开始进入中国翻译研究领域。早期国内对释意理论的研究主要集中在口译领域，后来其研究范围逐渐扩大到笔译研究。国内对

这一理论的研究主要包括文学翻译、科技翻译、旅游翻译、电影字幕翻译等。然而,国内关于释意理论在文学翻译尤其是散文翻译中适用性的研究相对较少。现有的研究主要是对外国作品的不同汉译进行比较分析。对于中国现代散文,也很少从释意理论的角度来分析。

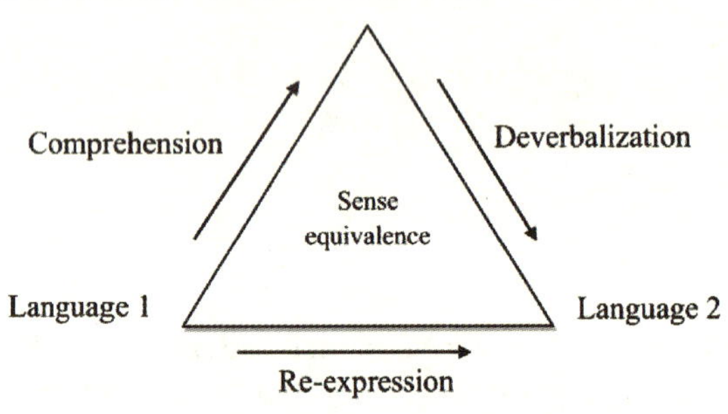

图 1 基于释意理论的翻译步骤

3. 本文研究目的及意义

在翻译实践中,需要充分理解源语的意义,摆脱语言形式的束缚,重新组织语言,这与释意理论提出的三角模型翻译过程是一致的。由于中英思维、文化、语言等方面的差异,散文作品翻译中意义的准确传达将有助于读者的理解。另外,散文作品中蕴含着丰富的意义,其翻译也体现了释意理论所强调的意义对等。所以,释意理论为译者提供了一种比较新颖的视角。选取本文作为研究对象主要有以下几个方面的原因。首先,源文本比较符合现代散文的特点。散文作品意义丰富,要求准确把握意义,这与意义对等理论相契合;而且其注重形象思维,形散而神不散,需要在理解的基础上重新表达,其翻译步骤与三角模型理论相符合。此外,这篇散文中很多表达方式体现了中英民族在思维、文化、语言等方面的差异,是一个理想的翻译文本。

4. 释意理论视角下的中国现代散文翻译——以《花生的荣耀》选段为例

4.1 意义对等理论

事实上,释意理论也可以称为“意义理论”。Sartre 认为,“意义并不包含在要理解的词的意义中;虽然文学目的是通过语言实现的,但在语言中却找不到这个目的;意义不是词的总和,而是它们的有机整体

(Lederer,2003)。”为了实现意义对等,认知对等和情感对等是两个主要部分。情感对等要求对译者应对原文作者的移情和对其语言的充分理解。

4.1.1 认知对等

释意理论认为,要全面理解源语言,就需要认知对等。认知对等是由文本的言内意义和译者的认知补充相结合而实现的。认知对等包括译者的文化背景知识、主题知识和百科知识等。

例 1:

“在谷雨前的一段日子里,他们要让土地充分地“醒一醒”“兴奋兴奋”,把那攒了一冬的劲儿啊,可劲儿地憋足喽。”

“During the days before the “grain rain”, the land has been gradually awakened to the strength that has accumulated for a whole winter.”

这句话提到了中国传统节气中的“谷雨”,在这样的文化背景下,我们中国人很容易理解。然而,对于大多数来自其他国家的读者来说,理解比较困难。这就需要通过增加关于中国传统文化的主题知识和百科知识来实现认知对等。

4.1.2 情感对等

作者的情感通常都不是以语言形式存在的,而是存在于字里行间,这就使得译者对原文作者的情感感同身受,对作者的表达有一个透彻而敏感的理解,从而重新表达情感意义,实现情感上的对等(Lederer,2003)。

例 2:

“它来自最优良的品种,它来自最肥沃的土地,它承托着生命延续的重任,它寄予着家乡庄户人的幸福与厚望!”

“They are from the best strain and have grown on the most fecund land, so they are assigned the mission of continuing life, and the promise of a happy future of the farmers!”

这句话主要是作者对花生的溢美之词。在情感上,“承托着”这个词隐含着家乡人赋予了花生这种延续生命的责任的意思,表达了人们对花生的深深的爱、期待和希望。如果把它翻译成“have undertaken”,语言缺少感情。因此,如果译者与原文作者没有情感共鸣,就不容易实现目的语的情感对等。

4.2 三角模型理论

4.2.1 词汇层面

这一部分将探讨释意理论中的三角模型理论在散文翻译中的适用性。英汉语言的差异导致这两种语言在词汇、句法和语篇层面上也存在着许多差异。要把词汇层面上的文化负载词等翻译好，译者首先要准确把握原文的隐含意义，然后摆脱原文的语言形式，在目的语中重新表达出来（张培基，2009）。这一翻译的心理过程符合释意理论的三角模型。

例3：

“那颗颗饱满而又坚挺的花生种子，个个脸桃红仁乳白，品相端正圆润，身骨俊郎丰腴，恰似那庄户人家媳妇偏房内张贴年画上的福娃娃……”

“These plump-eared peanut seeds have pink skin and ivory white kernel, with plump and pretty appearance, just like the “lucky babies” (footnote: “Lucky babies” refers to Chinese lucky baby, which is an adorable image of a baby on the traditional Chinese New Year painting, who usually wears a red bib embroidered with the Chinese character “Fu”, which means good fortune and happiness.) on the new year pictures put up in the wing-room of the wives of peasant families.”

以上句子涉及一个中国文化负载词“福娃娃”，而且原文中，“福娃娃”一词运用了隐喻。如果简单将其翻译成“幸运儿”，花生和“幸运儿”之间的相似性未表现出来，那么原文的比喻意义就毫无意义了。为了保留该词的修辞效果，译者需要了解“福娃娃”的隐含意义，并对其进行补充解释，这种思考过程与三角模型是大致相同的。

4.2.2 句法层面

从句法上看，中英思维方式也有许多差异。例如，我们都知道文学作品中有许多短句和松散句，尤其是散文。在英语文化中，译者要想使译文得到更广泛读者的接受，就需要注意英语对长句的偏好（连淑能，1993）。思维方式上的差异要求译者摆脱句子结构，以更流畅、更地道的方式重新组织目的语，这也符合三角模型理论。

例4：

“那壳自它一分裂，好像立马变得个个灰头土脸，躲进簸箕里掩面叹息，/ 而那颗颗被双手温暖抚摸过的花生仁，起初倒是惊乍，神情紧张，继而笑靥万千，个个眉飞色舞，/ 它在一瞬间便明白了主人们全部的心思，觉得自己完全可以放开任性调皮不会受任何嗔怪！”

“Since it’s cracked, the shells seemed to become dusty and dirty in appearance, hiding in the dustpans to bury their faces and heave a sigh, while the peanuts that have been caressed by people’s warm hands seemed to be surprised and nervous at first, but soon beaming with joy. It’s like they instantly understood all the thoughts of their masters, feeling that they can be willful and mischievous to their heart’s content, without being blamed at all.”

散文作品中有许多短句和散句，这个例子就体现了散文的这一特点，译者要想使译文更容易被接受，表达更地道，就应该划分意群，再加上一些连词重组句子。

4.2.3 语篇层面

文本是翻译中的最大单位。英汉两种语言在语篇结构上有许多相似之处和不同之处。不同文本的翻译应具有不同的特点。语篇翻译强调语篇分析和语用意义。下面将从衔接手段这个方面对语篇进行分析，以说明语篇意义的重要性(Nida，2001)。

例 5：

“家乡人在暖洋洋的光线下，说说笑笑，间或打打闹闹，上了年纪的老人，三四十岁的男人，刚过门没多久的新媳妇，话题有东有西，内容有种田耙地有乡间趣闻，/ 放了学的孩子在旁边打沙包下象棋，/ 二十郎当岁的小伙子和嫂子们撺掇斗嘴，不时引起阵阵欢声笑语。”

“Basking in the warm sunshine, the folks in my hometown, maybe including the elderly, men from thirty to forty years old or new brides were playing with one another once in a while, and laughing and chatting about different topics from farming and harrowing the soil to anecdotes in the countryside. Meanwhile, the children after school were pitching sandbags and playing chess nearby; the chaps around twenties and women were bickering with each other, arousing gusts of laughter.”

语篇翻译的关键在于语篇逻辑的合理性。在分析词汇和语篇结构的基础上，译者应考虑到语篇的完整性，运用逻辑关系准确地理解原文的意义。在语篇中，连词的翻译也反映了“汉语重意合，英语重形合”的特点。散文的形式总体上比较松散，衔接手段不明显，这可能体现在句子结构和思维方式的转变上。而英语需要用虚词来完成“形”。该本文的译者在翻译之前首先要理解原文的逻辑，用连词表达出隐含的逻辑关系，如“including”和“and”，使句子更具逻辑性和连贯性。因此，增补逻辑关系词的这个思考过程也反映了三角模型理论的运用。

5. 结论

本文从释意理论的角度对散文《花生的荣耀》选段的英译进行分析，从而研究该理论在中国现代散文翻译中的适用性。在三角模型理论的指导下，意义对等可以视为翻译的目标。为了实现意义对等，译者需要进行认知补充，同时还要具备语言外知识。然后，译者应该摆脱源语语言形式，重新表达作者所想传达的意义。这一翻译心理过程基本符合基于释意理论三角模型理论所提出的三个翻译步骤：理解、脱离源语言外壳和重新表达。而且，英汉语言在词汇、句法和语篇层面上存在着许多差异。对于现代散文这样的文学作品，其意义的保留对于翻译质量起着重要作用，通过对这三个层面的翻译实践分析，为运用三角模型理论指导散文的英译提供了有效方法，有利于中国文化更好地走出去。

参考文献

[1] 季蒙蒙．释意理论指导下的文学作品的翻译 [D]. 北京：北京交通大学，2019：17–19.

[2] 连淑能．英汉对比研究 [M]. 北京：高等教育出版社，1993：29–30；64–65；86–88；173.

[3] 刘和平．释意学派理论对翻译学的主要贡献——献给达尼卡·塞莱丝柯维奇教授 [J]. 中国翻译，2001，22（04）：62–65.

[4] 刘和平．法国释意理论：质疑与探讨 [J]. 中国翻译，2006，27（04）：20–26.

[5] 孙致礼．中国的文学翻译：从归化趋向异化 [J]. 中国翻译，2002，23（01）：40–44.

[6] 谢天振．当代国外翻译理论导读 [M]. 天津：南开大学出版社，2008：4–35.

[7] 张吉良．巴黎释意学派口译过程三角模型研究 [J]. 外语教学理论与实践，2011（02）：74–80.

[8] 张培基．英汉翻译教程 [M]. 上海：上海外语教育出版社，2009：

14-19.

[9] Lederer, Marianne. *Translation: The Interpretive Model*[M]. Manchester & Northeampton: St. Jerome Publishing, 2003: 13-14; 46-49.

[10] Munday, J. *Introducing Translation Studies: Theories and Application*[M]. Shanghai: Shanghai Foreign Language Education Press, 2010: 44-50.

[11] Seleskovitch, Danica. & Marianne. Lederer. *Interpretation Theory and Practice Teaching*[M]. Translated by Wang Jiarong. Beijing: Tourism Education Press, 1990: 3-11.

作者简介

刘小渝，广西大学外国语学院翻译硕士英语笔译研究生。

英语语篇中的语法衔接策略研究

——以《生死疲劳》英译本为例

侯慧玲

摘要：衔接能使句子之间产生某种关联，使句群具有篇章性，进而促进篇章的形成。英语是注重逻辑的语言，在篇章中运用衔接手段能使其更具有逻辑性。根据韩礼德和哈桑的《英语的衔接》，衔接策略可以归纳为两个类型：语法衔接和词汇衔接。其中，语法衔接手段又包括照应、替代、省略和连接。本文以《生死疲劳》英译本为例，对语法衔接策略进行分析。

关键词：照应，替代，省略，连接

1. 引言

衔接理论最早由韩礼德（Halliday）和哈桑（Hasan）于1976年提出，他们表示，当在语篇中对某个成分的意义解释需要依赖于对另一个成分的解释时便出现了衔接。其中一个成分"预设"了另一个，也就是说除非借助另一个成分，否则无法有效地说明它。这时，衔接的关系就建立起来了，而这两个成分，即预设者和被预设者，至少有可能组成一个语篇（Halliday & Hasan，1976）。之后，国内外学者纷纷对此展开评论和补充，如Parsons（1990）对衔接链中衔接项目的数量和语篇连贯的关系进行了研究，把语篇的衔接方式与语篇连贯的程度联系起来。国内一些著名学者，如胡壮麟，其于1994年提出了语篇衔接与连贯的多层次思想，由此进一步扩大了衔接范围。张德禄和刘汝山（2003）在韩礼德和哈桑衔接理论的基础上，将衔接关系分成两大类，即语篇的内部衔接关系和语篇与语境的衔接关系。

根据Halliday和Hasan提出的衔接理论，语法衔接策略主要包括照应、替代、省略和连接。本文主要通过分析《生死疲劳》葛浩文译本中的例句来阐释英语语篇中的语法衔接手段。

2. 语法衔接策略

2.1 照应

照应的意义不是靠自身的词义来表达意义，而是靠参照其他东西来得到解释（Halliday & Hasan，1976）。照应包括人称照应、指示照应和对比照应。

2.1.1 人称照应

人称照应是运用话语情景中的功能，通过人称类别表现的照应。一般来说，人称照应的照应语是第三人称代词，如 his，him 等。例如：

阎王拂袖退堂，众判官跟随其后。烛火在他们的宽袍大袖激起来的气流中摇曳。

译文：With a flick of his sleeve，Lord Yama left the hall，followed by his judges，whose swishing wide sleeves made the candles flicker.

译文中的两个 his 原指 Lord Yama's，该代词的使用避免了重复。

2.1.2 指示照应

指示照应基本上是一种用词语指示的形式，讲话者通过在一个远近尺度上定位的方式辨别其照应（Halliday & Hasan，1976）。英语中用于指示照应的词包括选择性名词性指示词 this，that 等，定冠词 the 和指示性副词 here，there 等。例如：

临近村头时，蓝脸从路边采撷了一些柔韧的草蔓和黄色的野菊，编织了一个椭圆形的花环，套在我的两耳根部。我们与村西石匠韩山家那头母驴和石匠的女儿韩花花相遇。

译文：When we reached the village，Lan Lian picked some tender grass and yellow wild flowers from the side of the road to weave into a floral wreath，which he draped over my neck behind my ears. There we met the daughter of the stonemason Han Shan，Han Huahua，and their family's female donkey.

根据前文可推断他们是在村头相遇。句中用衔接词 there 来表示村头，避免 village 的重复使用。

2.1.3 比较照应

比较照应包括一般比较和特殊比较。一般比较表达事物之间的相似和不同，特殊比较是指在数量或质量方面的比较，英语中表达相同含义的词有 identical, same 等，表达不同意思的词有 other, different 等。以下从比较照应层面选择译文中表达相同含义的例句进行分析。

到了狼前，弯下腰，用枪筒子戳戳一匹狼的头颅，又戳戳另一匹狼的肚子。

译文：He walked up to the dead wolves and bent over to turn the head of one with the barrel of his weapon, after which he did the same to the abdomen of the other wolf.

same 在这里用于表达相似意义，表示的是相同的动作“戳”。

2.2 替代

替代是一个项目替代另一个项目的过程，包括名词性替代、动词性替代和小句替代。名词性替代词有 one, ones 和 same；动词性替代词有 do；小句替代词有 so 和 not。

2.2.1 名词性替代

在英语中，一个名词可以替代另一个名词或者名词词组，这种语言现象叫名词性替代。例如：

在破败的桥洞里，聚集着三条野狗。两条卧着；一条站着。两条黑色；一条黄色。

译文：Three wild dogs lurked at the bridge opening, two lying down, one standing; two were black, the other brown.

在这句话中，one 指的是 wild dogs 中的一只，避免了 wild dog 的重复使用。

2.2.2 动词性替代

能用动词 do 及其不同形式（does, doing, did, done）来替代其他动词或动词词组，这种现象叫作动词性替代。例如：

我侧歪在地，县长也一头栽了下来。县长的头碰在路边石棱上，血流如注，当场昏厥。

译文：I fell, and so did the county chief, who hit his head on a sharp rock, which knocked him out and opened a gash in his head.

这里 did 指的是前面的动词 fell。

2.2.3 小句替代

在小句替代中，被预设的不仅仅是小句中的某个成分，而是整个小句。小句替代表达两种意义：肯定意义和否定意义。被用作替代的词有so和not，so用于表达肯定意义，而not则表达否定意义。例如：

我们不想跟着你单干，我们要入社，你们不入，我和宝凤一起入。

译文：We don't want to be independent farmers with you, we want to join the commune. Whether you and Mom join or not, Baofeng and I are going to.

这里的not指not join the commune，表达否定意义。

2.3 省略

省略指的是把语言结构中的某个成分省去不提，是为了避免重复，表达简练、紧凑的一种修辞方式（朱永生、郑立信、苗兴伟，2001）。省略指的是"未说出来的事物"，而这种"未说出来的事物"人们通过上下文语境可以推断出来。省略的衔接手段也有三种类型，它们分别是名词性省略、动词性省略和小句省略。

2.3.1 名词性省略

名词性省略指的是在名词词组中表达事物的主词的省略，有时甚至是整个名词词组的省略，该词组由一个主词和几个修饰词构成。例如：

我心中暗喜，第一个回合，看起来是打了一个平手，但其实是我略占了上风。我只有一个鼻孔流血，它是两个鼻孔流血。

译文：The first round had produced no victor and no vanquished, although I knew I held the advantage, since only one of my nostrils was bleeding, not both.

根据原文判断，both指的是both nostrils，在译文中nostrils被省略了，使译文更加简洁。

2.3.2 动词性省略

动词性省略指的是动词短语或者整个动词词组的省略，包括实义动词省略和操作词省略。以下选择实义动词的省略进行分析。

"爹，您怎么还不睡？"

"这就睡，"爹说，"你好好睡吧，我去给牛加点草。"

译文："Why aren't you sleeping, Dad?" I'd ask.

"I will," he'd say, "Soon. You go back to sleep. I'll go give the ox a bit more hay."

I will这句话的完整形式应该是I will sleep，动词sleep被省略了。

2.3.3 小句省略

小句省略指的是从句中的某些成分或整个从句的省略。例如：

“到了口边的肥肉，你不吃，别人可就抢去吃了……”

译文：“The meat is right in front of you, and if you don’t eat it, someone else will...”

例句 and if you don’t eat it, someone else will... 的完整形式应该是 and if you don’t eat it, someone else will eat it，小句中的谓语 eat 和表示宾语的代词 it 已经被省略了。

在替代和省略这两种衔接手段的研究中，胡壮麟将这二者定义为“结构衔接”，原因如下：首先，替代和省略的信息必须通过两个结构的比较才能回收，如比较名词词组结构动词词组结构，以至小句等。其次，结构衔接可包含韩礼德—哈桑模式中所未能涉及到的现象（胡壮麟，1996）。

2.4 连接

在语篇或语义表达中，连接通过连接成分来表达不同的逻辑思维关系。通常来说，在语篇中，语法连接成分的表达需要依靠一些过渡词来实现，这些过渡词可以表达时间、地点、原因等的逻辑关系。关于连接手段的研究，胡壮麟（1996）认为逻辑连接更多地聚焦在语义上，因为表达连接的方法不仅仅局限于使用传统语法中的连词，也可以使用介词短语、副词或者是零形式等。

连接的衔接手段有四种，它们分别是增补、转折、原因和时间。

2.4.1 增补

谈到衔接关系时，我们可以将衔接词 and 和 or 包括在增补连词中，这两个词从结构上看是以并列形式出现的。此外，增补的衔接词还有很多，如 in addition，furthermore，和 besides 等。例如：

过去的一年，蓝家的八亩地，收获粮食两千八百斤，平均亩产三百五十斤，除此之外，还在沟畔地角收获大南瓜二十八个，上等苎麻二十斤。

译文：Over the previous year, the eight acres of Lan family land had produced 2,800 catties of grain, an average of 350 per acre. In addition, they had brought in twenty-eight pumpkins planted on the ridges between crops and twenty catties of high-quality hemp.

In addition 在本句中属于增补连词，为下文进一步列举文中蓝家八亩地的粮食收获做铺垫,起到承上启下的作用。

2.4.2 转折

转折的基本含义是"与预期的事物相反"。这些预期的事物能从交流的过程和讲话者与听众的情况中推断出来。表达转折的衔接词也有很多,如 although, but 和 nevertheless 等。例如:

车是我家的车,马是我家的马,但赶车的人却不是我家的长工。

译文: The wagon was mine, the horse was mine, but the man on the wagon was not one of my hired hands.

从文中的语境推断,"车是我家的车,马是我家的马",那么"赶车的人应该是我家的长工",而 but 引出与预期相反的结果,形成鲜明的转折关系。

2.4.3 原因

原因关系的简单形式一般由 because, as, since 等原因衔接词表现出来。例如:

杏树不结果实,是你不善管理。

译文: This tree produces no fruit because you haven't taken care of it.

这句话表明"杏树不结果实"的原因是"你不善管理",二者是原因和结果的关系。

2.4.4 时间

在相邻两个句子的命题之间的关系,即从外部方面来说它们是内容之间的关系,可能仅仅是时间上的一种顺序:一个句子继另一个句子之后(Halliday & Hasan, 1976)。例如:

我的前蹄陷在壕沟的淤泥里,几乎折断了腿。

译文: I nearly broke a leg when my front hooves landed in mud.

"陷"和"折断"这两个动作在时间上有先后顺序,先"陷"后"折断"。

3. 结论

总体来看,英语语篇中的语法衔接策略主要包括照应、替代、省略和连接。汉语在行文中不会特别强调衔接词的使用,看似毫无逻辑,但语言内部具有逻辑结构;英语句与句之间语义连贯,注重逻辑衔接,结构非常严密。从对葛浩文《生死疲劳》英译本的分析可以看出,译者能在翻译中恰当地使用衔接策略,使译文更贴近目的语的表达习惯,达到良好的传神达意和传播效果。

参考文献

[1] 胡壮麟 . 语篇的衔接与连贯 [M]. 上海：上海外语教育出版社，1994.

[2] 胡壮麟 . 有关语篇衔接理论多层次模式的思考 [J]. 上海外国语大学学报，1996（01）：1-8.

[3] 张德禄，刘汝山 . 语篇连贯与衔接理论的发展及应用 [M]. 上海：上海外语教育出版社，2003.

[4] 朱水生，郑立信，苗兴伟 . 英汉语篇衔接手段对比研究 [M]. 上海：上海外语教育出版社，2001.

[5]Halliday, M.A.K & Ruqaiya Hasan, *Cohesion in English*[M]. London: Longman, 1976.

[6]Parsons, G.Cohesion and Coherence :Scientific Texts :A Comparative Study[J]. *Department of English Studies*, *University of Nottingham*, 1990.

作者简介

侯慧玲，广西大学外国语学院翻译硕士，英语笔译研究生。

“三美三化三之论”：许渊冲的翻译诗学研究

——以《离骚》的英译本为例

符霄婷

摘要：文化转向之后，翻译研究不仅仅要关注语言层面的转换，还要关注翻译背后制约译者的一些因素。制约翻译过程的两大因素归根到底是意识形态和诗学，翻译家在这一套意识形态价值参数内完成他们的诗学追求。本文以翻译家许渊冲的翻译诗学观为例，分析《离骚》的英译本，探讨译者如何在兼顾音美、形美的同时，运用深化、等化、浅化的方法再现汉语诗歌的意美，以使目标读者知之、好之、乐之，达到文化传播的目的。

关键词：许渊冲，“三美三化论”，翻译诗学，《离骚》

1. 引言

在这个全球化时代，各国之间的文化交往日益频繁，翻译研究也开始逐渐走出对于翻译忠与不忠的争论，开始关注影响翻译背后的一些因素，比如，意识形态、诗学以及政治意识等。每位翻译家在翻译过程中都会受到这些因素的影响。其中，“诗学”在沟通原作和译作以及在文化交流中起着重要的作用。关注翻译背后的诗学因素，有助于更加全面地、深刻地了解译者的翻译动机，从而更加客观地评价译文的质量。许渊冲是我国的翻译大家，他的翻译诗学观吸收了许多中国传统的译论，研究他的翻译诗学，对于翻译理论的研究以及文化的传播有着重要的意义。

相较于西方学者而言，国内的学者对于《楚辞》的推介所做的努力还不够，目前国内《楚辞》的译者主要有许渊冲、孙大雨和卓振英。“三美论”作为许渊冲翻译思想的精髓，目前的研究主要集中在许渊冲三美论对译文的分析，但对许渊冲翻译诗学观还有待进一步研究。

2. 许渊冲翻译诗学策略与《离骚》的英译

"诗学"一词最早是由亚里士多德在其文艺理论与美学名著《诗学》(*Poetics*)一书中提出,指的是"组成文学系统的文体、主题与文学手法的总和"(Aristotle,1990)。20世纪90年代,美国翻译家勒菲弗尔(Lefevere)指出影响文学翻译的三个因素是诗学、意识形态和赞助人,她认为"'诗学'应包括两个部分:一是指文学在整个社会系统所具有的功能和发挥的效能,二是指具体的文学策略和文学题材,包含文学手法、文学样式、主题、原型人物、情景与象征等"(Lefevere André,1992),译者在翻译过程中受到意识形态和诗学的制约,往往会对原作进行一定程度的改写,使译文尽量符合当时占主流的意识形态和诗学。Lefevere认为翻译方法是受诗学因素操控的。

许渊冲积累了丰富的翻译经验,逐渐形成了"美化之艺术,创优似竞赛"的翻译观。《离骚》的英译本展现了他这一翻译观。"美化之艺术"创造性地吸收了严复的"信达雅"、鲁迅的"三美论"、林语堂的"美译"、朱光潜的"艺术论"、钱锺书的"化境说"翻译思想和原则,"美化即三美、三化、三之的艺术,三美是诗词翻译的本体论,三化是方法论,三之是目的论,艺术是认识论。"(许渊冲,2005)"三美论"是许渊冲翻译思想的精髓,其基础是意似、音似、形似,所指的内容是"译诗要和原诗一样都要能感动读者,这就叫意美;要和原诗一样有悦耳的韵律,这是音美;还要尽可能保持原诗的形式(如长短、对仗等形式),这是形美"(许渊冲,2003)。三化包括深化、等化、浅化,"等化指对等、等值、等效,浅化指一般化、抽象化,深化指特殊化、具体化。"(许渊冲,2005)许渊冲强调译诗内容和形式的传达,只有在迫不得已的情况下才牺牲"音美"和"形美"。他认为,诗歌的翻译标准是"意美""音美""形美","在这三条标准中忠实和通顺是翻译的必要条件。"(许渊冲,1984)从"三美三化论"可以看出许渊冲为实现个人的翻译诗学对原文文本的操纵,他认为只有意、音、形牺牲得最少的译文才算是好的译文。

2.1《离骚》简介

《离骚》是我国古代最早、最辉煌的长篇抒情诗,其气魄宏伟,构思奇幻,形象鲜明,气象磅礴,在古典诗歌里首屈一指。其写的是诗人屈原追求理想的天路历程,他在浑浊的社会里保持着高尚的品行却陷入遭馋受疏而又上下求索。屈原融合中原文化和楚文化,开创了中国浪漫主义风格的诗学传统,对《离骚》的英译研究对传播中国文化有着重要的意义。

2.2 意美再现

《离骚》里的意象是诗人情感的寄托,这对于熟悉汉语诗歌和文化的人可以意会,但是对于外国读者而言却未必能明白诗人所要传达的感情。在文化翻译的过程中要尽可能忠实地传达我们的文化,但是“对外交流时过度强调原汁原味,无异于难以下咽的中草药,若人家没有喝这苦汁的习惯,那也只好作罢”(孙艺风,2012)。许渊冲先生译诗最讲究的是传达诗的内涵意义,却又不过分拘泥于原诗。

例 1: 椒专佞以慢慆兮,榇又欲充夫佩帏。

既干进而务入兮,又何芳之能祗?(屈原,2009)

The pepper flatters and looks proud, oh !

It wants to fill a noble place.

It tries to climb upon the cloud, oh!

But it has nor fragrance nor grace.(屈原,2009)

这两句诗所表达之意为“香椒专横而傲慢啊,连茱萸也想填满香囊”。在这两句诗中,“香椒”和“茱萸”都是一种带有独特香气的植物,喻指专横的小人,他们污蔑诗人的衷心,趋炎附势,爱慕虚荣。“香草”则喻指品德高尚之人。

在翻译的过程中,译者并没有将这些意象一一译出,而是将诗句的意思传达出来,可见,译者追求的并不是表层的意似,而是深层次的意美,展现了诗人笔下的小人谄媚之态。因而,译者采用了浅化的译法,将“香囊”译为“noble place”再现了官场中品行低劣的小人攀权附贵的行径。其次,许渊冲将原文中的部分意象省略,如将“茱萸”“佩帏”以及“芳草”省略,并没有局限于原文,而是将诗句的意思传达出来,如果忠实地将原文的意象译出,目标读者反而会不知所云,达不到使读者“乐之”的效果。同时,译者也保持了诗句的押韵和形式上的工整,保持了诗歌的音美和形美,可见许渊冲把“意美”放在第一位,同时尽可能兼顾音美和形美的翻译诗学观。

2.3 音意传达

韵律与节奏是诗的外形,也是构成诗的重要因素,二者与诗人情感变化有关。《楚辞》有着鲜明的韵律与节奏。由于汉语是象形文字,而英语是拼音文字,两种语言的音韵各有不同,用英语很难再现汉语诗歌的音韵美。译者有时候要敢于打破"忠实"原文的束缚,因为"愚笨的'忠诚'可能会导向'叛逆',而艺术的'叛逆'可能会显出忠诚"(许钧,2012)。许渊冲认为,译文做到尽可能押韵,但不要求与原诗押韵的行数、位置一致,灵活变通使用英语的某些特点,扬长避短,去粗取精,使译文达到音美效果。

例 2:惟兹配之可贵兮,委厥美而历兹。

芳菲菲而难亏兮,芬至今犹未沬。(屈原,2009)

I prize my jasper pendant rare, oh!

Despite what other people say.

It's flower-like, fragrant and fair, oh!

It's sweetness lingers still today.(屈原,2009)

这两句诗表达了诗人不与小人同流合污的高尚情操,"芳菲菲"所描述的是用香草制成的玉佩的特点,反复渲染其芳香,是诗人品行高洁的人格,如同芳香持久不衰的配饰。

叠词是《离骚》的一大特点,展现了中文诗歌的音韵美,而英文诗歌包括头韵、尾韵、行中韵等方式,许渊冲在翻译的过程中,发挥译语优势,适当使用头韵,将叠词译成英文诗歌压头韵来展现原文的音美。因而,译者将"芳菲菲"译为"flower-like, fragrant and fair",重复押韵 [F] 这个音,既将玉佩的内涵传达出来,也传达了原文叠词的音韵美。许渊冲的译文并不仅仅局限于原文,绝对地忠实于原文,而是根据英文诗歌的特点进行了一定的转换,将原文诗歌的音韵美传达出来。其次,通过深化的翻译方法,将玉佩"芳菲菲"的内涵意义传达出来,使目标读者可以感受到玉佩的象征内涵,从而体会到诗人的高尚节操以及对美好事物的追求,从而感受到原诗的意美。

2.4 形神兼备

在诗歌形式上,屈原打破了《诗经》整齐的四言句式,创造出句式可长可短、篇幅宏大、内涵丰富的"骚体诗",开创了中国浪漫主义的先河。因而,对原文诗歌形式的再现对于"骚体"的再现具有重要的意义。在英汉两种语言转换的过程中,既要表达出诗歌的内涵,又要展现出原文诗歌的形式美,对译者来说是一个极大的考验。根据许渊冲的翻译诗学观,在诗歌形式的处理上,他兼顾翻译规范、目标读者的阅读习惯以及审美倾向等因素,在忠实于原文的基础上合理使用归化策略,传达出原文内涵的同时尽可能实现形式美。

例 3：揽木根以结茝兮，贯薜荔之落蕊。

矫菌桂以纫蕙兮，索胡绳之纚纚。（屈原，2009）

I string clover with gather wine, oh!

And fallen stamens there among.

I plait cassia tendrils and wine, oh!

Some strands of ivy green and long.（屈原，2009）

这两句诗句，对仗工整，句式整齐，不仅给人以视觉上的美感，读起来朗朗上口，描述了诗人效仿古代贤人，“用树木的细根编织芷草，穿上花落下的花朵，把削直后连缀惠英，用胡绳草编成长长的绳索”。“落蕊”“菌桂”“胡绳”这些植物都象征了诗人的高尚品格。

在翻译上，许渊冲根据英汉诗歌的异同，使用英语诗歌的平行结构再现原文诗歌的形式美，同时也体现了原诗的意美。汉诗讲究押韵、对仗，而英诗则注重形式，以及介词、冠词、连词的使用。许渊冲的译文在句式方面，照顾到目标读者的阅读习惯，补出了主语 I，构成英语 SVO 结构，第一、三句的字数对等，构成主语对主语、谓语对谓语的结构，给人以视觉上的美感。其次，在原诗意美传达方面，原诗中的“落蕊”“菌桂”“胡绳”都可以在英文中找到意义相近的词汇，因而译者发挥译语优势，在兼顾原诗形美的前提下，用等化的译法将“落蕊”“菌桂”逐一译出，再现了原文的意象。可见，许渊冲在基于原文的基础上用符合英语语言规范的方式表达，充分调动自己的审美能力和创造能力，根据原诗内容选择恰当的译诗形式，将原诗的神韵传达出来，做到了形神兼备。

3. 结论

通过对《离骚》英译本的分析，笔者认为，许渊冲在翻译的过程中，充分地展现了他“三美三化三之论”翻译诗学观。首先，译者在翻译过程中，兼顾原诗音美、形美的同时，按照目标读者的认知习惯，采用深化、等化、浅化的译法再现原诗的神韵，展现原诗的意美。其次，译者的翻译风格通常受到诗学思想、教育背景、文化身份等自身因素的影响，个人倾向会在翻译的过程中体现出来。许渊冲的翻译诗学受到中国传统译论的影响，形成自己独特的翻译诗学观。最后，许渊冲为了满足自己和目标读者的诗学追求，一方面，与异域文化进行协调；另一方面，在译文中重建自己的表达方式。

参考文献：

[1]Aristotle. *Aristotle's Poetics*[M].Iowa：Peripatetix Press，1990.

[2]Lefevere Andr é . *Translation，Rewring，and the Manipulation of Literary Fame*[M]. London：Routledge，1992.

[3] 屈原．楚辞 [M]. 许渊冲译．北京：中国对外翻译出版公司，2009.

[4] 孙艺风．翻译与跨文化交际策略 [J]. 中国翻译，2012，33（01）：16–23，122.

[5] 吴涛．翻译诗学溯源 [J]. 昆明理工大学学报（社会科学版），2011（6）：103–108.

[6] 许钧．文学翻译批评研究 [M]. 南京：译林出版社，2012.

[7] 许渊冲．翻译的艺术 [M]. 北京：中国对外翻译出版公司，1984.

[8] 许渊冲．文学与翻译 [M]. 北京：北京大学出版社，2003.

[9] 许渊冲．中国学派的古典诗词翻译理论 [J]. 外语与外语教学，2005（11）：45–48.

作者简介

符霄婷，广西医科大学教师，研究方向：翻译学。

三、典籍文献翻译

壮族典籍英译的路径探究①

汪华

摘要：在中华民族悠久灿烂的历史文化当中，凝结着古人智慧的文化典籍不胜枚举。在全球化背景下的今天，不同文化之间的碰撞与融合日趋明显，而典籍英译是推动中国文化走出去的有效途径。在此，以壮族典籍英译为例，分析应该怎样推动中国文化走出去。针对壮族的典籍英译现状，提出相应的英译策略，在兼顾经济利益的基础上弘扬民族文化。

关键词：壮族典籍，英译，中国文化走出去

1. 导语

一个国家、一个民族想要生存发展，不单要有政治、经济、军事实力，还要重视文化软实力。文化的软实力，对国内、国际两方面都有积极的作用。在国内方面，积极推动文化建设能够增加民众对民族文化的认同感，也可以抵御外来敌对文化的侵蚀，增强民族凝聚力；在国际方面，积极弘扬具有鲜明特色的中国文化，将提升国家的影响力。例如，《大中华文库》的顺利出版，向全世界展示了中华民族五千年来的灿烂辉煌正在新的历史时期重放光芒。新媒体时代，互联网等媒介的广泛应用为少数民族文化走向世界提供了契机，这不仅有利于对少数民族文化的传承与保护，

① 基金支持项目：2019年度广西高等教育本科教学改革工程项目"'一带一路'背景下地方高校外语专业思政教育改革探索"，项目编号：2019JGB112。

对于少数民族地区社会经济的发展，以及国家综合国力的提升都具有重要意义。

2. 壮族典籍英译现状

2.1 英译文本不足

壮族典籍主要包括壮族先人用古壮文记载下来的文献资料和壮族人民代代相传的口碑资料。其中壮族典籍十分丰富，有《平果壮族嘹歌》《布洛陀》《布伯》《伦依智高》《伦哲读》《创世纪》《报德经》《寻路经》《邦唐菲》《悼念经》等。然而，在拥有非常丰富文学资源的条件下，正式出版的壮族典籍英译版本却寥寥无几。目前，正式出版的壮族典籍英译成果只有《平果壮族嘹歌》《布洛陀史诗》《北路壮剧传统剧目精选》三部作品。（彭劲松，李海军，2016）首先，在拥有充分典籍资源的情况下，现有的翻译作品难以满足海外市场的需求；其次，要想推动壮族典籍的英译进程，不仅应该充分发掘优秀的文学典籍，而且要发掘其中的世界元素，保持时代感和新鲜感，才能吸引翻译人才投身于壮族典籍的英译工作当中。

2.2 翻译人才队伍的缺失

壮族是中国人口最多的一个少数民族，民族语言为壮语，主要分布在广西、广东、云南、贵州、湖南等地。作为壮族人民最主要聚集地的广西壮族自治区，语言分布呈现两种汉语方言、一种少数民族方言（官话、粤语、壮语）三分天下的局面。官话方言，又称西南官话，主要分布在包括桂林和柳州在内的桂北、桂中地区。粤语，俗称白话，主要分布在桂东南和沿海。以桂东北的贺州至凭祥为界，线的东南说粤语，另一侧说粤语的较少。壮语主要分布在广西的中西部。近些年来，随着经济文化的发展，各个地区直接的交流也趋于频繁，因此汉语的使用率大大地增加，仅仅在短短的几十年之间，壮语在城区的使用频率减少。进入 21 世纪以来，在县城、街区等一些壮语保存较好的地区，壮语也受到冲击，并呈现渐渐衰退的趋势。

在广西区内，不仅懂得说壮语的人在逐渐地减少，而且能够认识壮文的人也在减少。在壮族典籍英译的过程当中，往往会涉及很多的古壮语。在广西区内懂得古壮文，并且能够对其进行准确解读的人可谓少之甚少。要进行壮籍英译，要做到的第一步就是对壮族典籍的理解，即从通俗易懂的白话文的角度解读古壮文。每次翻译的时候，都是邀请自治区内懂得古壮语的专家先将古壮文翻译成白话文，然后再和高校的英语专家合作，将白话文翻译成英文。在这一过程当中，古壮语专家不涉及汉英的翻译过程，英语专家不涉及古壮文解读的过程。英语专家在遇到一些不能很好理解的文本的时候会向古壮语专家请教，在这其中或多或少都会导致一些有效信息的流逝。

译者是翻译活动的主体，对确保英译工作的顺利进行起着至关重要的作用。在壮族典籍英译的过程当中，不仅要求译者具备高水平的双语能力，并且对壮族的风土人情、民俗习惯等都要具备一定的认知水平。如果译者可以在具备较高英语水平的基础上通晓壮语，这对于翻译工作的进行无异于如虎添翼。现如今，翻译人才数量不足，并且质量有待提高，这使得壮族典籍英译工作难以顺利实施。如何加大对译者人才队伍的培养力度，以及不断吸引新鲜血液加入壮族典籍英译的行列当中，成为当下迫切需要解决的一大难题。

2.3 理论研究和资金的不足

由于翻译人才的不足，导致在翻译实践活动当中难以形成完整的壮族典籍翻译理论体系，而缺乏理论体系的指导对翻译实践活动的开展又会形成阻碍。如此恶性循环的现象最终导致难以形成优秀的壮族典籍英译作品。壮族典籍英译工作要取得突破性的进展，必须从源头开始重视，积极推动翻译理论体系的构建，为今后的翻译实践工作提供纲领性的指导作用。

近十年以来的国家社科基金立项项目中，仅有百色学院韩家权教授主持的“壮族典籍英译研究——以布洛陀史诗为例”和中南民族大学的张立玉教授主持的“土家族主要典籍英译及研究”这两项涉及少数民族英译这个领域（薛婷，2015）。虽然说少数民族典籍英译研究领域是冷门项目，但是对于文化传承与推广仍然具有十分重要的意义。缺乏政策与资金的支持，使得典籍英译的发展举步维艰。

3. 壮族典籍英译的策略

造成壮族典籍英译发展缓慢有诸多方面的原因。从宏观层面而言，缺乏政策支持和资金扶植；在具体的翻译实践活动中，作为翻译主体的译者，其质量和数量都有待提高，并且缺乏翻译理论体系指导实践。双方面的原因导致在拥有大量优秀壮族典籍的基础上，英译文本的严重不足。笔者结合以往案例对壮族典籍英译路径选择提出以下建议。

3.1 加大政策扶植和资金投入

在国家社科基金评审的过程中，对少数民族典籍英译项目的资助数量和力度都应当有所提高。通过设立国家级的少数民族典籍英译的奖项可以吸引更多的有识之士投身少数民族典籍英译的活动当中，进一步推动少数民族文化的传播和推广。此外，地方高校尤其是地处少数民族地区的高校和有关部门应当积极推进民族典籍英译工作的发展，在政策制定、科研规划以及预算等方面都有所扶植（黄剑，2015）。让这一较为冷门的领域可以得到更多的关注，让从事该领域的科研工作者没有后顾之忧。

3.2 加强培养英译人才、构建翻译理论体系

壮族典籍的英译对翻译人员的素质提出了更高的要求。壮族典籍的翻译涉及两个层面：首先将壮语转化成白话文，再将白话文转化成英文。这个过程涉及诸多方面的问题，因此翻译人员的素质对英译作品的优劣起到尤为重要的作用。为有效加强翻译人员能力的提高，在实践中总结经验，构建翻译理论体系，笔者建议采取以下措施，以提升壮族典籍英译的进度。

首先，实施以老带新。壮族典籍英译领域资深的专家和学者需做好学科带头人的工作，积极引导中青年翻译人员投身壮族典籍英译的工作中，传授经验方法，为其提供更多的实践机会，以培养优秀翻译人才。老中青三代译员共同努力，致力于形成壮族典籍英译的翻译理论体系，对今后的壮族典籍英译工作提供引领式的指导作用，争取早日形成一支优秀的壮族典籍英译队伍。

其次，加强教译结合。地方高校的人才培养对地方经济社会的发展起到重要的作用。地方高校应积极承担相应的责任，服务地方经济。以广西大学和广西民族大学为例，广西的高校都开设有外语专业。广西大学外国语学院开设有英语、日语、泰语和越南语专业；广西民族大学开设有英语、法语、越南语、老挝语、泰国语、柬埔寨语、印尼语、缅甸语和马来西亚语专业。在对高校翻译人才培养计划中应当增加民族学、民俗学、民族典籍英译等课程，并且在日常课堂教学和课后翻译训练任务当中都有针对性地加入有关壮族典籍英译的内容，在这一过程当中培养并挖掘有

潜力的翻译人才。此外，可以通过在教育课程中设置壮语、古壮语必修或者选修课程，培养多语种复合型人才。通过设置壮语、古壮语专业，或者设置英语—壮语，英语—古壮语双专业的形式积极培养壮族人才，为壮语的发展培养有生力量。

最后，推动校企合作。广西区内的各大高校可以与以壮族文化特色为主导的产业、单位和部门建立长期的合作关系，积极推广民族文化产品，组织翻译专业学生参与民族文化相关的翻译活动，这样有利于解决壮族典籍翻译人才培养经费不足的问题，确保人才培养模式的多元化，为壮族典籍英译注入新鲜血液（王长羽，2014）。

3.3 将文化优势转为经济优势

以《平果壮族嘹歌》的出版发行为例，是由平果县政府出面，首先组织人员对古籍进行整理，然后发行了《平果壮族嘹歌》的古俗字版本和汉语翻译版。之后，又组织广西高校的英语专家对其进行翻译，再由广西师范大学出版社出版。

这种政府出资、出版社资助的英译模式，虽然以弘扬民族文化为宗旨，但是在出版社发行之后，是否真的能够推动古籍文化的普及，或者说有多少人可以真正从中了解到古籍文化，是值得我们思考的一个问题。其次，因为少数民族古籍的英译版本读者群体相对而言比较小众，少数民族古籍的英译版本想要出版发行，除了需要高水平的译者之外，对于出版商的选择也是存在的一个问题。该类图书的出版发行，对出版社而言，可带来的经济效益并不理想。怎样才可以扩大少数民族古籍的受众群，以及解决出版发行现实经济效益的问题，实现弘扬民族文化与取得经济效益的双赢，是需解决的首要问题。

民族典籍英译想要取得经济效益，首先要做到的就是扩大受众群，吸引海外读者。外国读者对神秘的东方文化接触的机会较少，对中国文化充满好奇，是潜在的读者。随着经济全球化时代的到来，越来越多的中国人走出国门，定居海外。对于远离故土，长期缺乏中国文化熏陶的海外华侨而言，少数民族典籍英译作品恰好可以弥补这一空白。对于在海外出生、成长的华裔人群而言，少数民族典籍英译作品可以唤醒其民族认同感，增强其对中华民族传统文化的认知能力。

现如今，新媒体时代为少数民族文化的广泛传播赢得了更多的话语权，也提供了多种渠道。典籍英译的出版不仅仅局限于传统的纸质图书，还可以通过网络进行进一步的推广。官方微博、官方微信公众号、官方网站等媒介具有更新速度快的特点，可以及时满足广大受众的需求。尤其是电子书的出现，使得阅读变得更加方便快捷。

中华五千年文化博大精深，其中不乏精彩的民族典籍，弘扬中国文化首先要做的就是选定受众群。商业化道路是必然的选择，只有让海外读者对民族典籍产生阅读的兴趣，才可以让中国文化走进海外读者的生活中，才能积极推动中国文化的传播，同时取得一定的经济效益。

4. 结语

包括壮族典籍在内，中华民族有许多灿烂的文化瑰宝。在全球化背景下，我们需要审时度势，积极推动中华文化走出去。典籍英译是一条有效的途径，但是这一过程所涉及的问题是很复杂的。积极培养可进行典籍英译的有生力量，既是为翻译事业输送人才，更是培育民族文化的接班人。弘扬中国文化要选择商业化的道路才能持之以恒，真正做到满足读者需求的同时也实现经济效益，实现文化交流与经济利益的双赢。

参考文献

[1] 黄剑．少数民族典籍英译：现状和对策 [J]. 江西师范大学学报（哲学社会科学版），2015，48（04）：141-144.

[2] 彭劲松，李海军．壮族典籍外宣翻译的问题及路径选择 [J]. 社会科学家，2016（05）：152-155.

[3] 王长羽．我国少数民族典籍英译现状与展望 [J]. 玉林师范学院学报，2014，35（01）：80-83.

[4] 薛婷．我国少数民族典籍英译困境破局 [J]. 贵州民族研究，2015，36（10）：131-134.

作者简介

汪华，广西桂林人，硕士，南宁市第 36 中学教师，研究方向：翻译学。

韦努蒂异化理论视域下文树德《黄帝内经》英译研究

刘欣玲

摘要：文树德《黄帝内经》英译本在各译本中享有权威。本文拟对韦努蒂异化理论下的文本选择以及译者在翻译过程中采用的文体策略进行定性分析，探讨“存异”在该译本中的运用。研究发现，该译本充分保留并彰显了原文本的“异质性”，提升了原文本在目的语中的文化层次，起到丰富和修正目的语文化的效果，同时促进了源语和译语文化的互动交流。

关键词：韦努蒂，异化理论，文树德《黄帝内经》英译本

1. 引言

中医是在中国古代哲学思想影响下建立起来的一门传统医学。近年来，中医疗法和保健文化在国外更是“圈粉无数”，比如“汉方医药”“针灸热”等，在COVID-19疫情期间，中医也担起了疾病的预防和后期调理恢复的重任。《黄帝内经》是中国现存最早的医学典籍，居传统医学四大经典著作之首，具有深刻的医学、哲学、文学和史学价值。中医文化走出去离不开高质量的中医译本，因此对《黄帝内经》英译本的研究能促进传统中医精粹的传播以及中西医文化交流。

2. 文树德《黄帝内经》英译本

德国教授文树德（Paul Ulrich Unschuld）与美国学者Hermann Tessenow以及中国医史学家郑金生共同合作完成的《黄帝内经·素问译注》（*HUANG DI NEI JING SU WEN: An Annotated Translation of Huangdi's Inner Classic—Basic Questions*，2011）是全球图书馆馆藏量第一的《黄帝内经》译本，是海外学术界公认的最权威的译本（殷丽，2017）。文译本最大的特点是译者通过考究语源与语境，最大限度地反映《黄帝内经》的原意与风貌，彰显出原

文本的语言及文化差异。因此，本文拟从韦努蒂异化理论视角探讨该译本是如何来彰显出原文的“文化之异”和“语言之异”的。

3. 韦努蒂异化理论

“异化翻译”概念是劳伦斯·韦努蒂于1995年在其著作《译者的隐形——翻译史论》中提出来的。韦努蒂认为，以往的翻译传统是以民族中心主义和帝国主义文化的价值观来塑造外国文本的，提倡的翻译原则就是“通顺”和“归化”的翻译（venuti，1995）。这种原则下的翻译是根据原文问世之前早就存在于目的语中的价值观和表达方式对外国文本进行改写，但译文中的差异也被打上了目的语文化的烙印，使之符合目的语文化的规范和意识形态。韦努蒂对这种翻译原则产生质疑，继而提出了反对译文通顺的“异化翻译”。韦努蒂认为异化翻译是一种另类文化实践，它发展了在本土处于边缘地位的语言和文学价值观（Venuti，1995）。异化翻译表现了一种自主的意识形态，它追求文化的多样性，突出源语文本语言和文化上的差异，并在目的语中改变文化价值的等级（郭建中，2000）。

4. 在文译本中的“存异”

译文中的任何异质性，都是与译文语言和文化调和的结果（Venuti，2008）。译者在翻译中凸显原文的异质性，实现文化重构，全面再现源语文化特征。但采用异化的话语策略不是故意要使译文不通顺，而是用话语策略求得译文的一种新的可读性。这种新的可读性可以让读者注意到外语文本中语言和文化的异质性，从而在更深层次上带给读者阅读的愉悦（郭建中，2009）。文译本从文本的选择到翻译中所采取的话语策略，在多个层次彰显出了原文本的“异”。

4.1 文本的选择

异化的效果可以通过文本的选择实现。韦努蒂认为，即使你使用通顺的翻译策略翻译，这种选择偏离译入语文学规范文本的倾向，本身就使规范陌生化，从而取得了异化的效果（郭建中，2009）。西医以研究人体的生理构造为基础，强调的是分析事物之间的微观因果联系。中医则是建立在东方宏观哲学的基础上，从人体脏腑生理功能、人体经络运作机制、病因病机等方面论述天、地、人之间的相互联系，强调“人与天地相参”“与日月相应”的医学理念。中医提倡的“大医治未病”也是西医所从未涉及的领域。由此看来，中西医是完全不同的两个体系，而现代医学的发展以西医为基础，西医占据着现代医学的制高点，长期拥有医学界的话语权，中医学则处于边缘地位。文树德选择了存在异质性的中医文本，通过翻译的行为把中医的差异性凸现出来，让人们看到了处在边缘地位，被忽略、泯灭的东西。译者所进行的文本选择行为正是一种文化实践，拒绝本土主流，支持边缘的语言文化，给目标文化带来异质性的东西。

4.2 文体策略的应用

4.2.1 语言层面

译文越接近原文的措辞，对读者来说就越显得异化，就越有可能起到修正主流话语的作用（蒋晓华、张景华，2007）。东西方文化焦点的巨大差异造成了词义空缺现象明显。而异化效果可以通过吸收源语文化在民族历史进程中逐渐积累并有别于其他民族的表达来实现。拿中医名词术语来看，文树德没有采用目的语表达去意译、解释这些中医概念的方式，而是以中医的思维去解读，主要通过直译加注或音译加注等方式来确保译文更充分地接近原文，反映原文的真实内容。据统计，文译本共计使用了5912条脚注对译文进行注解（蒋辰雪，2019）。所有的这些译注、解读和说明为读者领会原文本之“异”提供了直接资源。

（1）直译加注。直译是表现源语文本差异性最常用的策略之一。面对特有的中式表达，文树德在文本处理上大多直译，然后采用注解去丰富直译背后蕴含的深刻含义。例如：

原文：弱而能言，幼而徇齐，长而敦敏，成而登天。

译文：While he was [still] weak, he could speak.

While he was [still] young, he was quick of apprehension.

After he had grown up, he was sincere and skillful.

After he had matured, he ascended to heaven.

注：Wang Bing：He casted a tripod at Tripod Lake Mountain. After he had it finished（成）, he rose to heaven in broad daylight（as an immortal）.” Zhang Jiebin takes this story to be a fairy tale and interprets 登天 as “to die” . Yu Yue suggested to interpret（登天）as assuming the position of ruler and he quoted the following statement from the *Yi jing*《易经》, *Ming yi zhuan*（《明夷传》）to strengthen his point. Tanba Genkan adduces evidence from the almost identical passages in the *Shi ji*（《史记》）, the *Da Dai li ji*（《大戴礼记》）, and the *Jiayu*（《家语》）. In all those sources, instead of（登天）the text reads（聪

明), “[he was] clever.”

面对“登天”这样一个中西意义差异较大的词,文树德采用直译加注的方法,将“登天”翻译为“ascended to heaven”,接着在脚注中给出了其他学者的解读并补充各类注释。如列出王冰注解为“黄帝后铸鼎于鼎湖山,鼎成而白日升天”,“登天”即成就不死之身;张介宾将其理解为一个神话故事,“登天”即为死亡;俞樾从《易经》《明夷传》里引用“初登于天,照四国也”佐证,“登天”即继承王位;丹波元简从《史记》《大戴礼记》《家语》里找到证据,认为“登天”即为聪明之意。“登天”一词明显带有强烈的“异域色彩”,译者没有根据自己的理解进行意译,而是通过直译的翻译方法保留了这一异质特色,通过脚注将其进一步延伸彰显,呈现出多面、立体的意义。

(2)音译。例如:

原文:女子七岁,肾气盛,齿更发长;

译文:“In a female,

at the age of seven,

the qi of the kidneys abounds.

在中国古代哲学观点中,“气”指“构成万物的基本物质”。中医学便是基于这样一个出发点来阐释自然界的运动变化、人体的生理病理规律以及四时节气变化对人体的影响。此处的“肾气”即肾精化生之气,指肾脏的功能活动。在译本中,译者采取音译的异化翻译方法,译为“the qi of the kidneys”。qi 是一个模糊概念,文化内涵丰富,存在于所有可能的状态中,所以译者直接用异化的手法音译为 qi 这种译法保留了源语独特的文化概念,还借此将 qi 引入了目的语。通过在译文中引入大量此类异质性话语,既能凸显语言和文化的差异性,又对目的语起到一定的补充、丰富的成效。虽然从短期看可能会给跨文化交流带来一定的障碍,但只要该术语被接受了,就会对中医学概念的传播和目的语文化的建构起到积极的推动作用。

4.2.2 结构层面

韦努蒂说,他的翻译是要在目的语中重新创造原文中相类似的特殊表达方式,力图忠于原文中的一些特殊表达,使译文和原文的关系既是一种重现的关系,又是一种相互补充的关系(郭建中,2000)。原文的医理是以“黄帝”和“岐伯”之间的对话形式来呈现的,文树德在译本中同样采用对话的结构,使得读者从全局了解到《黄帝内经》的话语特色。原文中有大量结构对仗的并列句式,文树德尽力保留原文句法的并列结构与句法顺序，以并置方式让英文读者真切地感受中医话语的内在结构。为了使译文与原文句型结构一致，译者会使用括号来补充原文中省略但表达了意思的词汇或短语。例如：

原文：食饮有节，起居有常，不妄作劳。

译文：[Their] eating and drinking was moderate.

[Their] rising and resting had regularity.

They did not tax [themselves] with meaningless work.

原文为并列的四字结构，前后对仗。译文为达到与原文句型结构上的高度统一，对原文进行了模仿，并采用括号这一形式来补充相关内容以连贯文气。虽然这种非线性句式的表达并不符合英语中重前后逻辑、连贯的形合特点，但是这种不连贯在另一个层面上则是保留了差异性和陌生性。

5. 结论

《黄帝内经》文译本以异化翻译为主并采用多种话语策略，正视差异、尊重差异、强调差异、保留差异，最大限度地反映了原意和原貌，保留并彰显了原文本的“文化之异”和“语言之异”。通过“存异”使得处于弱势地位的中医文化在西方国家维护了自身的主体性，译者的主体性和自身价值得到了充分体现，读者领会到异域文化的特色，目的语文化也得到了一定程度丰富和发展。

参考文献

[1] 郭建中 . 韦努蒂及其解构主义的翻译策略 [J]. 中国翻译，2000（1）：49-52.

[2] 郭建中 . 异化与归化 ：道德态度与话语策略——韦努蒂《译者的隐形》第二版评述 [J]. 中国翻译，2009（2）：34-38.

[3] 蒋辰雪 . 文树德《黄帝内经》英译本的“深度翻译”探究 [J]. 中国翻译，2019（5）：112-120.

[4] 蒋晓华，张景华 . 重新解读韦努蒂的异化翻译理论——兼与郭建中教授商榷 [J]. 中国翻译，2007（3）：39-43.

[5] 殷丽 . 中医药典籍国内英译本海外接受状况调查及启示——以大中华文库《黄帝内经》英译本为例 [J]. 外国语，2017（5）：33-43.

[6]Paul U. Unschuld and Hermann Tessenow *Huang DI neijing su*

wen[M]. University of California Press, 2011: 9.

[7]Venuti, Lawrence. *The Translator's Invisibility—A History of Translation*[M]. London: Routledge, 1995.

作者简介

刘欣玲，广西大学外国语学院硕士研究生，研究方向：翻译学。

三维转换视角下《习近平谈治国理政》第一卷（六）英译研究

苏秀珍

摘要：本研究基于生态翻译学理论，以《习近平谈治国理政》第一卷（六）英译本为例，探讨生态翻译学的三维转换原则在政论文翻译研究中的可行性，具体从语言、文化和交际三个维度来分析该译文所彰显的“适应性选择转换”及其采取的翻译策略和翻译技巧，旨在从新的视角丰富政论文翻译研究，为今后三维转换视角下政论文的翻译研究提供借鉴和参考。

关键词：生态翻译学，三维转换，政论文，翻译策略和技巧

1. 引言

在中国影响力日益显著的今天，政论文英译并向外传播能更好地宣传中国政府和政治理念，不断提高我国的国际地位和话语权，促进国际政治格局的进一步改善。由于语言、文化和意识形态的不同，政论文英译面临着诸多挑战。政论文不仅要求忠实的翻译，而且要求最大限度地还原人物的话语意义，大量中国谚语、成语、典故等文化负载词，翻译难度大，此外，中国的政治制度与绝大部分西方国家不同，意识形态的差异可能导致翻译过程中的困难（褚佳萌，2019）。因此，如何更好地传递中国声音，让外国友人听得懂并能欣然接受，成为当代中国翻译界研究的重要课题之一。《习近平谈治国理政》作为政论文的代表著作，全面系统回答了新的时代条件下中国发展的重大理论和现实问题，是国际社会了解当代中国的重要窗口。本研究基于生态翻译学理论，以《习近平谈治国理政》第一卷（六）英译本为例，探讨生态翻译学的三维转换原则在政论文翻译研究中的可行性，具体从语言、文化和交际三个维度来分析该译文所彰显的“适应性选择转换”及其采取的翻译策略和翻译技巧，旨在从新的视角丰富政论文翻译研究，为今后三维转换视角下政论文的翻译研究提供借鉴和参考。

2. 生态翻译学

生态翻译学奠基人之一胡庚申先生（2008）认为可以将生态翻译学（Ecotranslatology）理解为一种生态学途径的翻译研究，抑或生态学视角的翻译研究。生态翻译学着眼于翻译生态系统的整体性，从生态翻译学的视角，以生态翻译学的叙事方式，对翻译的本质、过程、标准、原则和方法以及翻译现象等做出新的描述和解释。

在21世纪初，胡庚申以“自然选择，适者生存”为理论根据，提出“翻译适应选择论”，并以此为基础于2006年正式提出了“生态翻译学”这一新兴概念，这是首个由我国学者提出并建立的具有中国特色的翻译理论。生态翻译学作为译界的新兴理论，将翻译定义为“译者适应生态环境的选择活动”。简言之，翻译即是译者的适应与选择。在翻译活动当中，不管是适应还是选择，都是由译者来完成的，它强调了译者在翻译过程中的中心作用和主导地位。据中国知网文献计量分析，2009年—2020年期间，国内发表的有关生态翻译学的论文共计2000余篇，研究总体上呈现正增长的态势，研究内容主要涵盖理论性研究和应用性研究两大类。接下来笔者将从生态翻译学的三个维度分别分析《习近平谈治国理政》第一卷（六）英译本部分代表性句子。

3. 语言维的适应性选择

根据生态翻译学理论，译者往往要从语言维的角度选择并改变词汇（束慧娟，2010）。只有译者把握语言特征，才能达到政论文翻译所要求的标准，否则会导致歧义甚至造成误解。

3.1 词汇层面的转换

政论文的翻译不仅要求规范化和严谨性，而且力求通俗易懂（李永宏，2018）。为适应英语语言环境，在进行英译的过程中，译者应选择英语读者更容易接受的词汇。例如：

宣传思想部门承担着十分重要的职责，必须守土有责、守土负责、守土尽责。

译文：The departments concerned with publicity and theoretical work have an extremely important task to shoulder. They should play their part well and try their best.

在汉语中,为了增强句子的韵律感,使用结构相似的成语较为常见。此外,习近平主席的讲话还强调了四字成语的连续使用,使说话更加简短、有力、流畅。事实上,"守土有责""守土负责"和"守土尽责"具有相同的含义,即尽力做好你的本职工作。在汉语中,这是很常见的表达方式,然而在英语中,人们倾向于避免这种重复或冗余。因此,译者采用省略的翻译技巧,去除重复的语义词,重建逻辑关系,使整体表达更符合目的语的语用习惯。

3.2 句法层面的转换

找准工作切入点和着力点,做到因势而谋、应势而动、顺势而为。

译文: We should map out plans with focus on priorities and carry them out in accordance with the situation.

原来的汉语句子是由两个简单句组成,没有主语和连词,但排列有序,仍可以清楚地向汉语读者传达意思。中国的政论文特点是广泛使用非主语句来强调政府所倡导的行为,不论具体由谁来执行。但是,如果将非主语句逐字翻译成英语而不加主语,那么英译在句法上是不被接受的。究其原因,除了祈使句和其他特殊句型外,主谓结构是英语任何句子中不可缺少的组成部分。因此,译者运用放大的翻译技巧,在句子中加入主语,将两个短句重新组织成一个新句。译者尝试在句法层面上进行适应性转换,以提高目标读者对译文的可读性。

4. 文化维的适应性选择

由于源语和目的语的文化生态在性质和内容上往往不同,译者在翻译过程中应具有文化意识,意识到翻译是一种跨语言、跨文化的交流,使他们能够克服文化差异造成的困难,保持生态平衡并促进信息交流(胡庚申,2013)。

4.1 文化负载词的适应性转换

中国特色词汇具有特定的文化内涵,在其他语言的生态环境中发生变化或消失。因此,这些词不能简单地替换,译者必须在适应和选择的指导下找出具有相似内涵的适当表达方式。

坚持人民性,就是要把实现好、维护好、发展好最广大人民根本利益作为出发点和落脚点,坚持以民为本、以人为本。

译文: Serving the people means putting the people first and making realizing, safeguarding and developing the fundamental interests of the overwhelming majority of the people our starting point and goal.

"落脚点"是一个具有中国特色的典型文化负载词,在翻译过程中,译者从文化维进行适应性转换。"落脚点"不能直接翻译为"foothold",因为在中文句子中,它代表了政府的目标。它不等于英语中的"a hold for the feet" or "a position usable as a base for further advance",应该引申为"goal",才能使意思更加明了。采用意译,可使目标读者更好地理解"落脚点"的内涵。

4.2 古语的适应性转换

习主席经常引用经典,但在许多情况下,直译并不能帮助外国人理解隐喻意义。因此,译者更有可能将目标语言环境中现有的概念和表达方式引入到翻译中,如"Little strokes fell great oaks."(滴水穿石)和"Many hands make light work."(众人拾柴火焰高),这些表达方式在政治宣传过程中始终发挥着不可或缺的作用(张凯歌,2015)。

"少壮不努力,老大徒伤悲。"

译文:"A young idler, an old beggar."

这句诗引自《乐府诗集・长歌行》。如果字面翻译为"When you are young and strong, do not work hard. When you are old, it is no use to be sad.",是冗长的,没有保留诗歌的简单和对称。英语中有一句非常流行的谚语"A young idler, an old beggar."揭示了"少壮不努力,老大徒伤悲"的道理。在这里,译者通过借用英语中的同义俗语来处理中国诗歌,使翻译的文本不仅在形式上,而且在意义和修辞功能上都与原文一致。

5. 交际维的适应性选择

语言最重要的功能之一是促进人与人之间的交流。没有语言,交际意图就不能清楚地呈现。翻译不仅包括语言的呈现,也是信息的传递。交际维的适应性转换强调政论文翻译的最终目标是使外国读者理解甚至支持中国的政策、法规、立场或做法。

我说这话的意思是,实现我们的发展目标,实现中国梦,必须增强道路自信、理论自信、制度自信、文化自信。……而这"四个自信"需要我们以对核心价值观的认定作支撑。

译文：What I mean here is that we should enhance our confidence in the path we have chosen, in the theories we have devised and in the system we have established to reach our goal of development and make the Chinese Dream come true...Our confidence is supported by our core values.

“四个自信”在文中被翻译为 Our confidence，但目标读者仍然不知道“四个自信”的具体含义。译者在前面的句子中增加“our confidence”，即“our confidence in the path we have chosen, in the theories we have devised and in the system we have established”。这样，目标读者就可以充分了解“our confidence”是什么，感受习近平主席强烈呼吁人们增强对中国社会主义制度的信心。

6. 结论

生态翻译学适用于阐释不同的翻译过程。本文的研究结果表明：一是生态翻译学的可行性，二是政论文汉译英的三维适应性转换。通过对《习近平谈治国理政》第一卷（六）相关实例分析，发现翻译的过程是译者对翻译生态环境的阶段性选择适应和对译文的适应性选择。生态翻译学可以很好地指导政论文的翻译，为政论文的翻译提供一个整体的视角。在“三维转换”的指导下，笔者主要从语言、文化和交际三个维度来分析语言转换，以实现翻译的“多维适应和适应性选择”。此外，译者灵活运用不同的翻译策略和技巧，实现源语与目标语生态的动态平衡。在语言方面，翻译结构和意义相近的四字成语时，为了避免英语中的冗余，译者将意译与省略相结合，帮助外国读者理解译文。在翻译句子时，译者在非主语句中加入主语，为外国读者提供原文表达的准确信息。在文化维度上，针对中国读者和外国读者的不同文化背景，译者在翻译文化负载词时采用意译，在翻译古话、古诗时采用外借翻译。在交际维度上，译者采用意译、省略等方式达到交际目的，使外国读者了解中国政府处理外交事务的最新政策和基本立场。从生态翻译学角度看，《习近平谈治国理政》英译出版发行是一次成功的政治外宣。

参考文献

[1] 褚佳萌．生态翻译学三维转换视角下政论文英译 [D]. 北京：北京邮电大学，2019.

[2] 胡庚申．生态翻译学解读 [J]. 中国翻译，2008（06）：11-15，92.

[3] 胡庚申．生态翻译学：建构与诠释 [M]. 北京：商务印书馆，2013：72.

[4] 李永宏．英文版《习近平谈治国理政》第二卷生态翻译策略 [J]. 沈阳农业大学学报(社会科学版),2018（02）：236−241.

[5] 束慧娟．生态翻译视角下的公示语翻译 [J]. 上海翻译,2010,(2)：39− 42.

[6] 张凯歌．生态翻译学视阈下政治文献翻译策略研究 [D]. 北京：北京外国语大学,2015.

作者简介

苏秀珍,在读研究生,广西师范大学文学院 / 新闻与传播学院汉语国际教育专业。

四、外宣翻译研究

从网络与政府译介模式的比较看民族典籍的"走出去"

——以"熊猫丛书"和"Wuxiaworld"为例

麦红宇　徐子涵

摘要：民族典籍的译介对于中国文化"走出去"具有积极的意义。本文将从拉斯韦尔的传播模式入手，以"熊猫丛书"和"Wuxiaworld"为例，比较网络译介与政府译介两种模式的异同，探讨民族典籍的翻译与传播策略。制订民族文学对外传播计划应先近后远，先易后难；民族典籍翻译的最佳方式应通过中外译者协同合作；同时借助网络平台，实现传播渠道的多元化。

关键词：网络译介，政府译介，民族典籍，"走出去"

1. 引言

民族典籍的英译旨在响应文化"走出去"战略，促进我国民族文化的对外传播，其重要性不言而喻。然而，中国的民族典籍要"走出去"，绝不仅是简单的文字或文学翻译，而是包含了交流、接受、影响等传播学上的诸多问题。本文将从拉斯韦尔的传播模式入手，以"熊猫丛书"和"Wuxiaworld"为例子，比较网络译介与政府译介模式的异同，探讨民族典籍应该如何更好地"走出去"。

2. 拉斯韦尔的传播模式

美国政治学家拉斯韦尔最早以建立模式的方法对人类社会的传播

活动进行了分析，这便是著名的“5W”模式，即谁（Who）、说什么（Says What）、通过什么渠道（In Which Channel）、对谁（To Whom）、取得什么效果（With What Effects）。这五个要素又构成了后来传播学研究五个基本内容，即控制研究、内容分析、媒介研究、受众研究和效果研究。

文学译介是文化传播的重要途径，包括文学作品的翻译和传播两个方面。将包含五大基本内容的拉斯韦尔传播模式应用到译介，意味着对译介主体、译介内容、译介途径、译介受众、译介效果五大要素进行深入分析和研究。

3. 网络译介与政府译介模式的比较

网络译介译指网络文学在网络上的翻译及传播，海外从事中国网络文学翻译的网站中影响力最大的是 Wuxiaworld（武侠世界）。

政府译介指的是由政府或官方机构资助，有目的地选择作品和译者，把中国文学推向海外的模式。其中影响最大的为 1981 年由中国外文出版社发行的“熊猫丛书”。

根据魏清光（2015）、王建开（2012）、鲍晓英（2013）等人的研究发现，通过政策推动中国文学“走出去”的效果并不明显。与此同时，中国网络文学却依靠民间自发的力量和市场的力量，在短短的时间内收获了大批国外读者。因此，我们有必要将这两种译介模式进行比较和分析，进而探讨民族文化在进行海外译介时应注意的策略。

3.1 译介效果

译介的效果是检验传播活动是否成功的重要尺度，可从译介作品数量和读者人数来衡量。

Wuxiaworld 自 2014 年成立后，在短短两三年内就靠着已完成和正在更新的 34 部作品，日浏览量超 350 万次，网站读者来自全球 100 多个国家和地区。

“熊猫丛书”从 1981 年开始出版，至 2007 年底，共出版英文、法文、日文、德文等共计 200 余种，介绍的古今作家近 100 位。（耿强，2014）但整体而言，该套丛书在美国并没有进入主流的图书市场，读者人群仅限于从事中国文学或中国文化研究的学者，如 Michelle Yeh、Jeffrey C.Kinkley。

从时间的跨度和译著的数量来看，“熊猫丛书”要远远优于 Wuxiaword 网站。但从作品的海外传播速度和传播人群数量来看，

Wuxiaword 拥有更广泛的读者群体，读者数量增加迅速。可以说 Wuxiaword 的海外传播效果要优于“熊猫丛书”。

3.2 译介的主体

“谁”是构成信息传播的第一元素。译介主体指的是翻译的发起者。

网络译介模式的主体是世界各地的华裔与汉语学习者。Wuxiaword 的建立者完全是因为对武侠小说的喜爱，把小说翻译作为工作之余的消遣。

政府译介模式的译介主体是政府机构，“熊猫丛书”的翻译群体以中国本土翻译家为主，但能在海外市场上受到广泛认可的本土翻译家不多，影响力较大的还是国外的汉学家，如葛浩文(Howard Goldblatt)。

可以看出，无论是网络文学还是传统文学，最成功的译介主体都不是中国本土译者，而是熟知汉语文化同时以英语为母语的翻译者。心理学中“纽卡姆效应”认为具有同样社会文化背景、世界观、价值观的群体或个人往往能较容易达成彼此共识甚至接受。就翻译而言，译介主体如果有目标语读者“自己人”，即其本土译者或出版发行机构参与翻译出版，译介的作品更容易为其信赖和接受(鲍晓英，2014)。

3.3 译介的内容

“说什么”是指传播的信息内容，无论是“译什么”还是“怎么译”都涉及机构或译者的选择，这种选择绝不仅仅是译者个人的自由选择，它要受到诸如历史、社会、文化、政治、审美情趣等多种外部和内部因素的限制(许钧，2002)。

网络小说题材众多，最受海外读者青睐的是玄幻和仙侠小说。被西方读者热捧的网络小说《盘龙》，虽然作者为中国人，但从世界设定到人物命名，都基本遵循着欧美的习惯，英语世界的读者能够很容易进入到小说之中。我们可以说，网络小说海外传播的成功，是因为在给读者带来新鲜阅读体验的同时，书中的文化障碍较少。

“熊猫丛书”是改革开放初期以树立中国形象为目的的对外译介作品。因此，该丛书带有较为厚重的意识形态和官方色彩(耿强，2010)。在“熊猫丛书”中，重印和再版数量较多的有沈从文的《边城及其他》和《湘西散记》等。沈从文作品取得海外读者认可的原因，首先归功于作品浓浓的乡土风格，其次，作品的英译是杨宪益与外籍妻子戴乃迭的合作翻译，确保了翻译的质量。

因此，笔者认为，中国文学作品要在西方实现成功的跨文化传播，作品在内容上至少要满足两个条件。其一，作品必须保留本国文化的特色，才能给读者带来新鲜的感受；其二，作品要有文化的普遍性，能让读者在作品中找到共鸣点，并接受该作品；成功进行跨文化传播的作品需要在文化的普遍性和特殊性上找到一个平衡点，如此才能在情感与审美上征服海外读者。

3.4 译介途径和译介受众

译介途径是传播过程的重要部分，译介受众是译介作品传播行为的接受者，也是文化传播的最终对象和目的地。

网络译介，走的是民间线路，更多是读者导向、市场驱动的。Wuxiaworld 的创建目的就是供网友免费阅读小说。

政府译介，更多经过文学奖、图书展、版权输出等主流渠道，并通过在外国媒体上发表书评来促进书籍的推广。“熊猫丛书”由国内出版商中国国际图书贸易总公司和外文出版社发行，由新华书店 / 外文书店对外销售。耿强（2010）研究表明，“熊猫丛书”传播的场域主要集中在图书馆和专业性的学术刊物这两个文化场域，参与这两个场域的人不仅数量少，而且在美国的文化系统中不占据主流位置，这不利于丛书在更广泛的读者群中传播。

4. 从两种译介模式比较看民族典籍“走出去”的策略

4.1 加大国家支持力度，引导民间积极力量。

在我国目前的对外出版工程中，缺乏对民族典籍的规划和支持。文化交流主要体现在文化外交上，文化外交的途径分为政府外交和公共外交两条（易红、彭瑛，2014）。网络文学在海外的成功传播告诉我们，民族典籍的海外传播不仅仅是可行的，而且市场广阔，大有可为。

因此，在推动民族文学“走出去”的过程中，我们应该加大政府的支持力度，同时从网络文学的传播模式中吸取经验，引导民间力量和市场力量，让民族典籍的译介遵循文化对外传播的一般规律，做到文化价值和市场价值的结合与统一，真正实现民族典籍的“走出去”。

4.2 民族典籍“走出去”的路径规划

民族典籍的“走出去”，应从选准作品、了解读者需求和输出国的文化等方面入手,加强文化传播的策略型。

全人类的共同价值观,是人性的真、善、美等价值,只有引起不同国别、不同民族、不同生活方式的人群的共鸣,才能赢得全球范围内的市场成功(萧盈盈,2012)。因此,所选择翻译的作品所传递的价值观至少不与受众读者的主流意识、世界观、价值观相悖。

同时,民族典籍在不同地域的传播难度是不一样的,我们应先近后远,先易后难。我国许多少数民族文化与周边国家具有"人缘相亲、文缘相通"的共通性,因此,我们也要循序渐进地推进民族典籍的海外传播。

4.3 民族典籍的整理与翻译

民族典籍的翻译要求译者不仅熟悉少数民族的风俗习惯,更精通翻译目的语国家的语言和文化,而这样的人才非常匮乏。通过研究,我们发现在海外传播最成功的译介主体都不是中国本土译者,而是熟知汉语文化同时以英语为母语的翻译者。

但对于民族性和文化性过强的作品,国外译者也很难理解其精髓。因此,民族典籍翻译的最佳方式应该是通过中外译者协同合作,保证翻译信息忠实于原文,同时翻译目的语的表达更地道,更易于被读者接受。

4.4 传播渠道的开拓

目前,中国文化"走出去"主要靠政府的资助和扶持。但从长远来看,中国文化"走出去"的主体是出版企业(魏清光,2015)。我们应大力提高本国出版企业的国际竞争力和国际影响力,促进出版企业在中国文化"走出去"时的主力军作用。

民族典籍的传播,也应借助网络平台,实现传播渠道的多元化。除了单一的文字翻译,还可以在原著基础上进行影视、动漫等多元化开发,开拓网络时代的多元复合传播渠道,最大限度地拓宽民族典籍的传播广度和影响力。

参考文献

[1] 鲍晓英.中国文化"走出去"之译介模式探索——中国外文局副局长兼总编辑黄友义访谈录 [J]. 中国翻译,2013(5): 62-65.

[2] 耿强.文学译介与中国文学"走出去"[J]. 解放军外国语学院学报,2010(3): 82-87。

[3] 耿强．中国文学走出去政府译介模式效果探讨——以“熊猫丛书”为个案 [J]. 中国比较文学，2014（01）：66-77，65.

[4] 王建开．中国现当代文学作品英译的出版传播及研究方法刍议 [J]. 外语教学理论与实践（FLLTP），2012（03）：15-22，7.

[5] 魏清光．中国文学“走出去”：现状、问题及对策 [J]. 当代文坛，2015（1）：155-159.

[6] 萧盈盈．中华文化走出去的现状分析与发展思考 [J]. 现代传播，2012（1）：84-86.

[7] 许钧．论翻译之选择 [J]. 外国语，2002（1）：62-70.

[8] 易红，彭瑛．论鄂西地区少数民族文化“走出去”的途径 [J]. 西南民族大学学报（人文社科版），2014（8）：38-42.

作者简介

麦红宇，广西大学外国语学院副教授，研究方向：跨文化传播，翻译。

徐子涵，广西大学外国语学院硕士研究生，研究方向：文学翻译。

目的论视域下红色旅游外宣英译研究[①]

宋菁　张奕

摘要：党的十八大以来，讲好中国故事成为我国对外宣传领域着力突破的新课题。尤其红色旅游对外宣传，更是外宣领域的重点，旅游外宣文本翻译也随之呈现相应特点，然而当前红色旅游景区的外宣之路并不顺畅。文章以目的论为观照，探讨红色旅游外宣资料汉英翻译的现状、难点及策略选择。研究认为，译者应着重考虑受众文化背景，把握受众对译文的期待和需求，谨慎选择翻译策略，顺利达到红色旅游外宣翻译之目的。

关键词：目的论，红色旅游，外宣翻译，汉译英

1. 引言

红色旅游已成为一种大热的新型旅游方式，红色旅游外宣翻译也开始吸引更多人的注意。外宣翻译是在全球化的背景下让世界了解以中国为目的、以汉语为信息源、以英语等外国语为信息载体，以各种媒体报道为渠道，以外国民众为受众对象的交际活动。在汉英两种语境下，语篇在选词、句法、逻辑和结构等方面均体现出迥异的特征。文章以目的论为观照，探讨红色旅游外宣资料汉英翻译的现状、难点及策略选择。研究发现，译者需基于文本的实际情况，着重考虑受众的文化背景，深入了解受众对译文的期待及需求，谨慎选择翻译策略，从而准确传达原文信息，顺利达到红色旅游之外宣目的。

① 本文系广西哲学社会科学规划研究课题（18FYY003）、广西高等教育教学改革工程重点项目（2018JGZ101）和广西大学生创新创业训练计划（201910593360）的阶段性成果。

2. 目的论述评

20 世纪 70 年代，德国翻译学界开始将焦点转向关于功能和交际角度的研究，创建了功能翻译理论。凯瑟琳娜·莱斯首次将功能范畴引入翻译批评（Reiss，2004），将语言功能、语篇类型和翻译策略相联系，提出了文本类型理论，发展了基于原文与译文间的功能关系的翻译批评模式，从而奠定了功能派理论思想的基础。在莱斯的基础上，汉斯·弗米尔提出了目的论（Reiss & Vermeer，2014），使翻译研究摆脱了原文中心论。弗米尔提出了三大原则：目的原则、连贯原则、忠实原则。曼塔里基于交际和行为理论，提出翻译行为理论（Manttari，1984），从而进一步发展了功能派翻译理论。曼塔里将翻译视作受目的驱使并以翻译结果为导向的人际交往活动，认为翻译过程即跨文化传递的过程。诺德提出了“功能加忠诚”的主张（Nord，2001），归纳了“忠诚原则”，即功能加忠诚的翻译理论，总结并完善了目的论的内容，使其更完整、成熟并大力拓展了理论的实际应用。其中，弗米尔的目的论仍是功能翻译理论的核心，强调“目的决定手段”（Munday，2006）。

自德国功能主义目的论传入中国以来，国内翻译界便针对其展开了大量的研究和应用。从研究内容来看，翻译目的论多应用于外宣资料、影视字幕、法律文本、新闻报道等应用文本的翻译（仲伟合，钟钰，1999）。红色旅游外宣文本属于“呼唤型”文本，具有传递信息与诱导行动的功能，也具有信息目的、祈使目的和美感目的，旨在让国外游客进一步了解中国红色文化。红色旅游外宣翻译的目标，就是为了能在国外游客与国内革命景点之间建立一座沟通的桥梁，促进中国优秀革命精神及文化的传播。

3. 红色旅游外宣英译存在的问题

3.1 旅游外宣翻译文本的说明性远重于文学性

功能主义目的论强调，决定翻译目的最重要的因素之一是受众。国外游客是红色旅游外宣翻译的受众，但游客们往往是“走马观花”，只求“到此一游”，用于观看景区外宣翻译文本的时间较少且观看耐性较差。因此，文本的说明性远大于文学性，仅旨在把故事讲明白、说清楚，不使用过多修辞。加之国外游客人数多，英语水平亦参差不齐，文本便只侧重将人物、地点、时间等信息简明、准确地传达给游客。文内使用的单词和句法结构也都会尽量简化以便游客在短时间内就能大致了解故事内容，产生相应记忆。

旅游外宣文本本质为说明性文本，目的与功能一致，即传递信息。景区环境的特殊性使得外宣文本的中英语篇均无法顾及故事细节及背后的人文内涵和精神力量。但笔者认为，许多景区本就是当年真实的革命环境，游客们置身其中，或多或少都能感受到脚下土地所承载的历史气息。景区本身已能为游客们提供真切可触的想象环境，再将相关故事信息尽可能完整、准确地传达给游客，便是不辱使命了。

3.2 旅游外宣翻译文本用词简练但意象缺失

语意代码是一种语言文化，能让我们产生文化共鸣，拥有文化默契。但因为语言体系的迥异，同一词语的语意代码不尽相同。例如，“梅兰竹菊”会让我们联想到高风亮节，但在英语中，它们并不会引发此类联想。因此，当我们把有着鲜明意象的词汇翻译成英文时，有时难以找到与之具有同等意象效果的英文表达，故而大多时候只能实现原文与译文在语义层面的一致，却无法实现二者在情感烘托和画面营造上的一致。

井冈山革命博物馆将“在紧要关头之际……”译为一个简单的时间状语从句“when...”，使得国外游客无法感知这一情节中所附带的紧张气氛；“审时度势”被译作“studying the situation”，仅表达“研究形势”这一动作，却未传达人物当时缜密严谨的心理状态；“艰难奋战而不溃散”被译作“carrying on arduous fightings without giving up”，未能表达出“溃”所附带的仓促、慌乱及颓靡情绪；“锻造培育”被译作“foster”，丢失了“锻造”所追加的艰辛与曲折程度。又如上海某地将“风云际会，相约建党”译作“Making an appointment to establish the Party at the great time.”，未能展现出“风云”一词所蕴含的时代混沌与动荡之义。由上例可知，国外游客在观览旅游外宣译文时，无法像中文读者一样根据故事叙述产生画面感，他们只能按照接收一则新闻的方式接收眼前的英文故事，对于他们而言，更多是在了解“信息”而非欣赏故事。

4. 红色旅游外宣语篇英译难点

传播中国文化，要讲好中国故事，弘扬中国精神，而红色旅游外宣翻译则是这一进程中至关重要的一环。但就目前情况而言，红色旅游外宣翻译效果并不理想，主要存在两大障碍。

4.1 一词多义增加旅游外宣翻译难度

丰富的中文词汇让我们拥有多种表达方式,但大多时候汉语重在"意会",让我们在源语的基本内涵上拓展自己的理解。英语词库也非常庞大,词汇的分类严密精细。中文词汇多为合成名词,而英语词汇多为专有名词。例如,母鸡是"hen"、公鸡是"cock"、小鸡是"chicken"。在中文里,因为这三者是同一种动物,因此大多时候我们都只将其统称为"鸡"。我们习惯仅用形容词来区别同类事物中的不同群体,但并不会赋予这些群体各自的专属名词。而在英语里,虽然三者是同种动物,却拥有各自的专属"称谓"。由此可知,中文更看重沟通结果,而英语更注重语言的精准性。这一差异给红色旅游外宣翻译增添了难度。例如,在中文读者看来,"群英荟萃"中的"英"既包含了抱负远大的爱国者,又包含了学成归来的知识分子;既包含了革命时代的思想先驱,又包含了战功显赫的优秀将领。但上海某地将"群英"译作"elites",这一单词仅指受过良好教育的人才而无其他含义,这就导致原文与译文之间出现一定偏差,国外游客在认知和理解故事时亦受到一定限制。

4.2 中西思维方式差异引发理解障碍

中式思维注重感受,西方思维强调理性。思维方式在很大程度上决定了语言的表达方式,因此中西思维差异导致中文和英语在基本结构、用词造句等方面都有较大出入。在日常交流中,我们常认为只要将意思传达给对方即可,只在意沟通目的,较少关注语言表达和语言形式;在英语国家,人们对语言质量有较高的要求,看重合理的词形、清晰的逻辑和有序的结构。总体而言,汉语倾向依赖上下文的语境来表示语用意义,英语倾向用句式结构来凸显或弱化语用意义(袁晓宁,2013)。安徽某纪念馆将"将军摇篮"译作"General' s Cradle"。对于国外游客而言,当他们看到使用单数形式的"general"时,并不能体会到将军数量之多,并且根据西式思维,"cradle"常与"culture""civilization"搭配,有文化或文明发源地之义,但与"general"搭配时,国外游客并不能产生这一联想,这就会使得他们在理解时遇到困难。因此,在红色旅游外宣翻译过程中,译者应该转换思维方式,站在国外游客的理解维度上,尊重他们的语言表达习惯,将关注点从表达目的转移至表达本身上,避免国外游客在观看译文时出现一头雾水、摸不着头脑的窘况。

5. 目的论视域下红色旅游外宣语篇英译策略思考

在翻译活动中，目的决定翻译手段。译者应明确翻译的根本目的，站在国外受众的立场上，结合他们的多元背景、交际需求及对译文的期待，通过"译＋释"并举的翻译策略为他们提供相关的背景知识（卢小军，2012），解释中国红色革命文化中的独有现象，为他们扫除阅读障碍，提高信息的准确度，促进他们的深层理解，更高效地宣传中国特色红色文化。然而目前红色旅游外宣翻译依旧存在较多问题，笔者认为可以选择如下策略以提升翻译质量。

5.1 注重一致性和简洁性

在翻译旅游外宣文本时，译者既要考虑到国外游客的沟通意识，又要尽可能全面地传递语篇中的文化、思想，尽量扫除由于文化差异导致的文化障碍和文化误解。这就要求译者不仅要充分了解红色革命文化，还要十分熟悉英语国家的社会文化等知识，采用信达雅的翻译方式，通过思维转换令中西文化有效沟通。

在贵州某革命旧址群解说词中，"在六霍起义中诞生了16位开国将军"被译作"from which 16 country-founding generals were born"，"诞生"被僵硬地译成"were born"。根据原文语境，这里的"诞生"应是"出现"之义，译成"emerge"或"rise"更为恰当，而"were born"一词的机械翻译使得原文与译文之间出现割裂，两者的一致性遭到了极大破坏。

另外，中文追求辞藻丰富，善用修辞；英语追求信息准确，用词简明。译者在翻译时，不需呈现对国外游客而言并无价值的文本信息。例如，一些景区为了使文本更具感召力，会在语篇里增添有加强语气的形容词，如"红色热土"，却又将该词译作"the red vast land"，这样会使得外国游客倍感困惑，译文的宣传效果大打折扣，此处淡化为"the land"即可。译者要根据实际情况，采用音译、意译和直译等相结合的策略或减译法，给予受众舒适的阅读体验。

5.2 遵从国外受众的语言习惯

外宣翻译需要译者深层认识受众，了解如何针对特定受众调整话语以达到翻译目的，不能仅停留在解决表层语言文化问题上（陈小慰，2013）。译者在翻译时应将受众的思维习惯放在首位，否则译文就可能给受众带来阅读及理解上的障碍。汉英语言习惯相差较大，在汉语中，句子各成分的结合大多依靠语义的贯通，较少使用连接词，常用无主语句式以示严肃；在英语中，句子各成分之间大多依靠适当的连接词串联起来，并且被动式的使用频率明显比汉语更高（方梦之，2005）。译者在解码源语后，应根据译入语的使用规则重新进行编码组合，以便符合受众的语言习惯（Munday，2006）。

由以上可知，译者应从受众的语言习惯出发，考虑多重文化维度及游客的多元背景，尽可能做到既保留革命文化的人文底蕴，又能充分满足国际游客的译文期待，实现高效的跨文化输出。

6. 结论

红色革命文化既是中国的文化宝藏，也是世界的精神财富，其精神内涵并不囿于一个特定的时代，而是在不断创新发展，激励着中国人砥砺前行。文章以翻译目的论为理论基础，分析红色旅游外宣翻译的现状及难点，提出在翻译目的论视域下红色旅游外宣翻译的改进策略，指出译者应在正确理解红色精神内涵的基础上尊重英文表达习惯，使国外游客正确客观地认识中国红色旅游文化，从而实现跨文化交际功能，提升中国旅游形象和文化软实力。

参考文献

[1] 陈小慰．对外宣传翻译中的文化自觉与受众意识 [J]. 中国翻译，2013（2）：97.

[2] 方梦之．英汉翻译基础教程 [M]. 北京：中国对外翻译出版社，2005：26.

[3] 卢小军．外宣翻译“译＋释”策略探析 [J]. 上海翻译，2012（2）：40.

[4] 袁晓宁．论外宣英译策略的二元共存 [J]. 中国翻译，2013（1）：94.

[5] 仲伟合，钟钰．德国的功能派翻译理论 [J]. 中国翻译，1999（3）：48–50.

[6] Manttari, J.H. *Translatorische Handeln：Theorie und Methode* [M]. Helsinki：Suomalainen Tiedeakatemia, 1984.

[7] Munday, J. *Introducing Translation Studies* [M]. London & New

York: Routledge,2006.

[8] Nord, C. *Translation as a Purposeful Activity: Functional Approaches Explained* [M]. Shanghai: Shanghai Foreign Language Education Press,2001.

[9] Reiss,K. *Translation Criticism: The Potentials & Limitations* [M]. 上海:上海外语教育出版社,2004.

[10] Reiss, K.& Vermeer, H.J. *Towards a General Theory of Translational Action: Skopos Theory Explained* [M].London: Routledge, 2014.

作者简介

宋菁,广东外语外贸大学翻译学博士,广西大学外国语学院副教授,研究领域:翻译学。

张奕,广西大学外国语学院英语专业本科生,广西大学保送湖南大学外国语学院2021级硕士研究生。

从目的论看旅游资料的文化性翻译失误

陈月圆

摘要：目的论突破了对等理论，弥合了实际情况和理论之间的鸿沟。本文选用广西旅游网站中的景点介绍文本，从旅游文本的功能和目的进一步了解旅游文本，研究其中出现的专有名词、俗语和诗歌三个方面的文化性翻译失误，讨论出现的文化性翻译错误，旨在提高译者处理旅游文本文化信息的能力。

关键词：目的论，旅游资料，文化翻译失误

1. 引言

中国地域辽阔，各地气候和地理各异，自然奇观众多，这些奇观自古以来就令人喜爱。许多著名人物在这些地方都有一些相关的故事，这些故事往往流传几个世纪。因此，许多景点历史悠久。来自国外的参观者，不仅能亲眼目睹它们的奇妙之美，而且还能了解中国历史。景点背后独特的文化信息可以使游客的游览体验更好。由于景点介绍及其翻译都是为了吸引游客，因此文化信息的翻译是值得考虑的。

随着“走出去”战略和全球化的推进，以及旅游市场全球化发展，中国正在朝着旅游大国的方向前进。在实现这一目标的过程中，介绍中国文化和风景名胜区至关重要，其中包括翻译指南、风景名胜广告、风景名胜标语等。优美而吸引人的文字可能会让游客期望自己看到这些美丽的地方，但错误的翻译可能会导致误解甚至让游客不喜欢这些景点。因此，译者应在文本中尽可能多地翻译中国文化元素。但是如何翻译这类信息仍需要进一步讨论。

2. 目的论的理论概述

目的论是翻译研究功能学派中最重要的理论。汉斯·弗米尔（Hans Vermeer）认为，翻译是一种人类行为，因此具有意图，而每一个行为都是

有目的的(Nord,1997)。弗米尔将源语文本视为"信息提供"(同上)。在目的论中,源语文本不再被认为是优先的,而是目标读者为第一。在翻译过程中,翻译人员应根据客户的要求和翻译的目的,有选择地翻译源语文本(张锦兰,2004),这意味着翻译人员可以决定是否翻译,甚至在遵守文本目的的情况下修改源语文本。这与对等理论完全不同。"Skopos 理论由弗米尔实施,以弥合以前广泛存在和普遍使用的对等理论中存在的实践与理论之间的鸿沟"。判断翻译的依据不再是与原文的对等性,包括功能对等,而是翻译目的翻译的"充分性"(陆国飞,2006)。借助这一新标准,即使已对译文的源语文本进行了很多修改,但只要达到翻译目的,它仍然可以是不错的翻译。

3. 旅游文本翻译的功能和目的

根据目的论,决定任何翻译过程的主要原则是翻译行动的目的(Nord,1997)。知道翻译的目的可以指导译者恰当地翻译。因此,在翻译活动之前,译者应该弄清楚翻译的目的。关于如何明确特定翻译的目的,"翻译摘要"可以提供帮助。它应该提供尽可能多的有关目的的详细信息,包括目标文本的预期功能、目标读者,甚至有关预期交流的时间、地点和媒介等细节。就旅游文本而言,尽管本文缺乏客户提供的详细翻译摘要来解释翻译目的,基于旅游文本的共同特征,本文获得了有关旅游文本的以下信息,可帮助解释旅游文本的翻译目的。

预期的文本功能:信息功能(有关景点的信息),呼唤功能(图像宣传)。

目标读者:他们中的大多数是来自西方国家的人,计划参观此风景名胜或对此风景名胜感兴趣。

媒介:广西风景名胜区在线网站。

从这些信息可以看出,旅游文本翻译的目的是提供目标读者感兴趣的信息,并介绍风景名胜区以进行形象推广。信息的目标语言应为英语。这些文本应主要关注其信息功能,因为目标读者想要获得一些关于景点的基本知识,包括风景名胜区的位置、历史和周围环境等。在呼唤功能方面,翻译还应打动目标读者,甚至激发他们自己去现场。这可以通过强调景点的独特性吸引人们来实现。例如,译者可以介绍与景点有关的文化元素,因为不同的地方具有不同的文化元素。本文研究的旅游文本来自在线网站,这意味着景点的介绍不应使人们阅读时间太长,因为他们在线上阅读长文字更容易失去耐心。

根据功能主义，文本具有三种功能，即信息性、呼唤性和表达性。旅游文字的介绍应着重于其信息功能，因为它应将风景名胜区告知读者。但是，呼唤功能也很重要，因为旅游文字应具有足够的吸引力，以说服读者计划行程，这意味着旅游文字应在保持品牌形象的同时具有吸引力。

4. 文化性翻译失误

"对于功能主义，必须根据翻译过程或产品的目的来定义翻译失误的概念"（Nord，1997）。这意味着当原文本在单词上有错误，而翻译的目的是完全保留原文本并按字面意义进行翻译时，翻译人员应翻译错误而不进行更正，否则会导致翻译失误。但是，当原文本是需要准确翻译的科学或技术论文时，翻译人员应纠正在这种情况下发现的错误。"如果将翻译失误定义为未能执行翻译摘要中所隐含的说明，并且无法充分解决翻译问题，则翻译失误可分为四类：实用性翻译失误、文化性翻译失误、语言翻译失误和特定文本的翻译失误"。其中，诺德说："文化性翻译失误是由于在复制或改写特定文化习俗方面没有做出适当的翻译决定而造成的"。

本文主要研究旅游文本在专有名词、俗语和古诗翻译上的文化性翻译失误。

4.1 专有名称翻译失误

例1：

原文：靖江王府共有11代14位靖江王在此居住过，历时280年之久，系明代藩王中历史最长及目前全中国保存最完整的明代藩王府。

当前译文：There were 14 Jingjiang Prince of 11 generations lived here for over 280 years. It is the best preserved imperial palace of Ming dynasty in China.

在这句话中，译员将"藩王府"翻译成 imperial palace。但事实是，即使有人不是皇帝的亲戚，当他在战场上做出了巨大贡献并赢得战争胜利时，他也将被授予"藩王"的头衔和居住的王府。"藩王"并不总是翻译成 prince。译者可以将其翻译为 seignior，这是指封建领主的意思，他们通过封建分配获得其土地。

4.2 俗语翻译失误

例 2：

原文：被誉为“漓江明珠”“漓江零距离景区”和“桂林山水甲天下，山水兼奇唯冠岩”。

当前译文：Being zero distant to Lijiang River, it is famed as the Pearl on Lijiang River and there is even a poem attributed to it, which goes “ While Guilin scenery tops the world, the Crown Cave area tops Guilin with its unparalleled beauty in both its hills and waters”.

在此翻译中，译者翻译了原文本中存在的俗语，目的是赞美皇冠洞风景区的美丽。但是，这种翻译是否适当以及如何改进仍然值得商讨。由于俗语应该使读者朗朗上口并记住，因此需要考虑用对仗和押韵来加以改进。在此翻译中，前半部分的单词数几乎是后半部分的数量的三分之一，不符合押韵的要求。因此，可以翻译如下：east or west, Guilin landscape is best; mountain and river, the Crown Cave Scenic Area is wonderful.

4.3 诗歌翻译失误

例 3：

原文：涨潮时，只看到她部分婀娜的树冠，饶有“犹抱琵琶半遮面”的情趣；退潮时，她那带有海泥芬芳的树干含羞姗姗地露出海面，好一幅“千呼万唤始出来”的画面！

当前译文：High tide, only to see the part of her graceful crown and interesting “arms of Pipa half cover the taste”; at low tide, her with mud fragrant mimosa tree trunk Shanshan to exposed on the surface of the sea, a picture of a “long-awaited” the picture! We call it “the sea forcst”.

在此翻译中，翻译人员没有翻译诗歌的深层含义。这句话用来形容北海金海湾红树林生态旅游区的红树林。在某些古代诗歌中，诗人会使用意向来传达自己的感受，这是很常见的。在近代，甚至中国学生也需要学习这些意象及其相关含义之间的联系，以便理解诗歌的深层含义，外国人对这些意向难以联想其在中国文化中所代表的感情和含义。因此，根据旅游文本的特点和目标读者的接受能力，译者应该翻译这些诗歌的深层含义。这句话可以翻译为：At high tide, only part of her graceful canopy can be seen as half of it has been covered by the sea; at low tide, her trunk finally shyly appeared out of the sea with the fragrance of sea mud. “犹抱琵琶半遮面”的意思是红树林已被海覆盖，因此这个翻译版本用意译的翻译方法翻译了其背后的含义。“千呼万唤始出来”的翻译仅是“finally”一词，可以起到与诗歌相同的作用，表达人们经过漫长的等待后见到红树林的喜悦。

5. 结论

目的论开始将目标读者放在首位，并考虑他们的要求，而不仅仅是在意文本的对等。从本文研究的旅游文本介绍的翻译简介中可以看出，翻译文化信息也很重要，因为目标读者在互联网上搜索有关旅游景点的一些信息时，他们也愿意了解另一个国家的异国文化。适当地介绍文化信息可以激发他们的兴趣，亲自去风景名胜区，从而实现旅游文本的呼唤功能。

景点介绍的翻译涉及各个方面的知识，其中仍然存在很多翻译失误，人们在看到这些失误时会感到不满。文化性翻译失误是其中一种翻译失误，需要人们有意识地避免。当人们处理诸如专有名词、俗语和诗歌等文化信息时，容易在旅游文本中出现一些文化性翻译失误。因此，译者在处理这些文化元素时应格外小心。

参考文献

[1] 卞建华，崔永禄．功能主义目的论在中国的引进、应用与研究（1987—2005）[J]. 解放军外国语学院学报，2006（05）: 82-88.

[2] 陆国飞．旅游景点汉语介绍英译的功能观 [J]. 外语教学，2006（05）: 78-81.

[3] 刘慧梅，杨寿康．从文化角度看旅游资料的英译 [J]. 中国翻译，1996（05）: 12-16.

[4] 王宁．全球化时代的文化研究和翻译研究 [J]. 中国翻译，2000（01）: 10-14.

[5] 张锦兰．目的论与翻译方法 [J]. 中国科技翻译，2004（01）: 35-37，13.

[6] Du Xiaoyan.A Brief Introduction of Skopos Theory[J].*Theory and Practice in Language Studies*，2012，2（10）: 2189-2193.

[7] Nord, C. *Translation as a Purposeful Activity—Functionalist*

Approaches Explained[M] . Manchester: St.Jerome Publishing, 1997.

[8] Tylor, B. E. *Primitive Culture. Vol.1*[M].London: John Murray, 1871.

作者简介

陈月圆，广西大学外国语学院翻译硕士，英语口译研究生。

符际翻译与语际翻译的关联性研究

——以《红高粱家族》的海外传播为例

李浩然

摘要：以雅各布逊对翻译的三分类为视角，对《红高粱家族》不同形式的海外传播进行分析。研究发现：影视化的符际翻译奠定了该小说语际翻译的实践和读者基础，而成功的语际翻译通过激发符际翻译的潜能，丰富该文学作品海外传播的途径和形式。语际翻译与符际翻译之间的关联性说明中国文学应通过多种形式和渠道走向世界，突出各类文艺工作者在促进文学作品海外传播过程中的作用。与此同时，该研究可以进一步拓展翻译研究疆域，深化翻译研究意义。

关键词：符际翻译，语际翻译，《红高粱家族》海外传播

语言被认作是人类重要的交际工具之一。翻译学者们长期以来一直受到“语言中心主义”的主导（王宁、刘辉，2008），将关注点聚焦在不同语言间存在意义转化的“语际翻译”，即使是文化转向后的翻译研究也仅增加对“语言转换”背后文化影响因素的考量。而在当今全球化和信息化飞速发展的时代，信息的交流和传递早已不再局限于文字语言，人们也越来越倾向于通过图像和视频等方式来获取、传递信息。雅各布逊在翻译分类中所提的符际翻译研究指出用非文字符号来阐释文字符号，将原文本衍生出来的各种媒介形态都纳入翻译研究范畴，无疑顺应了时代的发展趋势。以莫言的长篇小说《红高粱家族》为例，该作品的对外传播经历了张艺谋导演的影视化创作，以葛浩文为代表的译介和不同艺术形式的演绎，是其被符际翻译、语际翻译的重要体现。本文拟通过个案分析《红高粱家族》的海外传播路径，为其他优秀文学作品走出国门寻找范式。

1. 理论介绍

罗曼·雅各布逊对翻译的分类见于其20世纪60年代发表的题为《论翻译的语言学问题》一文,该文章自发表之日起一度被视为翻译研究的经典著作。雅各布逊在文章中提出语言是一种符号系统,每一种语言都有着相同的解释能力。语言的符号学意义在于语言符号可以进一步翻译成其他可代替的符号。基于上述认识,他将翻译分为语内翻译、语际翻译和符际翻译三类。其中,语内翻译指用同一种语言的一些语言符号去解释另一些语言符号;语际翻译指用一种语言的语言符号解释另一种语言的语言符号;符际翻译指用语言符号解释非语言符号(Jakobson,2000)。符际翻译主要形式是从语言符号到非语言符号的转换,如诗歌到音乐、小说到电影、文字到图画的转换。

雅各布逊将语际翻译界定为"真正的翻译",翻译研究长久受困于语言围城。而随着信息技术和多媒体发展带来的文化交流和知识传递方式的多元化,语际翻译在跨文化交流研究中的局限性日益凸显,不少翻译学者回归到罗曼·雅格布森对翻译的符号学认识,将同样能够传递信息的非语言符号列入研究范畴,符际翻译受到应有重视。在文学作品的交流和传播过程中,符际翻译也确实发挥了重要作用。最经典的例子便是对莎士比亚戏剧《哈姆雷特》的改编和演绎:该作品先是被搬上话剧、音乐剧舞台,之后又被改编不同的影视形式,如迪士尼电影《狮子王》——动物版的《哈姆雷特》,《夜宴》——中国宫廷版《哈姆雷特》。自创作至今的400多年间,该戏剧在不同的时代和地区被多种符号解释,并通过对符号的解释生成一系列解释项,同时继续对解释项进行解释,使该作品不断产生新的意义,也让世人不断累积、更新对对象的知识(罗金,2019)。由此,戏剧《哈姆雷特》显示出强大的生命力。

翻译的作用在一个民族的文化转型时期显得尤其重要,其功能没有其他学科可以替代,它与一个国家的现代性、一个民族的振兴息息相关(罗选民,2012)。新时代的中国正在昂首走向世界舞台的中央,承载中华文化的文学作品也要顺应时代潮流走出国门,将国内优秀的文学作品"翻译"为各种形式引向世界,让世界更好地了解中国文化成了新时代文艺工作者的历史使命。张艺谋导演是实现中国文学影视符号化转换的重要代表人物,他先后将莫言、刘恒、苏童、陈源斌和余华等作家的优秀文学作品以影视化的形式呈现给观众,在海内外取得重大成就,对文学作品的传播产生重大影响。以莫言的小说《红高粱家族》为例,小说作品先是被张艺谋导演改编为电影《红高粱》,在海外大获成功。之后不同译本 *Red Sorghum* 也相继被出版。2012 年莫言获诺贝尔文学奖,《红高粱家族》不仅在国内以不同的地方剧种形式登上舞台,还被青岛市歌剧院改编成舞剧在海外巡演。小说《红高粱家族》经历影视化、英译、舞剧等多种形式的符号转换,实现了该文学作品在海外多模态传播。

2.《红高粱家族》的翻译研究

2012 年的诺贝尔文学奖使莫言文学在社会各界备受关注。翻译领域也掀起一股莫言文学作品外译研究的高潮,以莫言第一部外译长篇小说《红高粱家族》为例,2012 年以前只有个别文章对译本中的文化"误译"、在美国的接受进行了研究。在这之后,研究视域拓展到翻译学、语言学、经济社会等不同领域,研究内容和方法也呈现多样化特点。上述研究主要集中在葛浩文英译本的文字层面,却未跳脱"语际翻译"范畴。从作品本身来看,《红高粱家族》成功的海外传播在很大程度上要归功于葛浩文对其作品的译介,莫言也曾说"如果没有他杰出的工作,我的小说也可能由别人翻成英文在美国出版,但绝对没有今天这样完美的译本",并坦言,"从翻译的内容来看,他的译本为我的原著增添了光彩"(莫言,2000)。

然而,翻译不仅仅是语言的,也是符号的,更准确地说是两者的结合(罗选民,2019)。这里的"符号"就包含符际翻译所提到的语言与非语言符号。因此,《红高粱家族》的对外传播研究也应该涉及不同形式的"翻译"。正如美国学者伯尔曼所言,"现有(翻译)研究不断深入,甚至呈现繁荣景象,跨学科研究的形式变得纷呈多样,包括语言与语言、不同文化的文学文本之间、诗歌与舞蹈、电影与小说、摄影与随笔以及学科语言与思维方式等,甚至涌现了与其他学科语言和思维模式的关联"(Bermann,2009)。《红高粱家族》的海外传播经历了从小说到电影、电影到译本、再到舞剧等多种形式的"翻译",不同符号之间的转化存在何种关联?对此,本文以雅各布逊对翻译的分类为视角,通过研究小说《红高粱家族》海外传播形式和路径,探索语际翻译与符际翻译之间的关系和相互作用。

3. 符际翻译与语际翻译的关联性分析

《红高粱家族》是莫言于 1986 年发表在《人民文学》杂志上的一部长篇小说。1987 年,张艺谋导演将其改编为电影《红高粱》在国内外上映,该片在1988年获得第38届柏林国际电影节金熊奖，成为首部获此殊荣的亚洲电影，文学作品第一次是以影视化的形式呈现在了西方观众面前。随后，小说的译本也开始出现在国际社会：最初的译本是由汉学家葛浩文完成，美国维京出版社在1993年出版。在这之后，英国的海涅曼出版社、密涅瓦出版社和阿罗出版社分别于1993年、1994年和2003相继再版。2014年舞剧版《红高粱》经青岛歌舞剧院编排登上世界舞台。从《红高粱家族》的海外传播过程来看，改编电影在先，翻译文本在后，舞剧更不必说，它们虽属三种不同的符号，却存在一定的关联性。

3.1 开疆拓土：符际翻译

20世纪传播学等新兴学科的研究认为通过各种新媒介创作的作品不仅有助于信息的传播，也影响着信息所要传达的内容，进一步影响着人们的思考角度、认知深度以及生活的各个领域（吴辉、于汐，2015）。电影作为一种综合型艺术形式为古老的文学作品带来了新的传播力。有学者通过对莫言作品海外传播的历时研究发现，1988电影版《红高粱》的成功大大地提高了海外读者对其文学作品的接受度，并总结道“成功的海外传播除去好的文本内容外，传播媒介的选择和综合运用、译者的选择、作品的全面性呈现也是相当关键，是左右一个作者作品海外传播成功的关键因素”（陈心哲，2013）。在这里可以看到，小说本身的文学价值、译本的质量影响作品的传播和读者接受度，然而，电影《红高粱》对小说成功的海外传播起到了开疆拓土的作用。电影相较于传统的纸质媒介能涉及更广阔的传播范围，甚至能超越语言的隔阂，仅仅依靠画面、背景音乐等就能传递意义，比枯燥的文本更能刺激阅读原著的兴趣。从译本的传播起源上看，正是作品成功的影视化在一定程度上催生了英译本的语际翻译实践。在传播过程中，《红高粱家族》凭借大众化电影媒介在国际上的成功使其译本更自然顺利地进入普通读者的视野，拓展文本读者受众基础，改变了读者群体的局限性。连莫言自己都认为“因为电影的关系，这本书知名度最高”。

3.2 承前启后：语际翻译

小说《红高粱家族》在语际翻译方面取得重大成功——2012年小说原作者莫言获得诺贝尔文学奖，中国文学在世界范围内受到的肯定极大地激发了文艺工作者的创作热情，“红高粱”又一次在文艺圈掀起热潮。在国内，除了2014年由郑晓龙导演，周迅、朱亚文、黄轩主演的电视剧版

《红高粱》霸占各大卫视黄金时段，各地还以“红高粱”为蓝本，创造各式各样具有地方特色的戏剧版《红高粱》，如豫剧、晋剧、评剧等版本。在某种程度上，这既是对小说的语内翻译，也是一种符际翻译。而凭借区域优势，青岛市歌舞剧院将《红高粱家族》符号化为舞蹈搬上舞台。舞剧《红高粱》用颠轿、野合、祭酒、丰收、屠杀、出殡六大章节完整地讲述了一段关于“生命力”的故事，突出生活在高粱地里的人们追求爱情和自由生活的主题。舞蹈的动作语言是表现形象的主要手段，舞剧版《红高粱》包含有古典舞的豪放、民间舞的细腻、芭蕾舞的精致，更有现代舞丰富的表达语汇，美妙的肢体语言更独到、更深刻、更强烈地诠释了原著小说中人物的命运和内心世界，比起电影，舞剧版《红高粱》也更具现场感染力。2014 年青岛市歌舞剧团带着他们的作品走出国门，先后在澳大利亚的阿德莱德，美国的加利福尼亚、拉斯维加斯等地开展巡回演出，好评如潮。文学作品再次以新的艺术符号在海外传播，延伸了该文学作品的生命力。

3.3 符际翻译的再思考

通过对《红高粱家族》不同艺术形式的海外传播研究，发现雅各布逊在翻译界定上存在的问题：如前所述，雅各布逊将符际翻译定义为“用语言符号解释非语言符号”，忽略了以一种非语言符号系统阐释另一种非语言符号系统的情况，比如将视频文件压缩为音频文件，将静态图像剪辑配乐成动态影像，在这种情况下符际翻译可脱离必须由语言符号参与的局限，进而将符际翻译扩展为以一种符号系统中的符号阐释另一种符号系统中的符号，解决当下语境中涉及或不涉及语言符号系统的翻译理论与实践问题。《红高粱》从影视化形式到舞剧形式正是一种脱离语言符号的符际翻译。从互文性的角度讲，无论是电影改编还是舞剧编排在人物和故事情节的设计上都是源于小说本身，但从艺术手法和表现效果上讲，电影《红高粱》在国际上获得认可的艺术价值不可避免地影响舞剧创作，最典型的例子就是两类符号作品中对“红色”的运用：为凸显主题，电影中除了出现比人高的红高粱，还有“我奶奶”的红盖头、红轿子、红鞋子，窗上的红窗花、碗里血红的高粱酒、红彤彤的炉火以及最后日食时彻底变成红色的世界。舞剧创作中也包含大量“红元素”如红高粱、红喜服、红妆容和红绸子装饰过的骡子和红色灯光等，从演员形象、道具到舞台背景，红色成为舞剧用来突出作品主题的重要工具。

4. 结语

通过对小说《红高粱家族》海外传播路径及其关联性的研究发现：符际翻译拓宽了翻译研究领域，将其纳入文学作品的海外传播研究当中符合信息化和多媒体时代潮流。语际翻译和符际翻译关联性分析表明文学作品影视化传播为文学作品的外译开疆拓土：一方面，符际翻译的影视化促成语际翻译实践；另一方面，影视化因其特有的视听功能大大拓展了语际翻译后的受众基础。因此，文学作品的海外传播可以考虑让影视、舞蹈等不同的艺术形式走在前列。而成功的语际翻译能进一步激发文艺工作者的创作潜能，促进文学作品更全面的艺术表现，丰富中国文学海外传播形式。此外，符际翻译还可以在不涉及语言符号参与的情况下实现，使文学作品在新的社会环境中得以阐释、再现、演绎、发展和延续，实现不同"符号"之间的良性互动。这就启示我们，如果各种艺术形式的改编皆可看成文学作品的"翻译"和"再生"，那么中国文学的海外传播任务就不仅属于优秀的译者，还需要包括艺术家、导演、演员等跨界参与者。文艺界的共同努力才能让中国文学以绚丽的姿态走向世界，让中国文学成为世界的文学。

参考文献

[1] 陈心哲．莫言作品英译本海外传播的阶段分析——以莫言获诺贝尔文学奖为界(1988—2012 年)[J]. 学理论，2013 (35)：200-203.

[2] 罗金．符号学与翻译研究：雅各布逊符号翻译观再探 [J]. 符号与传媒，2019 (2)：186-199.

[3] 罗选民．关于翻译与中国现代性的思考 [J]. 中国外语，2012 (2)：5-6.

[4] 罗选民．大翻译与文化记忆：国家形象的建构与传播 [J]. 中国外语，2019 (5)：95-102.

[5] 莫言．我在美国出版的三本书 [J]. 小说界，2000 (5)：170-173.

[6] 王宁，刘辉．从语符翻译到跨文化图像翻译：傅雷翻译的启示[J]. 中国翻译，2008 (4)：28-33.

[7] 吴辉，于汐．媒介变革语境下文学"破界"现象研究——以《罗密欧与朱丽叶》为例 [J]. 现代传播(中国传媒大学学报)，2015 (8)：66-72.

[8]Bermann, S. Working in the and zone: Comparative literature and translation[J]. *Comparative Literature* ,2009,61(4):432–446.

[9]Jakobson R. *On linguisitic aspects of translation*[M]// Schulte R, Biguenet J.Theories of Translation: An Anthology of Essays from Dryden to Derrida. Chicago: University of Chicago Press,1992: 144–151.

作者简介

李浩然,广西大学外国语学院硕士研究生,研究方向:翻译理论。

中外外宣文本翻译策略分析

李梓莹

摘要：改革开放40多年来，中国经济快速发展，综合国力显著增强，国际地位不断提高，已跃升为世界第二大经济体。同样，以美国为首的西方国家的发展势头依然强劲，其国际地位不容动摇。由于国际社会的一系列变化，外宣承担着更为重要的使命。如何在不断变化的发展趋势中传达最准确的观点，已成为外宣文本翻译的主要目标。在外宣翻译日益重要的今天，通过分析外宣材料，研究和探讨外宣翻译的特点、原则和策略，以提高翻译质量，已成为一个重要的指导性研究课题。本文旨在分析对外宣传材料的翻译策略，从宣传材料的真实性、时效性出发，探讨宣传材料翻译的差异、宣传材料翻译的原则、翻译策略的使用，以此提高翻译质量，更好地传播中国声音。

关键词：外宣翻译，翻译原则，外宣翻译策略

1. 引言

21世纪以来，世界格局发生深刻变化。随着全球化的深入推进，各国在经济、文化、教育等各个领域的交流与合作日益增多，这使得一个国家的国际形象变得尤为重要。自“一带一路倡议”的深入实施以来，就外宣翻译策略研究这一话题，本文将从外宣资料本身的特点出发，提出中外外宣材料的相同点与不同点，根据其不同特点，探讨得出翻译策略原则。

就译者来说，外宣翻译不应简单视为词和句的转换，而是背后思想的交流与碰撞，旨在展示中国立场，传递中国声音。因此，在外宣翻译中，我们应根据东西方思维的差异性以及国家制度的立场和定位不同，尊重目标受众的语言接受习惯和表达习惯，灵活使用一定的翻译策略，使信息更好地传达。译者应在保证信息准确性的基础上，研究目标受众的需求，从而对翻译内容进行处理，使用增译、省译、重组等不同的翻译策略，重视

代词的选择、意合和形合的使用及文本结构的变化，更好地提高外宣翻译质量。

2. 文献综述

尤金·奈达(Nida，1964)认为，功能对等翻译实际上是在交际理论指导下的翻译。具体而言，是指用接近原文的形式，认为语义最为重要，而形式第二。彼得·纽马克(Newmark，2001)在他的“文本类型理论”中使用了布勒的理论，并参考了雅各布森的语言功能理论。雅各布森(Jakobson，1976)提出语言具有表达功能、信息功能、呼唤功能、审美功能、交际功能和元语言功能。根据这一功能将文本分为三类：表达性文本、信息性文本和呼唤性文本。汉斯·弗米尔(Vermeer，1989)在他的翻译目的论中强调翻译的交际性和目的性，重视翻译过程的行为、参与者的角色和翻译过程发生的环境。

除以上国外主流观点外，国内学界研究也比较丰富。比如刘子豪(2019)认为外宣翻译强调差异对促进宣传材料翻译的比较分析方面是有价值的，以及黄友义提出的外宣三贴近原则。但仍有问题：翻译实践过程中，尽管外宣翻译在政治、新闻、经济等领域有一定推进，但外宣翻译理论架构并不清晰。尽管我国越来越重视翻译工作，发出中国声音，但与文学翻译研究相比，外宣翻译研究的历史较短，体系也不完善。

3. 外宣翻译简介

翻译活动是以语言为载体、不同国家进行跨文化交流的途径。外宣翻译主要指我国的对外宣传翻译工作，向外国读者准确地传递信息，向外界构建、展示良好的国家形象，提升文化软实力(骆萍，2019)。

4. 中外外宣资料的特点

外宣材料本身具有真实性、及时性的特点。但中外外宣材料也略有不同，主要体现在目标受众思维的差异、语用功能的差异和背景国家治理体系和定位的差异。

4.1 中外外宣资料的相似性

外宣翻译将“外宣”作为发挥其政治、经济、文化和其他功能的一种形式和手段,以期获得需要的翻译目的。因此,对外宣传材料十分注重其真实性和及时性,力求在国际舞台上展示本国形象。

4.1.1 内容的真实性

外宣翻译的目的决定真实性的地位。外宣资料内容体现国家的政策和立场,极其微小的错误也会对国家形象、声誉甚至国际关系造成影响。其次,外宣资料必须符合真实情况。21 世纪以来,信息化科技使获取信息准确性存疑,要求译者更重视外宣翻译资料的真实性。

4.1.2 报道的及时性

外宣翻译资料需紧跟时代潮流,及时应对突发问题,与背景国家站在同一视角和立场,即外宣翻译资料的及时性。当国家间在某一领域出现分歧,抑或要表达同意观点,外宣资料需要及时回应,以帮助沟通和解决问题。

4.2 中外外宣资料的差异

由于外宣翻译属于跨文化交流的一部分,不同国家间不可避免地有其自己独特的民族文化特征。在翻译过程中,译者应充分重视中外外宣材料的差异性,主要表现在:目标受众的多样性、两种语言的语用差异、中美两国不同的治理体系和全球形势。

4.2.1 目标受众思维差异

中国人受儒家文化等传统文化影响较大,更具整体观,善于从联系、整体的角度观察和思考世界。而西方国家较为不同,注重个人逻辑思维模式。西方国家的人更注重思维连贯性,试图把复杂的东西逐一剖析(莫传霞,2016)。

4.2.2 语用功能差异

外宣翻译中,经常有由于文化差异而导致的翻译缺失现象,无法准确传达原文。因此,译者需要对本国文化和目的语文化有深刻的理解,并具有较强的跨文化交际能力。所以,外宣翻译应注意在某个语境中的意义,以及可能产生的影响和作用。

4.2.3 背景国家治理体系和定位差异

众所周知,中国与作为西方国家代表的美国具有不同的政治制度和治理体系,两国在东西方均有着重要地位。首先,从两国的政治制度谈起,我国正处于中国特色社会主义大步向前迈进的新时代,人民是国家的主人。而以美国为首的西方阵营为资本主义制度,认为政治自由极其重要。除此以外,东西方国家之间的差异来源已久,可从历史轨迹和当今实践路径中探寻一二(霍冬雪,2018)。

5. 外宣翻译的原则

由于具有以上特点,在外宣翻译中,从译者的角度来看,外宣翻译活动中应该遵循以下原则,包括国家和政治意识原则、准确性原则和语用功能等效原则。

5.1 国家和政治意识原则

由于外宣翻译性质特殊,而翻译活动从来不是在真空中进行的,而是在涉及权力和意识形态运作的政治行动中进行的,并且外宣翻译是从国家层面宣传本国主流的意识形态和文化价值观,具有十足的客观性。

5.2 准确性原则

作为一种特殊的传播形式,外宣材料翻译内容大多是由国家发布的阐述重大方针、政策和思想的文本。因此,高度准确地理解和表达词语的含义非常重要,这直接关系到国家的形象,决定国际社会对中国许多事情的态度。

5.3 语用功能等效原则

翻译是指将源语言的信息以最接近、最自然的对等形式从语义到风格在目标语言中再现。对等不仅是字面意义、语言结构和风格的统一,也包括语用对等,要在高度准确传递信息的基础上,对英汉两种语言的结构和表达方式进行相应的改变。

6. 中外外宣资料翻译策略分析

依据上述原则,译者从此角度出发可思考中外外宣翻译中的策略使用问题。接下来将具体介绍四种策略,包括增译、省译、重组以及意合形合的使用。

外宣翻译最主要的任务是高度准确传递特定信息,所以在翻译策略的选择上应以传递信息的目的为主，追求结构地道、表达精准。

6.1 增译

增译法指在原文基础上稍加必要的解释部分，使外宣材料翻译与跨文化交际目的匹配，符合作者的表达内容，“使译文和原文在内容、形式和精神上对等”。比如，西方的杂志或报纸在传递中国新闻时常常会进行增译，例如，对领导人职位、对某些新会议精神以及新的国家倡议的介绍等。

6.2 省译

“所谓省译，就是在翻译的过程中，省略原文中需要而译文中不需要的词语和短语”，主要为体现其朴实通顺、简洁有力的特点。在十九届四中全会报告的英译本中，随处可见省译的使用。

6.3 重组

语序调整和结构重组不可忽略。

汉语中表示事件原因或内容的部分往往放在句前，中心内容放在句尾，英语往往相反。

6.4 意合形合的使用

具体来说，外宣翻译非常重视源文本接受者和目标文本接受者的对等反应，以达到交际目的。因此，在日常工作中一定要注意积累，并在翻译实践中做到形合和意合的结合。

7. 结语

外宣翻译在如今经济全球化进程中尤为重要，以语言为载体，传递国家的理念和担当（宗薇，2016）。因此，本文通过介绍外宣资料的特点，探讨外宣翻译原则和策略，同时还应注意目标读者和思维的差异，灵活应用增译、省译、重组等策略及应注意的问题。总之，外宣翻译应带有敏锐的跨文化意识，以文化平等对话意识处理文化间的关系，为全球文化的交流做出贡献。

参考文献

[1]Nida, Eugene A. *Toward a Science of Translating*[M]. Leiden: E.J.Brill,1964.

[2]Peter Newmark. 翻译教程 [M]. 上海：上海外语教育出版社,2001.

[3]Jakobson.*On Linguistic Aspects of Translation*[M].Roman Translation Studies Reader,1976.

[4]Vermeer, Hans J. Skopos and Commission in Translational Action[A]. Chesterman A. (ed.). *Readings in Translation Theory*[C]. Finland: Oy Finn Lectura Ab,1977/1989: 173- 187.

[5] 霍冬雪 . 从价值观视角分析中西方文化差异 [J],现代交际,2018（21）.

[6] 李长栓 . 非文学翻译理论与实践 [M]. 北京：中国对外翻译出版公司,2004.

[7] 刘子豪 . 国家形象视域下中国特色词汇外宣翻译的思考 [J],新西部,2019（2）.

[8] 骆萍 . 中国文化"走出去"之外宣翻译策略探讨 [J],重庆工商大学学报(社会科学版),2019（2）.

[9] 莫传霞 . 中西方思维方式差异对汉英外事翻译的启示 [J],广西教育学院学报,2016（2）.

[10] 宗薇 . 经济全球化背景下我国外宣翻译面临的挑战及对策 [J],艺术科技,2016（4）.

作者简介

李梓莹,广西大学外国语学院翻译硕士,英语笔译研究生。

归化异化视角下广西旅游外宣英译研究

刘韵涵

摘要：在旅游业快速发展的今天，旅游外宣的重要性日益凸显。本文以广西旅游外宣英译为例，总结归化与异化在译文中的具体应用，从特色词汇、成语俗语、景点名称、诗词翻译等方面分析不同翻译方法和策略所起的作用及其局限性，探讨如何使旅游外宣文本的翻译产生更好的传播效果。

关键词：广西旅游外宣，归化异化，翻译策略，外宣翻译

1. 引言

旅游业一直是我国的重要产业，据预测我国将形成世界第一大国内旅游市场和世界第一大出境旅游市场，旅游业增加值占 GDP 的比重将超过 5%，真正成为国民经济的支柱产业。随着对外交流日益频繁、中国—东盟自由贸易区的建立以及北部湾经济区域的发展，近年来广西旅游业实现了快速上升，推介旅游景点和民族特色成为旅游业发展的重要部分，旅游外宣的重要性日益凸显，高质量的旅游外宣英译不仅能吸引更多的外国游客，还能提升本地的文化软实力，促进中外文化交流。

2. 广西旅游外宣现状分析

关于广西旅游外宣翻译，前人已做过一些研究。黄晔明（2018）通过自建广西旅游外宣资料的汉英双语语料库，收集了广西旅游特有的术语和表达法，借助语料库提升翻译质量。文静（2015）以广西主要城市的纸质版外宣资料的英文译本为研究对象，从文化传播角度探讨影响因素及对策。梁美清（2018）以文化翻译观作为理论指导，以广西三江侗族为例，总结出拼音译法和注释法等不同翻译方法。

笔者所在的研究小组通过景区官方网站、政务信息网和旅游门户网等网络传播形式，搜集广西 4A 级和 5A 级景区的旅游外宣平行语料，建

立了一个小型的广西旅游外宣语料库。在广西 14 个地级市中,仅有北海、柳州、崇左、河池、贺州、贵港、桂林、南宁、百色等 9 座城市的部分 4A 级、5A 级旅游景点有英文官方网站。其中南宁英文语料词数 24211 个,占比 51.43%,桂林英文语料词数 6929 个,占比 14.72%,柳州英文语料词数 3539 个,占比 7.52%。整体而言,广西旅游外宣翻译普及面不广,旅游信息不充足,翻译质量有待提升,对于外宣翻译方面的管理监督有待加强。

3. 归化异化理论的起源及发展

翻译中的"归化"和"异化"这两个概念最初是由美国翻译理论家劳伦斯·韦努蒂于 1995 年在《译者的隐身》一书中提出来的,用来指称两种不同的翻译策略。所谓"归化",通常是指译者在翻译时采用一种透明而流畅的译文,从而使得源语文本对于读者的陌生感降至最低;所谓"异化",则是指译者在翻译时故意保留源语文本当中的某些异质性,以此打破译入语的种种规范。德国哲学家施莱尔马赫在 1813 年所写的《论翻译的方法》中指出:"顺从作者"的方法,可称之为"异化"法;"顺从读者"的方法,可称之为"顺化"法(姜倩、何刚强,2017)。

长期以来,关于如何处理翻译中文化差异的争议一直存在。劳伦斯·韦努蒂是主张异化译法的代表人物,为了防止形成译入语文化强势地位的翻译理论和实践,他反对英美惯用的归化译法,主张翻译中应该体现源语和译入语语言和文化上的差异,以实现平等的文化交流。美国翻译理论家尤金·奈达则是归化译法的代表,他提出了"功能对等"和"动态对等"的概念,将原文文本的读者理解和欣赏的方式与译文文本的接受者的理解和欣赏方式加以比较,译文基本上应是源语信息最近的自然对等(邱能生、邱晓琴,2019)。

有学者认为,归化异化之争是直译意译之争的延续。直译和意译之争的靶心是意义和形式的得失问题,而归化和异化之争的靶心则是处在意义和形式漩涡中的文化身份、文学性乃至话语权力的得失问题(王东风,2002)。

4. 不同翻译策略在广西旅游外宣翻译中的使用

4.1 特色词汇的翻译

例 1:黄马褂 yellow jacket

太子少保 taizishaobao

兵部尚书 bingbushangshu

中文景点介绍在讲述历史人物和历史事件时多会涉及古代使用的一些词汇,这给翻译增加了困难。黄马褂是清代的一种官服,御前大臣和有功大臣等均准许穿着。译文采用直译的方法,将“黄马褂”译为“yellow jacket”,只是将其颜色外形等简单译出,没能展现其用途,也未体现词语背后蕴含的文化内涵。又如,“太子少保”和“兵部尚书”等词语,是我国古代的官职名称,带有特定的文化背景,也可算作我国古代的文化符号。译文将其音译为“taizishaobao”和“bingbushangshu”,没有注释也许会令不熟悉中国历史文化的外国读者感到不解。正如美学家朱光潜(1984)曾指出:每个字都有长久的历史,和本国许多事物情境发生过联系,有一种“特殊的情感氛围”,而这对于外国读者来说,比较难以理解其中的文化含义。

4.2 成语俗语的翻译

例 2:风调雨顺 good weather

求学经商、求仕从政 studying business, politics

金鸡报晓 Golden Rooster Announces Dawn

鸡鸣五德 Five Moral Virtues of Rooster Crowning

前两个词以意译的翻译方法将“风调雨顺”译为“good weather”,将“求学经商、求仕从政”译为“studying business, politics”,简洁明了,也忠实简明地传达出了原文的意思,便于外国读者接受理解。后两个词“金鸡报晓”和“鸡鸣五德”采用直译的翻译方法,直接使用了“鸡”的意象,在中国传统文化中,鸡是一种身世不凡的灵禽,人们赞美其武勇之德和守时报晓之德,译文有助于保留源语文化的特色,但是对于文化背景不同的外国读者来说,增加了理解的难度,因为习语中所蕴含的文化上的联想意义也是难以传递的。

4.3 景点名称的翻译

例 3:塔影天池 Tower Reflection Tianchi

铜鼓音乐台 Copper Drum Platform

青秀友谊长廊 Qingxiu Friendship Corridor

观音禅寺 Guanyin Temple

龙象塔 Longxiang Tower

可见译文中大多数景点名称的翻译采用直译和音译的方法，如“观音”译为“guanyin”，“天池”译为“tianchi”。音译是用译入语文字保留源语文化的读音，本质上是一种异化翻译的手段，旨在贴近源语文化。但是在不加任何注释和解释的情况下，会增加读者理解的难度。一般来说，在翻译旅游景点名字及术语时，应尽可能保留风景名胜的特色和文化内涵。翻译时可用音译加释义法，常见的形式有：类别名词 +of+ 专有名词（例如，万年宫：the Temple of Longevity），修饰词 + 类别名词 + 介词短语（例如，黄山云海：the Cloud Sea of Mt.Huangshan），或名词 +ing 形式 + 名词（例如，猴子观海：the Monkey Gazing at the Sea）（冯庆华，穆雷，2017）。

4.4 诗歌的翻译

例 4：桂林山水甲天下

译：East or west，Guilin scenery is the best

例 5：江作青罗带，山如碧玉簪

译：The river looks like a blue silk ribbon and the hills look like emerald hairpins worn by an elegant lady.

例 4 采用了归化的策略，并使用了仿拟的修辞手法，改编于一句英语俗语“east or west, home is the best”，这使得译文贴近外国的文化，在外国读者看来通俗易懂，大大减少了理解上的障碍。但是这一译法，实际上改变了汉语自身的语言和文化特点。例 5 中诗歌对仗工整，意境优美，前后各用一个比喻，展现出漓江的壮丽景色。译文采用归化的译法，将诗句译得更加通俗，忠实表现了原文的意思。但另一方面，“罗带”“玉簪”都是带有古典意象的物品，中国读者会自然联想到古代美丽的女子，还会想到柔美、诗意等，以此为比喻，更加突出漓江景区山清水秀。但是在外国读者看来，这些联想含义就荡然无存了，直译出来难免会不好理解。正如美国诗人罗伯特·弗罗斯特所说：诗乃译之所失也。语言学家陈原（2001）也认为：诗歌中的神韵不可迻译，有些诗歌一经翻译，便会失去语言蕴藏的那种只可意会不可言传的味道。

5. 结语

通过研究广西旅游外宣英译，笔者发现，对于景点介绍、诗歌、成语俗语的翻译，译文常采用归化的翻译策略和意译的翻译方法，使之通俗易懂。而对于一些特色词汇和人名地名的翻译，则更多采用直译和音译的翻译方法，以展现民族特色和文化内涵。在一些段落翻译中，也会结合归化异化，使译文流畅自然。但是，无论采取归化还是异化的策略，翻译都是一个有“得”也有“失”的过程。采用归化的翻译策略，便于外国游客接受，有利于初步介绍推广广西的旅游景点。但是在语言转换的过程中，不能够将原文所带有的文化特点毫不遗漏地以另一种语言展现出来。采用异化的翻译方法，保留源语语言和文化的差异及精髓，这为外国游客了解广西独特的风土人情和地域文化提供了渠道。但是也存在一定的困难，有时两种语言中没有对应的意象，或者两国文化对于同一意象没有相同的理解，就会给读者的理解带来阻碍。

在旅游外宣翻译中，译者一方面要照顾到译文读者群体的整体语言文化接受水平，灵活处理语言文化差异和冲突，引导读者阅读和鉴赏。另一方面，译者也不要一味消极地迁就读者，要超越读者，引导读者，拓展读者的“期待视野”，从而提高译文读者的语言和文化修养。（洪明，2006）对于旅游文本的翻译，应根据具体内容，结合归化与异化的翻译策略，互为补充，相辅相成，达到更好的翻译效果和传播效果，以此来突显景点特色，弘扬民族文化，提升文化软实力，促进中外文化交流。

参考文献

[1] 黄晔明．基于语料库广西旅游外宣资料英译研究 [J]. 佳木斯职业学院学报，2018（11）：320.

[2] 文静．广西外宣翻译文化传播效果影响因素及对策 [J]. 科教导刊，2015（6）：169.

[3] 梁美清．文化视域下民族特色旅游外宣文本翻译策略——以广西三江侗族为例 [J]. 新西部，2018（08）：31.

[4] 姜倩，何刚强．翻译概论 [M]. 上海：上海外语教育出版社，2006：207，262.

[5] 邱能生，邱晓琴．文化差异背景下英汉习语翻译的异化和归化处理探微 [J]. 上海翻译，2019（1）：54.

[6] 王东风．归化与异化：矛与盾的交锋 [J]. 中国翻译，2002（5）：24－25.

[7] 冯庆华，穆雷．英汉翻译基础教程 [M]. 北京：高等教育出版社，2008：232.

[8] 许钧．文学翻译的理论与实践：翻译对话录 [M]. 武汉：湖北教育出版社，2001：201.

[9] 罗新璋 . 翻译论集 [M]. 北京：商务印书馆，1984：426，450.

[10] 洪明 . 论接受美学与旅游外宣广告翻译中的读者关照 [J]. 外语与外语教学，2006（8）：59.

作者简介

刘韵涵，广西大学外国语学院翻译专业 2016 级本科生；华南理工大学英语笔译专业 2020 级研究生。

目的论指导下的中国特色词汇翻译研究

卢政

摘要：政府工作报告是我国政府对过去一年工作的回顾总结和下一年的工作计划。随着中国的国际影响力不断扩大，这份报告越来越受到国际社会的关注。政府工作报告不仅政治化程度高，其中还包含大量具有中国特色的新词汇，反映了具有中国特色的新生事物，其翻译可能尚无参照。因此，如何准确地翻译出具有中国特色的词汇，对于服务中西交流的译者来说是一大难点。在深入了解英汉双语的基础上，译者应采取适当的方法准确地表达汉语的意思。本文从目的论的角度出发，结合直译、直译注释、意译等翻译方法，对《2019年政府工作报告》中的中国特色文化词汇翻译进行分析。

关键词：政府工作报告，中国特色词汇，目的论

1. 引言

改革开放以来，中西文化交流日益频繁。中国几千年来的文化蕴含着丰富多彩的汉语词汇，如今具有中国特色的词汇在政府工作报告中被大量使用，准确翻译这类词汇有一定难度，如何处理这类译文需要译者进一步思考。翻译不仅是语言之间的简单转换，而且是文化间的交流，因此，恰当地翻译中国特色的词汇是其中必不可少的一部分。

2. 目的论简介及发展

目的论的起源可以追溯到20世纪70年代，其形成和发展大致可分为四个阶段。

在第一阶段，莱斯提出了功能主义理论的原型。其首创的功能主义翻译批评理论认为："理想的翻译应将原文本与目标文本在思想内容、语言形式和交际功能等层面建立起对等关系"（吴全生，2018）。

在第二阶段，弗米尔提出了翻译目的论，使翻译研究摆脱了源语中心

论的束缚。目的论认为,翻译是以原文为基础的有目的、有结果的行为,翻译必须遵循一系列法则,其中目的法则是第一位的。

后来,曼塔里在交际和行为理论的基础上提出了翻译行为理论,并进一步发展了目的论。“她用信息传递来指各种各样的跨文化转换,视翻译为一项实现特定目的的复杂活动”(张锦兰,2004)。

在第四阶段,诺德进一步完善了这一理论,提出了忠实原则。

总而言之,“莱斯奠定了翻译目的论的基础,弗米尔是该理论的创立者。曼塔里强调的是翻译过程的行为、参与者的角色和翻译发生的行为,而诺德完善了该理论并将其运用到其他领域。”(苏畅,王杰,2019)

3. 功能主义目的论的规则

3.1 目的原则

目的论认为,所有的翻译活动都应该以目的为行动指南,即在目的语的语境和文化中,翻译行为应该朝着满足目的语读者需求的方向发展。翻译目的在整个翻译过程中起着决定性的作用。同时,翻译的过程并不是只有一个目的。翻译目的可分为三类:(1)译者的经济目的(如养家糊口);(2)翻译的交际目的(如给读者的启示);(3)特定翻译策略和方法的目的,如直译以保持源语的特点。因此,在翻译之前,译者首先要确定文本的翻译语境和目的,然后根据翻译目的选择相应的翻译方法。

3.2 连贯原则

连贯原则认为,译文必须符合语内连贯,译文文本内及其与目的语文化之间的关系,译文所具有的可接受性和可读性,应使受众理解并在译入语文化及使用译文的交际语境中有意义。诺德认为如果目的要求与语内连贯不一致,语内连贯的概念就不再起作用。

3.3 忠实原则

忠实原则要求译者对翻译过程中的各方参与者负责(目标语读者和原文作者),忠实于原文作者是忠实原则的核心所在,在此基础上,在译文的翻译目的与作者本意之间进行适当的调和。在诺德看来,好的翻译应该以交际目的和忠诚的翻译原则为基础。

4. 中国特色词汇分类

根据语言文化的特点，杨大良、杨海燕在《浅谈具有中国特色用语的翻译》中对中国特色词语的翻译进行了探讨，张健在《再谈汉语新词新义的英译》中也进行了相关论述，他们提出将具有中国特色的词汇分为以下三类。

第一，具有中国特色的词语。政府工作报告回顾了过去一年的政府工作，提出了下一年的总体工作安排和主要任务。因此，随着新事物的出现和新政策的产生，报告中出现了一些新词汇，这些词有典型的中国特色，如“河长制”“宅基地制度”。

第二，数字缩略语。2019 政府工作报告中的数字缩略语很多，将丰富的内容或几层意义用一个或几个词语表达，如“三个代表”“一国两制”。这类词汇虽然简洁、生动、独特，但往往内涵丰富。数字缩略语在语言上简单而有力，但由于所表达内容丰富，有时候在翻译中也是一大难点。

第三，四字格结构。政府工作报告是一种正式的政治文书，逻辑严谨，文字规范。对比近年来的新闻报道，我们可以看到，大量的四字格被运用到报道中，四字格结构在一定程度上也发挥了强调的作用，符合政治类文本的特点。

5. 中国特色词语的翻译策略研究

5.1 意译

意译是根据原文的意思来翻译，而不逐字逐句地翻译。由于文化差异，在政府工作报告中，许多具有中国特色的词汇都是在意译的指导下进行翻译的。示例如下：

Example 1：

这次减税，着眼<u>“放水养鱼”</u>、增强发展后劲并考虑财政可持续。

Our moves to cut tax on this occasion aim at an <u>accommodative effect</u> to strengthen the basis for sustained growth while also considering the need to ensure fiscal sustainability.

“放水养鱼”即为了实现某个目标，必须创造有利的环境，只有这样，才能实现各方利益的统一。在这里译成 accommodative effect，译者采用意译的方法，在译文中，“水”或“鱼”只字未提。

5.2 直译

简单地说，直译是一种既保留原文内容又保留原文形式的翻译方法。直译最显著的优点之一就是保留了原文的意思和风格。

Example 2：

鼓励采取市场化方式，妥善解决融资平台到期债务问题，不能搞“半拉子”工程。

We will encourage the adoption of market approaches to solve the issue of maturing debts on financing platforms and make sure that projects financed by such debts are not stopped half way.

在中国，“半拉子”工程表示项目进行一半也许超过一半，总之没有完成。由于某些因素，它无缘无故地停止或拖延多年也没有结果。“半拉子”工程直接译为 projects stopped half way 清晰明了，让读者一目了然。

6. 数字缩略词的翻译研究

数字缩略语具有丰富的内容或多层意义。这类词汇虽然简洁、生动、活泼、独特，但承载着大量需要传达的信息。

6.1 直译

Example 3：

推进“双随机一公开”跨部门联合监管。

We will continue interdepartmental oversight conducted through the random selection of both inspectors and inspection targets and the prompt release of results.

“双随机一公开”翻译为 random selection of both inspectors and inspection targets and the prompt release of results，“双随机一公开”是指在监督过程中，随机选择检查对象，随机选择执法检查人员，及时向社会公布抽查情况和调查结果，这里也采用直译法。

6.2 直译加译注

数字缩略语在政府工作报告中可以传达丰富的信息，有时直译和意译的方法并不能准确有效传达信息，还可能造成译文过于烦琐，在这种情况下,可以采用直译加注释的方法。一方面保持译文简洁,另一方面,注释有助于读者理解原文和译文,达到更好的表达效果。

Example 4:

三大攻坚战开局良好。

The three critical battles got off to a good start. (This refers to the battles against potential risks, poverty and pollution)

在译文中"三大攻坚战"直接译为 three critical battles。译者在后面加上 This refers to the battles against potential risks, poverty and pollution 这一注释,三大攻坚战是指防范化解重大风险、精准脱贫、污染防治,直译加注使译文不至于过分烦琐,同时也能让目的语读者更好地理解和接受。

7. 四字格的翻译研究

政府工作报告中有很多四字格结构,一方面起到强调作用,另一方面也受汉语表达方式的影响。

7.1 直译

Example 5:

各级政府及其工作人员要求真务实、力戒浮华。

All levels and employees of government should be down to earth and practical and eschewing doing things for show.

在汉语中"求真务实""力戒浮华"即真抓实干,务求实效,不能不顾实际,贪图表面的华丽与阔气,不顾实际。在这里直接译为 down to earth and practical and eschewing doing things for show,意思一目了然。

7.2 合译

政府工作报告中有些四字格结构表达的意思是相同的,这是受汉语表达习惯的影响以及加强语气的需要,在这种情况下,译者采用合译的方法处理译文,以避免赘言。

Example 6:

中国改革发展的巨大成就,是广大干部群众筚路蓝缕、千辛万苦干出来的。

The tremendous achievements of China' s reform and development to date have been made by our officials and people through perseverance and hard work.

"筚路蓝缕"的本意是指驾着简陋的柴车,穿着破烂的衣服去开辟山林道路。形容创业的艰苦,与"千辛万苦"表述的意思相同。因此,译者在这里把二者合二为一,有效地避免了累赘。

8. 结论

中国特色词语的翻译难度是不言而喻的,如何进一步提高翻译质量仍然值得深究。而目的论作为一种以读者为中心的理论,近年来受到越来越多的关注。政府工作报告是国外了解中国发展、外交政策等的重要渠道,又因中英文之间存在着很大的差异,因此目的论对翻译指导有很强的现实意义。通过分析,笔者发现,在政府工作报告的翻译文本中,采用了多种翻译方法,其中以直译最为常见,除此之外也采用意译、译注等翻译方法,具体翻译方法的选择受翻译内容和目标读者可接受度的共同影响。为了准确达意,译者总是绞尽脑汁。对于汉英翻译人员来说,最大的挑战是要理解并且准确表达极具中国特色的词汇,尤其是政府工作报告中具有政治意义的中国特色词语。有时为了体现连贯性,译文的语序也可能稍作调整,所有这些都有赖于译者对两种语言的掌握。

参考文献

[1] 苏畅,王杰. 基于翻译目的论三原则视角浅析政治文献的英译——以《十九大报告》英译本为例 [J]. 现代交际,2019(2): 102.

[2] 吴全生. 目的论指导下的英语国家情景喜剧幽默字幕翻译探究——以汉语普通话为目标语 [J]. 中华文化论坛,2018(3): 85-86.

[3] 杨大亮,杨海燕. 浅谈具有中国特色用语的英译 [J]. 上海翻译,2006(3): 73-74.

[4] 张健. 再谈汉语新词新义的英译 [J]. 中国翻译,2007,(7): 30-34.

[5] 张锦兰. 目的论与翻译方法 [J]. 中国科技翻译,2004,17(2): 102.

[6] 中文版《十三届全国人大二次会议政府工作报告》,2019.03.05

[7] 中央编译局. 英文版《十三届全国人大二次会议政府工作报告》,2019.

[8]Vermeer, Hans J. *Skopos and translation commission*[M].

Heidelberg: Heidelberg University Press,1989: 100.

作者简介

卢政,广西大学外国语学院硕士研究生,研究方向:文学伦理学批评实践以及理论构建。

旅游景区英译公示语翻译分析

——以桂林象山公园、南宁动物园公示语为例

董溪格子

摘要：近年来，广西旅游业发展蒸蒸日上，外国游客络绎不绝。也因此，景区内公示语的翻译越来越受到人们的关注。本文从胡庚申生态翻译学三维度出发，结合美学维度分析桂林象山公园、南宁动物园公示语英文翻译中存在的问题及产生原因，并提出了修改意见。

关键词：公示语翻译，生态翻译学，旅游翻译

1. 导语

近年来，广西经济日渐发展，对于国内外投资的吸引力日渐提升。与此同进，广西文化设施也需要进一步完善，才能够在综合实力上与其发展潜力相适应。城市标志景区内的公示语翻译作为外宣的“窗口”，是讲好中国故事的重要途径。经过数十年的发展，广西省会城市南宁和自治区内著名旅游城市桂林二城的标志景区内的公示语翻译竟还存在如此多的错漏，这无疑与其城市形象不符。

著名翻译理论学者胡庚申提出的生态翻译理论认为“原文、源语和译语所呈现的‘世界’，即语言、交际、文化、社会以及作者、读者、委托者等是互联互动的整体。”（胡庚申，2008）同时，他还表示“该理论(生态翻译理论）阐述和例证了翻译适应选择论对翻译本体的解释功能”，其中的翻译方法为“‘三维’（语言维、交际维、文化维）转换。”（胡庚申，2008）本文将基于“三维”框架，兼顾美学视角，对笔者在桂林市象山公园和南宁市动物园收集的公示语实例剖析相关公示语翻译存在的问题，并给出解决方案，以供有关部门和景区参考。

2. 二园公示语英译错误分析

近年来,从2009年“桂林国家旅游综合改革试验区”的设立、2011年“桂林世界旅游城”建设项目到2018年广西创建全域旅游示范区的开展,景区公示语的翻译也经历了多次更迭和升级。但根据2020年10月笔者实地考察的情况来看,广西景区公示语英译仍存在诸多问题。

2.1 语言维度

2.1.1 拼写错误

(1)英文单词拼写错误

单词拼写错误主要因译员工作不细致或是印刷制作人员在公告牌制作过程中产生纰漏,这往往最能体现景区公示语翻译水平。例如,“象山”翻译为“Elenphant hil”,“节约用纸”翻译为“Use less papre”。

(2)不符合英文构词法规范

一些英译文本显然不符合英语的构词法规范。如“灰冠鹤”译为“Grey Crown-Crane”。陆国强的《现代英语词汇学》(2007)的复合词构词法相关章节中有载,连接形容词和带-ed词缀变成形容词的名词,构成形容词性前置复合修饰语。比如a well-educated woman一位教养很好的女士。并且,《连字符“-”后首字母的大小写》中提到,“实词-实词”——前后首字母均用大写,即连字符前后均为实词时,两个词的首字母均大写。如“Initial-Boundary Value Problem”(陈光宇,周春莲,2004)。因此正确译法应是“Grey-Crowned Crane”。

2.1.2 语法错误

语法错误作为公示语翻译易犯的第二大错误,主要源自公示语译者语法不过关或直接使用机器翻译结果而不加修改。例如,“离岛请往此方向”译为“Please toward this direction to leave the island”此处toward的用法有待商榷,可以改译为“Please leave the island this way”。

2.1.3 标点符号误用

例如,“为了您的安全,如有:高血压、心脏病、哮喘病、饮酒后、老龄人和身感不适的人群不宜登山”译为“For your safety, the people with hypertension heart disease. asthma, and the old people as well as tne drunken persons can't climb the mountain.”当中存在多处标点符号使用

错误，如并列名词中间逗号缺失、逗号后不空格、逗句号混用、单引号误写作“`”等。另一种标点符号误用问题则是在翻译过程中忽视了符号的转化。例如，“【爱情岛】”译为“【Love Island】”字面翻译无疑义，但“中文中的某些标点符号是英语中没有的”，英文中括号包括“( ), [ ], { }”。因此此处译文可以处理为“Love Island”或“[Love Island]”（王秀红，2009）。

2.2 文化维度

翻译人员并非单纯的文字转换工具。特别是在翻译信息型公示语时，译者尤其要注意文字背后的文化转换，要使译文读者在阅读译文时大体获得与原文读者相同的感受。

2.2.1 语气的转变

有别于口语，书面语语气更多强调字里行间的感情色彩，能表达作者的态度，也能影响读者的理解。比如“爱护绿草 请勿践踏”译为“Keep off the grass”，译文是英语国家对“请勿践踏草坪”的普遍译法，但中文除去传达“请勿践踏草坪”的指令之外，还蕴含了对人们保护环境的告诫，这一点在英文译文中毫无体现。不如改译为“Color our city green with well-attended grass”（王佳，2012），译文中蕴含的温情与原文基本达成一致。

2.2.2 刻板译文

一些译文只做到了单纯的字句对应。例如，“保护环境 从我做起”译为“PROTECTING THE ENVIRONMENT STARTS FROM ME”就属于死板直译。建议跳出原文的句式囹圄，改译为“Everyone Should Protect the Environment”，言简意赅地表达了原文的呼吁目的。

2.3 交际维度

翻译应该以读者为中心，重视译文所产生的社会影响，通过传达准确、真实的信息来重现原文要旨，“尽力为译文读者创造出与源语读者所获得的尽可能接近的效果”（纽马克，2001）。公示语的翻译尤其如此。景区官方与游客存在天然的信息不对等，通过公示语，二者对景区了解的差异便能弥合。

2.3.1 用词不当

例如，“奉献一份爱心 点燃一片希望”译为“DEDICATE A LOVE TO LIGHT A HOPE”。显然，“dedicate”虽然有“奉献”的含义，但它与“love”并不匹配，因此用在此处是不合适的，可以改译为“Devote Your Love to Light up the Hope”。又如，“关注一个成长的心灵，播种一个灿烂的明天”译为“Pay close attention to a growing mind and plant a brilliant tomorrow”。译文中的“pay close attention to”虽然有“关注”的含义，但原文中的“关注”应该理解为“关爱”，而非“pay attention to”所强调的“集中注意力”；“plant”也不能对应“tomorrow”。因此，原文可尝试改译为“Take good care of a growing mind to create a bright future.”

2.3.2 重点不明确

例如，“抗旱护林防火喷淋时段路滑积水，请注意避让”译为“It is easy to accumulate water in the spraving water of drought resistiance and fire prevention, please avoid the time and place.”原文想要传达的含义是“请游客注意避让积水，积水是在抗旱护林防火喷淋中形成的”，重点在呼吁游客避让积水上，但译文把表意重心放在了积水是如何形成上，喧宾夺主的同时也让原本清晰易懂的公示语变得晦涩难明，因此可以改译为“Please avoid the water accumulated by water spraying for drought resistance and fire prevention.”

2.3.3 译与不译

在公示语翻译工作开始前，译者应该先思考一个问题：这句话有必要翻译吗？景区公示语英语译文的主要读者应该是能读懂英语的外国游客。因此从文本内容来看，一些明确针对本国游客的条款实际上并没有翻译的必要。比如“桂林市市民（含12个县）凭本人居民身份证入园”译为“Citizens and students of Guilin (including 12 counties) can enter the garden with ID card and Student Card.”原文的主语明确指向桂林市市民，这一条款不必向广大外国游客公告，因此不用翻译。

2.3.4 冗余

英语公示语语汇简洁，措辞精确，只要不影响公示语准确体现特定的功能、意义，仅使用实词、关键词、核心词汇，而冠词、代词、助动词等就都可以省略（吕和发，2005）。简洁是公示语的灵魂，冗长公示语的交际功能将会大打折扣。例如，“温馨提示”译为“kindly reminder”，其中的“kindly”就没有承载有效信息，属于冗余。参考西方对于“温馨提示”翻译的平行文本,可将译文简化为“Reminder”。

2.3.5 一名多译

影响公示语交际功能的还有在旅游翻译中普遍存在的一名多译。这可能是公示语翻译完善过程中由于分批翻译、译者更迭等造成的遗留问题。如“无障碍通道”被分别翻译为“No Disturbance Way”“Barrier-free Path”和“Accessible Way”,虽然三个译文都没有明显错误,但同时用以指示“无障碍通道”便会让人心生疑问。因此,上文可以考虑统一改译为“Accesible Pathway(万华,2017)”。

3. 美学维度的考量

翻译美学,即“用美学的观点来认识翻译的科学性和艺术性,并运用美学的基本原理,提出翻译不同文本的审美标准,分析、阐释和解决语际转换中的美学问题,在充分认识翻译审美客体(原文)和审美主体(译者)基本属性的基础上,剖析客体的审美构成和主体的翻译能动作用,明确审美主体与审美客体之间的关系,提供翻译中审美再现的类型和手段,以指导翻译实践”(方梦之,2004)。游客在景区游览,目的便是赏“美”。公示语的翻译若能在满足上述三种维度需求的同时上升到美学层面,译文将与美景之“美”相得益彰。例如,笔者本次实地调查采集到的一个译文:“创建连接你我他 众手浇开文明花”译为“Civilization bridges each other, and creates a good atmosphere”。“bridge”形象地传达了“连接”的含义,“浇开文明花”采用了意译,译为“creates a good atmosphere”简明易懂地传达了原文的内涵。前半句句末“other”和后半句句末“atmosphere”形成尾韵,赋予了译文音律美。该句译文兼顾生动与韵律,基本上符合美学维度的要求。希望在加入美学维度的考量之后,公示语及其译文都可以成为景区一道亮丽的风景线。

4. 结语

景区公示语的翻译对于构建景区甚至城市的国际化形象,帮助打造更加高品质的旅游服务区具有十分重要的意义。桂林山水在国内外的号召力不言而喻,南宁绿城亦是广西区内少有的游客集散地。通过分析两地景区内的公示语翻译不难看出,两地旅游景区的建设仍需更上一层楼,具体可遵循以下策略:首先,仔细研究国家和地区出台的相关标准规范文件,如2006年北京市发布的《北京公共场所双语标识英文译法地方标准》和2009年沪苏浙三地联合颁布的《公共场所英文译写规范》。2017年,《中华人民共和国公共服务领域译写规范》发布,为各个领域的公示语英译版本标准化奠定了坚实的基础。其次,与学校联合。这有助于景区官方了解公示语前沿学术成果,不断提高景区公示语翻译质量。从文中的例证来看,两地公示语翻译存在大量基础性问题,这多半是由于译员英文水平不过关或非专业人士翻译等导致的。而高校教师的语言功底较硬,犯基础问题的几率会大大降低。最后,重视公示语翻译问题。景区官方应该意识到公示语翻译目前存在的问题,端正态度,广泛收集社会意见。

参考文献

[1] 陈光宇,周春莲. 连字符“-”后首字母的大小写 [J]. 复旦大学《数学年刊》,2004(33).

[2] 方梦之. 译学词典 [M]. 上海:上海外语教育出版社,2004:296.

[3] 胡庚申. 生态翻译学解读 [J]. 中国翻译,2008,29(06):11-15,92.

[4] 陆国强. 现代英语词汇学 [Z]. 上海外语教育出版社,2007.

[5] 吕和发. 公示语的功能特点与汉英翻译研究 [J]. 术语标准化与信息技术,2005(02):21-26,35.

[6] 王佳. 浅议公示语英译中的问题 [J]. 青春岁月,2012(20):53.

[7] 王秀红. 出版物中英文标点符号用法正误分析 [J]. 编辑之友,2009(06):75-76.

[8] 万华. 公示语翻译:问题与规范——以某5A风景区公示语英译为例 [J]. 上海翻译,2017(03):38-45.

[9]Newmark, Peter.*A Textbook of Translation*[M].Shanghai: Shanghai Foreign Language Education Press,2001.

作者简介

董溪格子,广西大学外国语学院翻译硕士英语笔译研究生。

叙事建构角度下英汉新闻编译的方法分析

杨喆

摘要：加强对外传播，这很大一部分取决于对外宣传的新闻文本，而新闻编译在其中起着举足轻重的作用。本文以叙事建构为理论基础，以新华网、新浪新闻以及 BBC 新闻中的新闻报道为例，探讨了新闻编译的方法，在前人的基础上从选择性采用以及参与者重新定位等角度探讨对外新闻编译中叙事建构策略的具体运用。

关键词：叙事建构，英汉新闻编译，翻译方法

1. 引言

党的十九大报告指出："推进国际传播能力建设，讲好中国故事，展现真实、立体、全面的中国，提高国家文化软实力。"优化、加强对外传播需要全体中国人共同努力，而面对广大海外受众，还需要把关新闻这类权威可信文本的英译文本，树立良好的大国形象。外宣文本的目的是建构我们期待的国际形象，而叙事学强调文本的"建构"效果，因此二者存在天然的契合（许宏，2018）。本文从叙事学视角出发，分析了新华网、新浪网及 BBC 的三则中英文报道的编译方法。

2. 新闻编译及新闻语言特征

程维认为，"新闻编译是一种重要的跨文化传播活动"，起着跨文化交际的作用（程维，2013），因此内容的选择和叙事的方式在很大程度上影响着目标语读者对新闻报道内容的看法。为了最终实现跨文化交际，即"讲好中国故事"，译者需要灵活选取翻译方法与策略来处理原文，使编译后的新闻符合目的语读者的阅读习惯。也就是说，在准确展现主要内容的基础上语言要尽可能简练易懂，尊重国外读者的阅读习惯，以确保新闻信息能在目的语大众之间传播，即实现跨文化交际的成功（徐燕云、王晨婕，2015）。

3. 叙事的定义和叙事建构

Genette 认为叙事是"用语言把一个或多个事件表述出来"(Currie,2010)。因此,从这个角度来说,新闻也是一种叙事。在这个基础上,Hayles 进行了补充,他强调表述过程中是否存在因果关系决定其能否成为叙事(Hayles,1995)。叙事不是中立的,因为叙事就是叙事者为了某个意图而制造出来的。此外,对于叙事表述的效果,读者起着决定性作用,是"叙事是否取得成功的裁决者"(许宏,2018)。

4. 基于叙事建构理论的新闻编译的策略与方法

为了树立良好的大国形象,必须对新闻文本的英译进行严格把控,在翻译过程中,译者应根据自身观点与国际环境对原文的内容做出判断,从而决定要在译文中侧重哪一方面的表述。对于这一点,英国翻译理论家 Mona Baker 在其著作《翻译与冲突——叙事性阐释》(*Translation an Conflict: A Narrative Account*)中给出了建议,她认为,在叙事建构中,具体实施策略有四种,分别是:(1)时空建构(temporal and spatial framing):在特定的时空背景下建构文本,引导读者联想现实,从而拉近读者与源文本的距离;(2)文本素材的选择性采用(framing through selective appropriation):选择性删除或添加某些文本突出或者压制叙事的某些观点;(3)标志性建构(framing by labeling):修改某些词汇以达到表述目的;(4)参与者的重新定位(repositioning by participants):通过修改指示功能词、表述词等重构译者与读者、译者与其他参与者的关系(Baker,2006)。作为译者,可以在翻译过程中借助这些叙事建构的方法。陈颖从标题和内容出发,探究了叙事建构在新闻翻译中的应用(陈颖,2016)。莫锦灿、袁卓喜以《环球时报》为例探究了对外新闻编译中的叙事建构策略的具体运用(莫锦灿、袁卓喜,2018)。许宏探究了叙事学的技巧在外宣翻译中的应用(许宏,2018)。本文以新华网、新浪网及 BBC 的三则中英文报道为例,从文本素材的选择性采用和参与者的重新定位提出新闻编译的策略与方法。

4.1 选择性采用

叙事是叙事者为了某个意图而"制造"出来的(an intentional communicative artefact)(Currie,2010)。在翻译新闻文本时,译者也要遵循这一规则，要让译文在准确、简洁的基础上，能够达到预期的“某个意图”，因此在翻译的时候增添或删除某些重要性相对来说较低的文本，用以突出“某个意图”就是可以采用的方法，这在下面的例子当中得到了很好的体现。

4.1.1 选择词汇之减词

倪林在实践中总结出，在新闻编译中存在 4 种减译的情况，即删除无关联信息、删除不重要信息、删除重复信息以及删除意识形态冲突的信息（倪林，2019）。

4.1.2. 选择词汇之增词

倪林在实践中总结出，在新闻编译中应注意五种增译的情况，即增添事实类信息、增添背景信息、增添连续报道后续信息、增添已报道消息以及增添标点符号（倪林，2019）。除此之外，由于英文的逻辑性强于中文，在汉英新闻编译中可以采用增加连接词这一方法。下面这个例子就可以详尽说明。

原文：航天探索从来不是一片坦途。经过 10 余年工程研制，长征五号火箭先后于 2016 年 11 月 3 日和 2017 年 7 月 2 日实施了两次发射，其中首次发射取得成功，第二次发射因火箭发动机故障未能将卫星送入预定轨道。①

译文：The Long March-5 made its maiden flight on Nov. 3, 2016 from Wenchang. However, the second large rocket, Long March-5 Y2, suffered a failure, as a malfunction happened less than six minutes after its liftoff on July 2, 2017.②

分析中文文本可以看出，原文想要强调的是航天探索工作的艰苦，具体点明了火箭发射的时间、两次发射任务的完成情况以及间隔时长。

译文表达了同样的意思。值得注意的是，译文对原文的语序加以调整，将事实按照时间顺序进行排列，用“suffer”一词加入了拟人修辞，增强了文本的生动性；还增加了表转折的连接词，增强了逻辑性，突出了任务的难度，这样从侧面可以反映出中国科研人员不畏艰难、百折不挠的工作态度，火箭发射任务“suffered a failure”，实际上是科研人员付出了艰辛的努力，这在一定程度上宣扬了中国精神，有利于大国形象的树立。

4.2 参与者重新定位

调整文本结构。“讲好中国故事”,就要先学会讲“外国故事”,在翻译过程中,我们可以运用时间、空间、指示等语言手段对文本进行解释和重新调整,积极建构当前叙事以及更为宏观层面的叙事(Baker,2006),以便更好地让国外读者接受新闻报道的内容。下面的例子就可以很好地展现这种方法。

原文:徐直军:2020 年将是华为艰难一年,生存下来是第一优先。

译文:Huawei feels “bite of winter” after Trump ban

分析:两个新闻标题的侧重点是不同的,中文标题以华为董事长作为主语,重点在于其对华为的要求和目标,而英文标题则为吸引英语读者,将徐董事长讲话中应对美国禁令这一内容增加至标题中,将美国政府禁令对中国大企业的影响鲜明体现出来,言简意赅,又引起了英语读者的阅读兴趣。

原文:新浪科技讯 12 月 31 日早间消息,华为轮值董事长徐直军发布新年致辞,称 2019 年,对华为来说是极其不平凡的一年,在美国政府的打压之下,全体华为人迎难而上,共克时艰,聚焦为客户创造价值,预计…… “尽管没有达到年初预期,但公司整体经营稳健,基本经受住了考验。”

在新年致辞中,徐直军回顾 2019 年称,“……这些成绩来之不易。”

徐直军表示,2020 年将是华为艰难的一年,将继续处于“实体清单”下,没有了 2019 年上半年的快速增长与下半年的市场惯性,除了自身的奋斗,唯一可依赖的是客户和伙伴的信任与支持。

他表示,“生存下来是我们的第一优先,我们要继续坚持以客户为中心,以奋斗者为本,持续为客户创造价值,重点做好保增长、提能力、优组织、控风险。”

(致辞原文开头:不经一番寒彻骨,怎得梅花扑鼻香。)③

译文:At Huawei, workers are either “tree growers” or “pit diggers” and the “heady scent of plums” comes only after the “bone-deep bite of winter”.

So says a poetic New Year’s message from the Chinese telecoms giant which sets out its “vision” for 2020.

But beneath the flowery language, Huawei admits life will be "difficult" after the Trump administration banned the firm from doing business in the US.

"Survival will be our first priority," it said. But beneath the flowery language, Huawei admits life will be "difficult" after the Trump administration banned the firm from doing business in the US. ④

分析：上述两则是关于华为轮值董事长徐值军在华为心声社区发表的2020年新年致辞的报道的导语部分，中文报道几乎是把致辞原文复述了出来，详尽给出了过去一年华为的业绩和为社会带来的成就，而BBC的报道多为概括性语言，未提及具体的数字，没有按照中文新闻的导语顺序，并且特意把致辞开头徐董事长引用的诗词大做文章，由于受众是国外读者，因此在翻译诗句时，采用了意译的方法。这提醒我们，译者在翻译过程中，要充分考虑读者的文化背景、语言习惯和认知，以及两国之间的文化差异，从而让读者更容易接受译文文本。另外，英文新闻还将"艰难"的原因写在导语中，点明美国政府发布禁令给我国企业带来的冲击。

5. 结语

随着中国特色社会主义新时代的到来，新闻编译对翻译工作者提出了更高的要求。要想"讲好中国故事"，就要学会讲好"外国故事"，了解国外新闻报道的叙事特点对英汉新闻编译有很强的指导意义。就本文叙事建构理论在编译中的应用来看，叙事学在对外新闻编译中大有前景，但由于本文举例较少，分析仍有不足。

注释：

①"胖五"归来！长征五号运载火箭成功发射实践二十号卫星 http://www.xinhuanet.com/politics/2019-12/27/c_1125397145.htm

②China's largest carrier rocket Long March-5 makes new flighthttp://www.xinhuanet.com/english/2019-12/27/c_138662139.htm

③徐直军：2020年将是华为艰难一年 生存下来是第一优先 . https://tech.sina.com.cn/t/2019-12-31/doc-iihnzhfz9395181.shtml

④ Huawei feels "bite of winter" a1er Trump ban. https://www.bbc.com/news/business-50947091

参考文献

[1] 陈颖 . 从 Baker 叙事角度探究新闻翻译中的建构 [J]. 海外英语，2016（03）：95–97.

[2] 程维 . “再叙事”视阈下的英汉新闻编译 [J]. 中国翻译，2013，34（05）：100–104.

[3] 莫锦灿，袁卓喜 . 对外新闻编译中的叙事建构策略——以《环球时报》为例 [J]. 上海理工大学学报（社会科学版），2018，40（01）：24–29.

[4] 倪林 . 新闻编译中的信息处理 [D]. 广东外语外贸大学，2019.

[5] 徐燕云，王晨婕 . 从顺应论看新闻标题英汉翻译中的选择与顺应 [J]. 现代语文（语言研究版），2015（06）：138–140.

[6] 许宏 . 外宣翻译：叙事学对译者操作的启示 [J]. 解放军外国语学院学报，2018，41（03）：123–130.

[7] Baker, M. *Translation and Conflict: A Narrative Account* [M]. London and New York: Routledge, 2006.

[8] Currie, G. *Narratives and Narrators: A Philosophy of Stories*. [M]. Oxford: Oxford University Press, 2010.

[9] Hayles, N. K. Narratives of evolution and the evolution of narratives[C]//J. L. Casti & A. Karlqvist. *Cooperation & Conflict in General Evolutionary Processes*[A]. New York: John Wiley & Sons, Inc., 1995: 113–132.

作者简介

杨喆，广西大学外国语学院硕士研究生，研究方向：中国对外话语构建研究。

中国政治词汇的变迁研究

——以“走出去”为例

张雯

摘要：本文选取了2001年至2020年共二十份政府工作报告，借鉴Fairclough的三维话语分析方法，从文本、话语实践和社会实践三个维度对一系列变化进行历时研究和话语分析，探讨了话语背后社会实践的变化及影响。

关键词：“走出去”，历时研究，三维话语分析

1. 引言

自中国实施“一带一路”倡议以来，西方有诸多猜疑，从话语角度来看，“一带一路”倡议和“走出去”战略一脉相承。目前学界较少从批评话语分析的角度，针对政府工作报告中“走出去”一词的动词及主语搭配的历时变化，探讨“一带一路”倡议与“走出去”战略之间的关系。

本篇文章想通过对政府工作报告中“走出去”一词的搭配变化，来探究以下几个问题：(1)该词的搭配发生了哪些变化？变化趋势如何？(2)影响其变化的因素有哪些？(3)这些变化如何体现“走出去”战略与“一带一路”倡议之间一脉相承的关系？

2. 研究设计

2.1 语料选取

本文选取了2001年至2020年期间共二十份政府工作报告，对政府报告中“走出去”一词的动词搭配和主语搭配产生的历时变化进行了对比分析。

2.2 研究方法及步骤

话语分析是研究语言的一种方法，通过对实际使用中的语言进行观察，探索语言的组织特征和使用特征，并从语言交际功能和语言使用者的认知特性等方面解释语言中的制约因素。话语分析最早出现于20世纪60年代，是美国结构主义的后期代表人物海里斯（Harris）在1952年首先提出的一个术语。

批评视角的话语分析是话语分析的主要研究方向之一，批评话语分析是从批判的视角研究话语和社会结构之间关系的话语分析方法的总和（黑玉琴，2013）。本文主要借鉴了批评话语分析中Fairclough的社会文化分析法，因为其话语分析模式在批评话语分析中最为系统、完备，应用最广泛。作为批评话语分析的主要代表之一，英国兰卡斯特大学Fairclough教授提出的三维框架（three-dimensional framework）结合语言学和社会学理论，以解构的方式解读话语，增强读者对社会现实和社会变化的再认识（楼毅，2015）。Fairclough提出由文本（text）、话语实践（discourse practice）和社会实践（social practice）三个维度构成的批评话分析框架，其中文本存在于话语实践，话语实践又存在于社会实践。文本维度是对文本内容和形式的语言学分析，主要分析词汇、语法语义以及语篇组织中的连贯性和话轮转换。话语实践维度是连接文本维度与社会实践维度的桥梁，主要研究文本的生产过程和解释过程，它关涉对文本生产和解释的社会认知。社会实践关注社会分析，将话语置于意识形态关系中，揭示意识形态和霸权以各种方式对话语的介入和话语对意识形态的霸权的维护、批评和重构作用。这三个维度不是孤立分割的，在分析过程中是相互联系的，不存在固定的分析程序，一切由分析者的需要和目的而定（黑玉琴，2013）。

研究步骤如下。

（1）搜集2001年至2020年政府工作报告，查找文本中“走出去”一词对应的动词及主语搭配，记录“走出去”及“一带一路”在政府工作报告中的出现频率。（2）归纳总结相关搭配及出现频次的变化特点。（3）列出引起其变化的相关因素，探讨变化背后的原因。

3. 结果与讨论

3.1 相关变化及其特点

为考察“一带一路”倡议的提出对“走出去”一词相关搭配的影响，本文将二十份文本划分为战略提出前后两个时期进行对比分析；同时考虑到虽然“一带一路”倡议于2013年提出，但具体时间晚于当年政府工作报告发布时间，因此两个时期作如下划分：2001—2013年；2014—2020年。

（1）与“走出去”搭配的动词使用情况：

a. 20份文本中大都涉及了动词“加快”，但分布年份呈现不均衡态势：

年份	次数
2001年—2013年	7
2014年—2020年	2

b. 除“加快”一词以外，2001年—2013年还使用了“支持”“实施”等动词；2014年—2020年还使用了“带动”“推动”等词，使用频率与“加快”一词基本持平。

（2）与“走出去”搭配的主语使用情况及出现次数：

年份	主语类别	次数
2001年—2013年	企业	13
	无主语	13
	其他	0

年份	主语类别	次数
2014年—2020年	企业	0
	文化	2
	装备	2
	技术	2
	标准	2
	服务	3
	制造	1

前一时期，与“走出去”搭配的主语主要为“企业”，而在2014年至2020年主语的使用中，已不再提及“企业”一词，搭配范围从企业扩展到了其他领域，范围明显扩大。

（3）“走出去”一词在2001年至2018年政府工作报告中均有出现，

次数为 1—3 次不等,但 2019 年及以后的政府工作报告中并未提及。与此同时,“一带一路”倡议自 2013 年提出后,多次出现在政府工作报告中,“走出去”与“一带一路”在 2014 年—2020 年出现次数对比及历时变化情况如下所示。

年份	走出去	一带一路
2014	3	0
2015	1	1
2016	2	5
2017	2	5
2018	1	5
2019	0	5
2020	0	3

由上表可看出,“走出去”战略出现频率呈波动下降,而“一带一路”倡议提出后,其主题词则以较高频率出现在历年政府工作报告中。

3.2 引起变化的原因

(1)从话语分析的角度来看,话语实践与社会实践密不可分。在 2010 年至 2013 年的政府工作报告中,“加快”一词成为与“走出去”一词搭配使用频率最高的词。究其原因,2008 年世界金融危机导致全球经济格局产生了深刻变革。金融危机后受国内巨额外汇储备以及国内产业转型的影响,全球资源资产估值偏低给企业带来了机遇,推动企业走出去步伐明显加快(张建平、刘桓,2019)。这一时期特殊的经济形势,使得中国需要加快走出去的步伐,扩大对外投资,寻求新的发展机遇,尽快摆脱金融危机带来的负面影响,这在 2009—2013 年政府工作报告中多有反映。

(2)2013 年—2017 年,“一带一路”倡议的推进,自贸区战略推动新一轮高水平开放,“引进来”进入高质量发展阶段,“走出去”范围更广。同时随着我国企业国际竞争力的提高以及“一带一路”建设的推动,“走出去”进入快速发展阶段,投资领域和地区更加广泛(张建平,刘桓,2019)。这一时期,政府工作报告中与“走出去”一词配搭使用的主语范围明显扩大,从“企业”扩展到“文化、技术、标准、服务、制造”等,走出去的范围不仅扩大了,企业服务的领域也更细化,包含高铁、核电等具体领域。

这一时期,文本中使用的动词,从“加快”扩展到“推动”“带动”“提升”“规范”等，“加快”一词的使用频率占比明显下降，究其原因，2013年，党的十八届三中全会确立了新阶段下全面深化改革的路径，同年，“一带一路”倡议提出，同时开始实施自贸区发展战略，进一步改善外资外贸发展的制度和政策环境，表明我国对外开放进入了新阶段（张建平，刘桓，2019）。处于新阶段，社会环境和实践的变化，要求我们打开眼界，扩大对外开放的领域，多方位共同发力，不止着眼于对外投资，还要提高自身竞争力，带动中国制造和中国服务一同走出去。

（3）“一带一路”倡议是新时代背景下“走出去”战略的扩大和延续，二者是一脉相承的关系。从2014年政府工作报告首次用100个字提出建设丝绸之路经济带、21世纪海上丝绸之路，惜字如金，到2015年规划“一带一路”，再到推进“一带一路”，到2018年推进“一带一路”国际合作，到如今政府工作报告用244个字指出共建“一带一路”，引领效应持续释放，字数逐年增加，展示内涵和深度（刘英，2019）。伴随着“一带一路”关键词的频频出现，“走出去”一词的出现频率在近几年的政府工作报告中却逐渐下降。随着“一带一路”建设的不断推进，“走出去”战略的内涵要义已经包含在“一带一路”倡议中。“走出去”战略在新的时代背景下，被赋予了新的时代使命，成为推动我国对外开放、发展成为国际贸易服务大国的中坚力量。

4. 结语

“走出去”一词相关搭配的历时变化体现了我国在对外投资中不同时期侧重点的变化，尤其是“一带一路”倡议的提出，中国加强了同“一带一路”沿线国家的合作，扩大了“走出去”的范围，也使得“走出去”一词的相关动词和主语搭配的发生显著的改变。根据Fairclough的话语分析理论，本文将政府工作报告与中国近二十年的社会背景相结合，通过文本、话语实践和社会实践三个维度，探讨了中国近二十年社会背景、政府工作报告文本、“走出去”战略与“一带一路”倡议三者之间的关系，证实了“一带一路”倡议和“走出去”战略一脉相承的关系，同时也证实了Fairclough话语分析理论的指导性和实用性。

参考文献

[1] 黑玉琴.跨学科视角的话语分析研究[M].北京：北京大学出版社，2013.4-72.

[2] 楼毅．基于 Fairclough 三维框架对米歇尔·奥巴马身份建构的研究——以米歇尔·奥巴马 2012 年民主党大会演讲为例 [J]. 长春大学学报，2015,25（01）：50–53.

[3] 刘英．从历年政府工作报告看“一带一路”如何推进 [N]. 中国经济时报，2019–03–13（005）.

[4] 赵爱玲．政协委员解读《政府工作报告》中的“走出去”[J]. 中国对外贸易，2016（03）：10–11.

[5] 张建平，刘桓．改革开放 40 年：“引进来”与“走出去”[J]. 先锋，2019（2）.

作者简介

张雯，广西大学外国语学院翻译硕士，英语口译研究生，研究方向：中国对外话语建构研究。

五、外语与外语教学

中美高校英语语音课堂教学对比

——个案研究[①]

陈露　王丽

摘要：英语国际化加剧新趋势下，英语语音教学是外语教学界普遍关注的话题。本文作者根据自己的语音教学经验和访学经历，以广西师范大学和美国加州大学富勒顿分校英语语音教学为研究对象，进行对比分析研究，以期寻求更有效的语音教学方法。

关键词：英语国际化，中美语音教学，对比研究

1. 前言

语音是英语语言三大要素（语音、词汇、语法）的核心，是口语有效交际的基础。Hinofotis and Baily（1980）通过调查研究指出，在达到一定程度的英语水平后，阻碍英语二语 / 外语习得者口语交际的是语音而非词汇和语法。英语语音教学在外语教学中一直处于中心地位，也得到外语教学界的普遍关注。根据中国知网数据库2000—2020年收录的文章，就有约4159篇是有关英语语音教学方面的研究，篇数也呈现逐年递增的趋势。然而，在众多文章中，甚少有涉及对比分析中美高校英语语音教学。笔者在广西师范大学长期从事英语语音教学，并以访问学者身份于2017年在美国加州大学富勒顿分校参与语音课堂教学的学习和观摩。

① 基金支持项目：2019年度广西壮族自治区高等教育本科教学改革工程重点项目"'产出导向'视阈下综合英语课程教学体系改革与实践"，项目编号：2019JGZ108。

本文试图就两校语音课的教学目标、内容与课时安排、方法和评估测试等方面进行对比分析，找出两校英语语音课堂教学优缺点，为本校英语语音教学的改革提供理据。

2. 英语语音教学新动向

随着全球经济的发展，英语不仅在国际商务、电子通信和科学研究等众多领域广泛运用，世界范围使用英语的人数也不断攀升。英语的使用者从单一的英语本族语者（native speakers, NSs）发展成人数众多的非本族语者（non-native speakers, NNSs）。根据 Graddol（2006）研究可知，当今 80% 以上的英语口语交际发生在非英语本族语使用者之间。由于英语的使用遍布全世界不同国家，在与不同国家当地语言和文化的接触后产生相应的系列变化，呈现国际化和本土化双向并行，本土化的最直接证据是形成各种区域变体，如澳大利亚英语、新加坡英语、菲律宾英语。而在英语变体中语音变体（phonological variation）最具代表性。

Jenkins 在 *Phonology of English as an International Language*（2000）一书中提出，在英语成为国际通用语言趋势下，语音变体的客观存在导致大多数非本族语者的英语语音带有外国口音（foreign accent）。然而研究表明，阻碍口语交际有效性的关键要素不是口音（accent）而是语音清晰度（intelligibility）。因此，ESL 和 EFL 语音教学不应是以帮助学生消除外国口音、习得"正确"的发音如 RP（标准英式发音）和 GA（标准美式发音）为唯一目标，应将如何归纳阻碍清晰度和有效度（Effectiveness）的语音发音特征列为重点。Jenkins 的观点质疑传统的英语语音教学标准，对教学改革产生深远影响。美国加州大学富勒顿分校语言系开设的英语语音课程由英语本族语教师任教，教学对象为非英语国家留学生，生源复杂，口音各异。因此，观摩、学习加州大学富勒顿分校的英语语音教学具有重要的现实意义。

3. 两校语音教学对比分析

3.1 教学目标

根据 2000 年修订的《高等学校英语专业英语教学大纲》，英语专业本科生的语音应该达到发音正确、语调比较自然、语流比较顺畅的要求。为了达到大纲要求，国内许多高校语音教学的实施经常以教授和训练学生标准发音(RP)和语调,纠正口音影响,达到纯正发音为主要目标,广西师范大学也以此为其教学目标。美国加州大学富勒顿分校语音教学目标与 Jenkins 观点一致,强调提高学生英语语音清晰度和口语交际的有效度,承认口音的客观存在,并不强调消除口音。

国内研究学者提出,由于"非本族语人群对其身份意识的增强,学界提出英语作为全球通用语(ELF)的口号,教学目标应从口音转向清晰度及可理解度,放在由超音段语音特征体现的交际的有效性,即可理解度上。"(田朝霞、金檀,2015)因此,语音教学目标观念的改变势在必行。在英语国际化趋势下,语音教学目标将不应该只是单纯获得纯正口音,而是提高口语交际中信息交换的有效性,即清晰度和可理解度。然而,我们也不能忽略纯正口音的重要性。研究表明,影响交际可理解度的因素包括了较重的外国口音。反之,接近纯正口音的语音可理解度相对高一些。对比发现,广西师范大学将语音教学的目标设定为纯正语音,尽管从表面上不切合时代发展,但有其现实意义,具体表现在以下三个方面。

(1)几乎所有的学生都掌握一门共同的语言——汉语普通话,从某种程度降低了语言背景的复杂性,从普通话过度到英语纯正语音的难度比富勒顿的学生较低;

(2)从客观的结果来看,成年人学习语言,口音难改是客观事实,但并不能否认教学目标标准化的重要性。广西师范大学的外语语言环境下英语学习是学得,而在富勒顿的英语学习是习得,这是本质的不同。富勒顿的英语语言环境自然为学生提供标准化的纯正语音样板,语音课堂不需要再强调"清除口音"。此外,口音的清除是一个漫长而且潜移默化的过程,同时依赖于个人的模仿能力,英语口音也有轻重之分。

(3)英语尽管成为国际广泛应用的通用语言,但由于政治、经济、历史等原因,英语核心圈国家的语音被公认为纯正的标准,因此,"纯正语音"作为教学的理想目标是很有必要的。通常英语课的外教都强调由英语核心圈国家的英语母语者承担。

3.2 教学内容与课时安排

广西师范大学使用王桂珍主编的教材《英语语音语调教程》(*English pronunciation & intonation practice*),该教材是全国很多高校英语语音课所采用的教材。美国加州大学富勒顿分校语音课沿用的教材是由 Miller 主编的 *Targeting Pronunciation*: *Communicating Clearly in English*。这两套教材都采用听说结合的编写方式,提供大量有关语音规则的详细信息，注重在交际语境中帮助学生学习英语语音。

以下列表分别是广西师范大学和美国加州大学富勒顿分校秋季学期英语语音课教学内容及课时安排。

广西师范大学		加州大学富勒顿分校	
教学内容	课时	教学内容	课时
课程简介	2	课程简介	4
元音	8	元音	4
辅音	10	辅音	4
节奏、音节	2	节奏、音节	4
句子重读	2	句子重读	4
连练、停顿	2	连练、停顿	6
语调种类、结构	2	语调种类、结构	4
语调功能	4	语调功能	4
复习	2	复习	4
总计	34	总计	38

注：一课时 40 分钟

对比两个大学的表格：两个大学语音教学内容大致相同，基本概括为发音和语音规则两大部分，总学时也大致相同，显然，《英语语音语调教程》教材的编撰视角与美国的 *Targeting Pronunciation*：*Communicating Clearly in English* 是一致的，实用性强。

差别在于教学时间分配方面。由于我国语音教学的目标设定为以RP为主的模式，广西师范大学语音教学重点是音素发音（共 18 课时），教学时数占总时数的 50% 以上。另外，在元音和辅音部分教学中增加除教材外单词、句子、短文和诗歌方面的音像材料，用于巩固发音训练，实际音素发音教学的时数会多于 18 课时。美国加州大学富勒顿分校侧重以社会语言学为视角的语音教学，强调交际的有效性，将重点是在超音段特征语音教学，如重读、语调和节奏等语音规则方面，占总时数的 60% 以上，音素发音教学时数只占 30%。教学内容的重点取决于教学目标，由此可见，两校语音教学侧重点明显差异的原因是基于上文提到的教学目标的不同。

3.3 教学方法

基于笔者的教学和访学听课经历调查发现，两所大学语音教学方法上存在较大差异。

（1）语音音素发音教学

元音和辅音是英语语音发音的两个主要组成部分，是语音课堂教学重点之一。广西师范大学音素教学方法基本遵循：按照教科书讲解发音方法—学生听录音—模仿发音—反复训练的过程。在单个语音讲解中，教师会使用本族语相似听觉质量的发音代替英语发音。例如，描述元音 a 发音时将 a 等同于汉语的“啊”进行讲解。课堂上，学生根据要求模仿教师或是录音（录像）的音素、单词和句子等进行发音训练。纠错方面，教师以学生发音的音效来判断正误并再次运用模仿教材录音发音的方式纠正错误，没有分析错误的根源和提出其他更正的途径。课外语音练习大多是基于教材的巩固操练。

美国加州大学富勒顿分校的发音教学强调发音口型和口腔位置、运动的正确性。首先，教师在课堂教学中详细讲解并要求学生了解和熟悉发音器官和口腔位置，如唇形、舌位、软腭、硬腭以及牙床等在发音中的作用。其次，向学生讲述每个发音的步骤、要素和特点并逐一示范。课堂上，学生专注教师的发音口型，观察每个音素发音的口腔器官如下颌、唇、牙齿和舌位的位置和运动。为了识别每位学生的发音情况，教师设计语音日志卡（Pronunciation Logbook），要求学生把课堂指出的针对个人的发音问题详细记录在卡片，用于反复学习操练。课后，要求学生利用语音实验室的计算机视觉图谱（Computer-Assisted Pronunciation Training）进行计算机辅助练习和纠正语音发音。该计算机语音训练软件提供标准发音口型活动图谱，学习者不仅可以观察并模仿到单个音素的唇形、舌位变化等，也可以点击与某个发音相关的易混淆单词进行训练。

对比发现，广西师范大学和美国加州大学富勒顿分校音素教学方法的根本差异在于是否关注发音口型的重要性。根据肌动模型理论（Libermanetall.，1967），人们言语听辨时会参照言语肌肉活动辨认言语信号。也就是说，交际过程中说话者发音口型会直接影响交际双方的听辨理解的有效性，发音教学普遍存在的误区是只关注音素发音的听觉质量（auditory quality）而非发音的方式（articulation）。在多媒体迅猛发展的时代，源自电台、电视和网络视频的语音素材被广泛应用在语音模仿上，遗憾的是，国内教学只关注模仿发音的行为，却忽略了纯粹的模仿不再适合成年大学生语音学习的客观事实。因此，为了提高发音正确性，我们在训练过程中要强调“理解＋模仿”，在课堂教学中运用口腔各部位平面图向学生讲解每个音素发音的形成、方法，区分相似发音的口腔位置不同，模仿以英语为母语播音员的发音口型以及相关的肌动和方式才是发音训练的有效途径。具体而言，应当指导学生观摩英语本族语发音示范视频，帮助学生获得正确的音素发音，掌握每个音的发音口腔部位，逐渐形成正确、自然的发音习惯。

（2）超音段特征知识教学

Munro and Derwing（1999）观察表明，影响清晰度的因素有时不是发音失误（phonetic errors）而是音韵失误（prosodic errors），如重读、语调、节奏等超音段特征。因此，语音教学应同时关注元音、辅音发音和超音段特征及其交际功能，三者缺一不可。然而，正如以上有关教学内容及课时列表所示，广西师范大学的教学重心是音素发音，以致对于课程中超音段特征语音知识只做简单讲解，缺乏有针对性的深入练习，导致学生在口语交际中出现停顿、单词和句子重读、语调升降等方面失误，影响交际双方对话语信息和意图的正确解读。

对比发现，美国加州大学富勒顿分校更注重超音段特征教学，其课堂教学使用语篇练习为学生提供真实的场景，将语音的语速、停顿、连读、句子重读和语调等训练融入语篇中，打破单一的单词—短语—句子的训练模式。如语调教学（共 10 课时），教师首先具体解析强调语调的类型、结构、功能，然后播放对话录像或录音做示范，要求学生观摩语调在社会话语交际的应用再反复练习。为了加深学生对语调功能的理解，选取不同题材的语篇供他们训练。此外，美国加州大学富勒顿分校每学期定期邀请交谈伙伴（conversation partner）2 名参与 4—5 个课时的语音课堂活动。交谈伙伴均是高年级发音标准的同学，他们加入各个学习小组，负责协助教师开展活动以及指导和纠正班上其他同学语调问题。

（3）课后作业布置

《英语语音语调教程》的课本练习是广西师范大学作业的主要内容，偏向传统的模式。美国加州大学富勒顿分校则是鼓励学生课后在电脑或是手机下载专为语音训练使用的 APP 来加强练习，如常用的免费语音 APP 有 Sounds: Pronunciation App 和 Quick Pronunciation Tool 等。这些 APP 通常具有发音图谱、单词拼读示范和发音测试等功能，具有便捷性和创新性。

4. 评估与测试

广西师范大学对学生语音的评估依据是课堂平时成绩 + 期末考查成绩，平时成绩占 40%。期考成绩占 60%。美国加州大学富勒顿分校也采取同样方式评估学生语音成绩，略为不同的是其平时成绩和期考成绩各占50%。广西师范大学期末测试由英语单个音素发音—单词朗读和短文(300字)朗读组成;美国加州大学富勒顿分校测试是主题发言,学生根据老师预先布置与语音学习有关的主题进行10分钟发言,考试的方式相对灵活。

5. 结语

美国加州大学富勒顿分校与广西师范大学英语专业的语音教学课程各有其特点。通过以上两所大学英语语音教学对比分析,美国加州大学富勒顿分校语音教学对广西师范大学的语音教学有以下启示:(1)在英语全球化背景下,广西师范大学不能放弃"纯正口音"的理想目标,因为广西师范大学的英语语音学习是个学得过程,此外,要处理好清晰度及可理解度语音教学之间的关系;(2)教学内容应该同时关注音素发音和超音段语音特征教学的重要性,增加学生对英语语音的全面理解并达到交际有效性的目标;(3)要充分利用互联网、多媒体软件辅助语音教学,例如,教师指导学生使用网络语音学习软件加强训练,为了激发学生课后参与的热情,教师可以记录或抽查学生软件使用的情况作为课程成绩;(4)创造学生课堂参与活动的机会,针对国内大班课堂语音教学现状,参考美国加州大学富勒顿分校经验,定期从高年级邀请交谈伙伴加入课堂互动,将由教师单独与全班学生交流转变为有小组长主导的多小组内部交流,增加学生语音训练的机会。

参考文献

[1]Graddol D. *English next*[M]. London: British council,2006.

[2]Hinofotis. F, Bailey K. *American undergraduates' reactions to the communication skills of foreign teaching assistants*[J]. On TESOL,1980, 80: 120-133.

[3]Hirschfeld U., Trouvain J. *Teaching prosody in German as a foreign language*[J]. Trends in Linguistics Studies and Monographs,2007, 186: 171.

[4]Jenkins J. *The phonology of English as an international language*[M]. Oxford University Press,2000.

[5]Liberman A. M., Cooper F. S., Shankweiler D. P., et al. *Perception of the speech code*[J]. Psychological Review,1967,74(6): 431.

[6]Miller, Sue F. *Targeting Pronunciation: Communicating Clearly in English* [M].Boston: Houghton Mifflin,2006.

[7]Munro M. J., Derwing T. M. *Foreign accent, comprehensibility, and intelligibility in the speech of second language learners*[J]. Language Learning,1995,45（1）: 73-97.

[8]Wrembel M. Metacompetence-based approach to the teaching of L2 prosody: practical implications[J]. Trends in Linguistics Studies and Monographs,2007,186: 189.

[9] 高等学校外语专业教学指导委员会英语组．高等学校英语专业英语教学大纲 [Z]. 上海: 上海外语教育出版社,2000.

[10] 田朝霞,金檀．英语语音评估与测试实证研究——世界发展趋势及对中国教学的启示 [J]. 中国外语,2015（3）: 80-86.

[11] 王桂珍．英语语音教程: 第二版 [M]. 北京: 高等教育出版社,2005.

作者简介

陈露,广西桂平人,广西师范大学外国语学院副教授,硕士生导师,研究方向: 应用语言学方向研究。

王丽,安徽宁国人,广西师范大学外国语学院副教授,研究方向: 英语语言学方向研究。

后疫情时代的混合式教学模式建构

——以广西大学《综合英语》课程为例[①]

吴虹

摘要：混合式教学融合了线上线下资源，带来与传统课堂教学不一样的体验，对学生的语言学习有较好的促进作用。本文以广西大学《综合英语》课程为例，探讨如何充分利用线上资源，有效调动学生学习的积极性，让学生课上参与课堂讨论，课后实现自主学习。

关键词：混合式教学，综合英语模式

2020年初，新冠疫情来势汹汹，让人猝不及防。也因为此次疫情，全国各地的高校均在2020年的春季学期选择线上教学的模式完成教学工作。线上教学有其自身的优势，首先，线上教学很好地解决了疫情期间不便于集中面授的问题，维系了常规的教学工作；其次，线上教学采用了现代信息技术，突破了传统教学课堂的限制等。然而，完全的线上教学也暴露出不少问题，如教学效果受网络和计算机硬件影响不稳定、学生学习效果个体差异大等等。因此，在疫情缓和、高校恢复面授之后，应该思考的是如何将线上和线下教学相结合，充分利用两者的优势开展教学。

事实上，教育部早在《关于加快建设高水平本科教育全面提高人才培养能力的意见》（以下简称《新时代高教四十条》）中的第11条提出要求"推动课堂教学革命……积极推广小班化教学、混合式教学、翻转课堂，大力推进智慧教室建设，构建线上线下相结合的教学模式……"。可见混合式教学是课堂教学改革的重要方式之一。本文将以广西大学的《综合英语》课程为例，探讨如何开展线上线下相结合的混合式教学。

1. 混合式教学简介

混合式教学是传统学习理念与 E-learning 纯技术学习理念的结合，

① 基金支持项目：2019年广西高等教育本科教学改革工程立项项目"基于混合式教学的《综合英语》课程改革探究"，项目编号：2019JGB115。

是传统教学与网络教学的优势互补。“既要发挥教师引导、启发、监控教学过程的主导作用,又要充分体现学生作为学习过程主体的主动性、积极性与创造性”(何克抗,2004)。

教育部《教育信息化十年发展规划(2011—2020)》(第六章)指出:“推动信息技术与高等教育深度融合,促进教学手段和方法现代化,创新人才培养模式,提高高等教育质量。”如何有效利用现有技术手段,将线上学习与面对面授课完美结合,开展混合式教学,以提高教育教学质量是目前很多教育研究者关注的问题。

在 EBSCOhost 搜索主题词“blended teaching”,在学术理论期刊中有 566 个结果;但实际与语言教学相关的只有 114 篇,其中最早 1 篇为 2005 年发表(Neumeier 2005)。这 114 篇论文多为实证性研究,范围所涉颇广,但以混合式教学在写作中的研究为主,囊括了混合式教学在摘要写作、说明文写作、学术写作、外语写作学习等多个方面(Ferriman & Nicholas,2013;Behlol& Khan,2016;Simonova,2019 等)。

在中国知网搜索主题词“混合式教学”可以找到 1 5297 篇中文文献,真正意义上的线上与线下的混合式教学的文献出现在 2005 年,从 2015 年开始出现成倍增长,仅 2020 年一年知网上可查到文献就有 5 428 篇,占了该主题的三分之一。与英语教学相关的多为混合式教学在大学英语写作和高职英语写作的研究(孟彦莉,2011;陈珺,2017 等)。然而,搜索并含“综合英语”为主题的仅有 39 篇文献,最早为 2010 年。这些论文中有基于手机 APP 的“综合英语”课程教学的研究(王玉兰,2018;丰海利,2018),有基于“雨课堂”平台的(王东娇,2018),也有基于微课的(文开艳,2017)。

综上所述,虽然混合式教学的理念早已有之,国内外在混合式教学方面有不少研究,但其在国内的研究发展也是随着科学技术的不断进步受到越来越多的关注。相对于大学英语、英语写作等课程,基于混合式教学在综合英语课程改革的相关研究还非常少,仅有 39 篇,并且大部分是基于某一固定平台或某一固定形式等。本文拟探讨如何利用一切可用资源进行的综合平台的混合式教学。

2. 广西大学“综合英语”教学现状

教育部 2018 年颁布的《普通高等学校本科专业类教学质量国家标准》(以下简称《新国标》)中,对于外语类学生的培养目标的要求,除了扎实的语言基本功,还强调了人文素养和思辨能力,修正了过去教学大纲对外语类学生文化素养和思辨能力关注不足的缺憾。与《新国标》中对英语专业人才培养不断提升的要求相对应的，却是本科毕业学分的不断减少。以G大学英语专业为例，培养计划从2015版的185毕业学分减为2017版的160毕业学分，到2020版进一步减少到150个学分。不断压缩各类课程的授课学时，其中"综合英语"系列课程总学分从原来的20减少到16学分。

作为英语专业课程中的一门核心基础课，"综合英语"注重学生听、说、读、写、译等语言基本技能的训练和英语综合应用能力的培养，在英语专业学生低年级课程中所占学分比重最大。传统的"综合英语"课程多以一套教材为课本，所学内容也离不开生词学习和拓展、句子释义、语法知识点讲解、段落大意概括等形式，这种语言分析式的教学往往偏重对字词等知识记忆的存储而忽略了语言交际能力的培养以及语言下更深层次的文化内涵的理解，忽略了对学生批判性思维、创造性思维等能力的培养，无法适应《新国标》对英语专业高素质创新型人才的培养。在现有授课学时不断压缩的情况下，更需要思考信息时代下传统教学如何充分利用先进的科技手段，从线上线下整合资源，在"综合英语"课程中构建混合式教学的模式，利用好课堂内外的时间，通过更加科学、高效的方式进行课程教学。

3. "综合英语"课程混合教学模式初建

课题组在广西大学英语专业进行了一次问卷调查，对学生学习"综合英语"的基本情况进行了解，参与调查的学生共计109人，其中，84.41%的参与者来自刚刚修读完两个学年综英课的2018级和正在修读第二个学年综英课的2019级。调查显示，大部分的学生在课前预习中主要关注的是词汇和语法，希望教师能在讲解课文重难点的同时扩展课外知识。同时，学生在综英课堂中更喜欢小组讨论的形式。基于对广西大学目前"综合英语"课程教学情况的综合分析，课题组对该课程的混合式教学模式进行初步建构。该模式的重点在于充分利用各类教学资源，重构传统教学课堂，拓展教和学的时间与空间。混合式教学的应用使得"教"和"学"不一定都要在同一时间、同一地点发生，扩展了传统教学的时间和空间，可以在一定程度上解决课堂教学学时不足的问题；此外，线上教学手段的使用让学生可以更多访问所需资源，灵活性强。目前可利用的线上资源、平台和APP很多，如微课、雨课堂、超星学习通、批改网等，但无论是哪一类型的资源或平台，都会有优缺点，因此，综合运用各类平台、资源将有助于取长补短，最大限度地发挥各类资源的优势。

3.1 微课

微课又名“微课程”，是以一个简短的教学视频为载体，针对某个学科知识点（如重点、难点、疑点、考点等）或教学环节（如学习活动、主题、实验、任务等）而设计开发的一种情景化、支持多种学习方式的在线视频课程资源。微课的优势在于其简短，一个微课的时长一般不超过10分钟，大多在5～8分钟左右。考虑到学生课前预习的主要方向，可以通过微课模式将所学单元的文化背景知识或是词汇语法重难点进行预讲解，让学生可以利用碎片化的时间进行课程预习。

3.2 超星学习通

超星学习通是超星集团开发的网络教学与学习平台，其功能与雨课堂类似，广西大学与超星合作构建了广西大学学习平台，所有学生手机上都下载了学习通的应用程序。教师可以通过该平台进行备课、作业发布和线上考试等，线上作业和考试批改后生成的数据可以为教师提供非常直观的学情分析，有助于了解学生对所学知识点掌握的情况。除此之外，学生与教师的云端互动是此类智慧教学平台的一大优势，根据之前提到的问卷调查显示，仅有19%的受访学生会在课堂上积极发言，多达68%的学生即使能跟上教师的教学思路和节奏也不会积极参与讨论，这项功能可以在一定程度上让学生更积极地参与讨论、表达观点。

3.3 批改网

批改网是使用计算机对英语作文进行在线自动批改的系统。写作是英语学习者应掌握的一项基本技能，也是综英课程必不可少的环节，人工批改往往耗时较长，使用批改网可以给学生即时的反馈，并且学生可以根据批改网的建议去修正自己的词汇和语法错误，有助于学生自主学习，通过不断对英语作文的打磨，提升英语写作的能力。

4. 结语

传统的教学以接受学习为主，而在混合式教学中，教师从知识的传授者转化为学生学习的促进者，学生的语言学习由“被动输入”变为“主动输出”。对于教师而言，课堂活动的设计、线上资源的开发和利用等，促使教师进行教育研究和课程建设，教学科研相长。对于学生来说，线上线下学习模式的结合，充分利用各种渠道的多种资源，可以提高学生自主学习的能力；合作学习、小组讨论、文章互评等模式，可以让学生在交流研讨活动中相互学习，交流各自学习心得和经验。“综合英语”可以通过充分利用各类资源和平台，实现混合式教学，以弥补传统教学模式的短板，同时提升学生综合素质，培养更符合素质教育要求的高水平的英语学习者。

参考文献

[1] Behlol, Khan. Blended learning module: Investigating its effectiveness in teaching expository writing skills at secondary stage[J]. *Gomal University Journal of Research*, 2016 (12).

[2] Ferriman, Nicholas. The impact of blended e-learning on undergraduate academic essay writing in English (L2)[J]. *Computer & Education*, 2013 (1).

[3] Miyazoe, Anderson. Learning outcomes and students' perceptions of online writing: Simultaneous implementation of a forum, blog, and wiki in an EFL blended learning setting[J]. *System*, 2010 (6).

[4] Neumeier, P. A Closer Look at Blended Learning—Parameters for Designing a Blended Learning Environment for Language Teaching and Learning[J]. *ReCALL*, 2005, 17 (2): 163 - 178.

[5] Simonova, I. Blended Approach to Learning and Practising English Grammar with Technical and Foreign Language University Students: Comparative Study[J]. *Journal of Computing in Higher Education*, 2009, 31 (2), 249 - 272.

[6] 陈珺. 基于微课的混合式教学模式研究 [J]. 英语教师, 2017 (8).

[7] 丰海利. 基于微课和手机 APP 的综合英语混合式教学模式研究 [J]. 吉林省教育学院学报, 2018 (3).

[8] 孟彦莉. 基于混合式教学的大学英语写作自我效能感培养研究 [J]. 电化教育研究, 2011 (5).

[9] 王东娇. “互联网 +”视域下的混合式教学实践 [J]. 佳木斯职业学院学报, 2018 (5).

[10] 王玉兰. 英语类 APP 应用与综合英语课程教学的实证研究 [J]. 南昌教育学院学报, 2018 (4).

[11] 文开艳. 基于微课的混合式教学模式探究 [J]. 内蒙古电大学刊,

2017（5）.

[12] 甄荣，基于混合式教学的英语写作教学 [J]. 外国语文，2013（8）.

[13] 教育部．教育信息化十年发展规划（2011-2020）[DB/OL]. http：//www.edu.cn/zong_he_870/20120330/t20120330_760603_9.shtml.

[14] 教育部．教育部关于加快建设高水平本科教育全面提高人才培养能力的意见 [DB/OL]. http：//www.moe.gov.cn/srcsite/A08/s7056/201810/t20181017_351887.html

作者简介

吴虹，广西大学外国语学院副教授，研究方向：翻译研究，翻译技术，语言学。

思辨能力培养视角下的英语专业毕业论文写作探析

——以翻译实践报告为例

韩映

摘要：毕业论文写作作为本科生大学期间最后一项重要任务，检验的不仅是学生的最终学习水平，还有学生在分析、推论、解释、评价与总结等与思辨相关的各方面的能力。本文以翻译实践报告为例，对英语专业本科生毕业论文写作中存在的主要问题及其重要影响因素进行分析，从思辨能力培养的视角出发，探究基于思辨能力培养的英语专业本科毕业论文写作教学改革的有效路径。

摘要：英语专业，毕业论文写作，思辨能力，教学改革

1. 引言

《高等学校英语专业英语教学大纲》（以下简称《教学大纲》）中指出："毕业论文是考查学生综合能力、评价学生成绩的一个重要方式……要求文字通顺、思路清晰、内容充实，有一定的独立见解。评分时除了考虑语言表达能力外，还应把独立见解和创新意识作为重要依据。"毕业论文写作是大学本科教育中的一个重要环节，英语专业本科毕业论文在体现学生最终的英语综合能力水平的同时，也能在一定程度上反映一所高校英语学科的教育教学水平和在英语人才的培养质量。因此，把英语专业毕业论文写作教学放到本科英语教学的重要位置，既符合《教学大纲》对英语专业本科毕业论文写作目的和写作意义的要求，也是高校英语学科建设和教学改革的内在需求。

尽管如何指导英语专业毕业论文写作以及提高毕业论文质量一直都是高校英语教学改革研究的重点问题，但英语专业毕业论文中存在的选题陈旧、论文结构混乱、论文撰写思路缺乏创新和思辨意识以及格式不规范等问题仍然比较突出。本文以翻译实践报告为例，从思辨能力培养与英语专业毕业论文写作的关系入手，分析英语专业毕业论文写作中存在

的问题及其影响因素，探讨如何将二者有效地融入课堂教学中，以期在提高英语专业学生毕业论文写作质量的同时激发和培养学生思辨能力。

2. 英语专业毕业论文写作中存在的问题

英语专业毕业论文大致可以分为英语语言学和文化研究、英语语言文学研究、英汉之间的翻译研究和应用语言学这四个方向，在这四个方向下又可细分为文化、教育、语言学、翻译、商务和文学这六个大的分类。本文以翻译研究中的翻译实践报告为例，分析英语专业毕业论文写作中存在的共性问题，探讨问题形成背后的原因，以期找到解决问题的有效途径。

2.1 论文选题陈旧，立意不明

毕业论文的选题是整个论文写作过程的起点，学生需要根据自己的兴趣爱好和实际能力水平，选择一个兼具学术价值和社会价值的选题，通过查阅大量的相关资料，在对资料内容进行分析、概括和整合的基础上，形成自己独特的学术观点，明确自己论文研究的中心论题，并确定具体的论文题目。当前，英语专业本科生毕业论文在选题方面普遍存在选题陈旧、重点模糊、立意不明等问题。以翻译实践报告为例，学生在选题时，往往把源语文本的选择范围局限在自己的个人兴趣或者有限的阅读上，源语文本多来自学生较为熟悉的西方古典文学名著。在论文解题视角上，大部分学生无法突破以自己熟知的功能对等理论、目的论、泰特勒翻译三原则等几大翻译理论来指导源语文本翻译的局限。这种没有新意，没有分析和思辨，纯粹为了选择而选择的研究思路，往往导致翻译理论不切合源语文本文体特质和语言特征，从而无法真正有效指导源文本的翻译。有部分论文在合适的翻译理论的指导下也并没有深挖源文本独特的文化价值和社会价值，忽视了源语文本自身独特的文本特质和语言风格，因而论文既没体现出其别具一格的研究视角，也没有体现出独具特色的研究重点，论文立意模糊，研究内容单一，缺乏新意。

2.2 框架结构单一，重点不突出

一个清晰的论文结构框架不仅能体现论文的整体方向和写作思路，还能体现作者对论文研究内容的把握层次，展现作者独特的学术观点，突出论文的重点。翻译实践报告中体现的英语专业本科生毕业论文在论文

结构框制定方面的共性问题表现为大部分学生在选定一个选题后，并不是大量查阅文献，并在理解和深刻分析文献内容的基础上总结该领域的研究成果和存在争议的焦点，进而确定自己论文的研究方向和研究重点，而是急于求成，在常见的翻译实践报告框架下套入源语文本相关信息，不求创新，使得论文框架结构单一，章节间逻辑联系不严谨、层次不明显，生硬堆砌的章节标题也没有体现出论文清晰的研究脉络，突出论文的研究重点。

2.3 内容逻辑混乱，缺乏思辨性

语言表达能力差，内容层次递进不明显，文章写作思路混乱，论证过程缺乏思辨等也是大学英语专业本科毕业论文中常见的问题。由于翻译实践报告中的源语文本需要在英语和汉语两种语言之间转换，其对论文写作者的语言水平有更高的要求。对英语专业本科毕业生来说，英语学得再好，也无法做到像母语那样表达自如，所以在译文以及论文中经常会出现词语误用、表达欠妥、中式英语等语法错误。此外，在翻译过程中，学生经常忽视源文本上下文之间的逻辑联系，这使得译文各段落之间逻辑联系不强，衔接不紧密，过渡生硬。部分英语专业本科毕业论文中还会出现堆砌观点，有论点但无论据或论据不充分，以及大量罗列例子，不加分析与思辨，仅凭个人的主观臆断下定论等问题。

2.4 撰写不规范，学术意识淡薄

毕业论文写作是高校培养具有创新意识和创新精神、具有较高专业技能水平和实践能力的高级专门人才过程中不可缺少的关键环节，也是本科生锻炼学术写作能力，培养严谨的学术意识的重要机会。尽管各大高校为了规范本科生毕业论文，对毕业论文格式规范做了很多明确的规定，也一再强调学术规范问题，但英语专业本科毕业论文中仍然存在论文撰写不规范、学术意识淡薄等问题。这些问题主要表现为引用不规范和格式不规范这两方面。翻译实践报告的撰写往往涉及对英语文本的查阅和引用，在对引用材料进行出处备注时，有部分学生因为学术能力和学术意识水平的限制，并没有对引用材料进行备注，有的做了备注，但并没有对引用的材料进行索引，搜索其原出处，这就造成了文内引用与所备注出处不符的问题。在论文格式规范方面存在的主要问题是标点符号使用不规范，同级标题字体、字号不统一以及文中引用的内容所标注的序号与参考文献序号不一致、参考文献格式混乱等问题。

3. 思辨能力培养与英语专业毕业论文写作

3.1 英语专业学生思辨能力培养的重要性

思辨这一概念最早可以溯源到古希腊著名哲学家苏格拉底所倡导的一种探究性质疑。到了近现代,在哲学家、教育学家等各界学者的一次次探讨和讲解中,人们对于思辨的本质和内涵有了更为深刻的理解,根据中国学生的学习和思维发展特征,在借鉴已有的定义模型基础上,文秋芳教授提出思辨能力应当是认知能力(包括分析、推理、评价)和情感特质(即好奇、开放、自信、正直和坚毅等)的统一体(文秋芳,2009)。如今,思辨能力已经被广泛地应用于教育中的社会学、传播学、哲学等各个学科中。但国内的英语专业毕业生被认为普遍存在知识面窄、思想缺乏深度、分析能力和思辨能力不足的缺陷(孙有中,2011)。在国际竞争已从资源竞争逐渐演变为科技人才竞争的大环境下,国内教育界也逐渐加大了对大学本科生思辨能力培养的重视力度。外语专业由于其自身跨文化的特殊性,在促进大学生思辨能力培养的过程中处于更为显著的位置。

首先,加强对英语专业学生思辨能力的培养符合社会对创新型复合人才的要求。2014 年 1 月,教育部高等学校英语专业教学指导委员会发布的《关于推动高等学校英语类专业教学改革与发展的指导意见》(英教指委〔2013〕6 号)文件精神中明确提出了"坚持英语类专业内涵式发展,走以质量提升为核心的多元化人才培养道路;更新人才培养观念,创新人才培养模式,以提高思辨能力与实践能力为重点,注重培养培养学生的多元文化意识、思辨能力、实践能力和健全的人格"的要求,这表明思辨能力的培养已经被放到英语专业人才培养中一个极其重要的位置,培养具备较高英语专业知识水平、语言基本功底扎实、思辨能力和创新能力出众的英语专业学生是各高校英语专业人才培养改革的努力方向。

其次,培养学生思辨能力也是各高校英语学科追求创新和进步,不断探索学科发展新思路的内在要求。英语语言的学习与思辨能力的培养和发展有紧密的联系。语言作为思维的工具,在人们形成概念,进行表达、判断和推理,直至将表象上升成个人的认知,并最终形成新知识体系的过程中扮演着一个必不可少的重要角色。语言作为一个符号中介,从诞生之初便与思维密不可分(林崇德,2006)。在认识和把握思辨能力培养与语言学习之间的关系基础上,以强化学生思辨能力培养为抓手,不断促进英语学科的创新和改革,这有助于提高英语学科的教育教学水平和学科地位。

再者,思辨能力本身具有普遍应用性,任何专业的学习、实践和创新都离不开思辨能力(梁桂芳,2019),思辨能力不仅适用于学习,在工作中,思辨能力的适用范围也很广泛。在英语教学中,对学生思辨能力的培养和强化有助于学生不断加强自己的分析能力、推论能力和评价能力,帮助学生拓宽思维,提升眼界。而作为一种可迁移的能力,思辨能力还可以帮助学生在分析、规划和整合的基础上,更客观地看待事物,在解决问题的时候可以从多个角度入手,避免狭隘和极端化。

3.2 思辨能力培养对提高毕业论文质量的促进作用

毕业论文写作是检验英语专业本科生专业知识水平、语言和技能水平水以及学术水平的一个重要环节。在毕业论文写作过程中,学生不仅需要在研读大量文献并进行分析和总结的基础上,考虑环境和资源的限制,结合自身现实条件,选取合适的选题,还需要在确定选题后,大量阅读和分析与选题相关的材料,确定选题独特的研究视角,拟定逻辑合理,关联紧密,重点突出的论文框架,并在列好的框架之下完成行文逻辑严谨、过渡顺畅,论点鲜明、论证充分和格式规范的论文正文部分的写作。

对学生思辨能力的培养,可以强化学生辩证看待问题、多角度分析问题和创新性解决问题的能力,从而帮助学生在论文选题、研究视角确定和论文撰写等方面做到更高效、更有条理、更具有创新性,进而达到提高毕业论文质量的目的。以翻译实践报告为例,学生在选取源语文本的时候,可以突破自身阅读量和课本知识的局限,从当下翻译研究的热门作品或者小众文学流派的代表作品入手,选取具有研究价值的作品;在确定选题的研究视角时,学生可以从源语文本的文化背景、文本体裁、语言风格等多个方面来考虑,选出源语文本中独具特色的要素,以一个贴合源语文本特征的理论来指导源语文本翻译和论文写作;在源语文本翻译过程中,学生可以结合自己对中、英文化中不同风俗习惯和宗教信仰等各方面的认识和了解,在确保正确、完整传达原文意思的情况下,灵活翻译;在写作过程中,学生可以通过分析、推论和总结来区分和比较论文中涉及的不同概念,并通过对新概念和新知识的解构与重构,把新、旧知识进行整合,形成自己对新概念和新知识的认知,加深对课题研究内容的理解。

4. 思辨能力培养视角下提高毕业论文质量的相关途径

4.1 进行课程改革,突出思辨培养

要加强对英语专业学生思辨能力的培养,可以从英语专业的学科课程设置入手,将思辨能力培养融入英语专业各科的教学中。“在培养学生思辨能力方面,学科专业课程能够大有作为。学科专业课以学科知识为依托,比较易于设计任务,使学生在运用所学知识或理论分析解决问题的过程中锻炼思辨能力。”(林岩,2014)对英语学科专业课程进行改革,首先要做的就是强调思辨能力培养重要性,改变英语学科设置中重技能、轻人文、少思辨倾向的偏向,在课程设置中加入注重思辨能力训练的社会语言学概论、英语辩论、英语演讲等指导性课程,通过这些课程,利用英语的跨学科学习和研究英语国家的语言、文化、风俗习惯、社会经济等内容的本质和特点(梁桂芳,2019);在课堂教学中增加锻炼思辨能力的阅读汇报、小组讨论,话题分析和探讨等环节,引导学生进行思考和分析,鼓励学生提出问题,围绕问题进行多角度剖析和探索,带领学生进行深度辩论和总结,把对学生思辨能力的培养落实到具体的教学环节和教学活动中,为学生能在毕业论文撰写中灵活选题、多角度探索研究思路、准确把握论文重点、理顺写作思路和高效完成论文写作打下坚实的基础。

4.2 端正学风,明确毕业论文写作目的

由于毕业论文从前期的选指导教师、确定选题、撰写开题报告到后期的论文撰写与修改等流程几乎都安排在大四这一年,英语专业大部分大四学生在这个时间段里还要为英语专业八级考试、考研、或者找工作做准备,在没有充足的时间和精力兼顾多项任务的情况下,学生往往容易忽视毕业论文撰写对大学英语专业毕业生的重要性,在论文写作的过程中抱着应付的心理,选题随意,撰写不认真,草草写完初稿,不加修改就当成终稿上交用于答辩。学校有责任和义务向学生强调毕业论文撰写的重要性,要求学生秉承严谨治学的学风,帮助学生端正完成毕业论文的态度。任课教师在课堂教学活动中可以有意识培养学生勤学好问、积极研究和探索国内外最新理论成果的学术意识,引导学生对不同课题进行分析和梳理,扩大学生的知识面,帮助学生养成良好的学术习惯,为毕业论文的撰写打下坚实的专业知识基础和学术写作基础。毕业论文指导教师应该敦促学生做好毕业论文撰写中各流程的时间安排,帮助学生了解毕业论文

的写作目的和意义，明确要求学生要认真对待毕业论文写作。

4.3 鼓励创新，突破思维定式

在鼓励英语专业学生积极探索、勇于创新方面，学校可以通过组织英语演讲比赛、英语辩论赛和英语论文写作比赛等活动，给学生提供交流专业知识、拓宽眼界、主动创新的机会，也可以组织成立英语角和英语学术沙龙等社团，给英语专业学生提供运用专业技能，探索学术研究，发挥创新主观能动性和和锻炼发散性思维的平台。在课堂教学中，任课教师可以问答的方式引导学生从课文知识的细节入手，探析某个具体问题多方面的成因，帮助学生养成思考和辨析的好习惯。可以以小组任务分派的方式，指导学生高速、有效收集素材，探究和梳理素材内容，形成自己的独立见解。还可以通过组织研究分享会、阅读总结会等活动，引导学生在对阅读资料进行归纳概括的基础上，挑选价值高、角度新、难易适度的话题，结合自己的知识与思辨，选定一个角度对谈论的话题论证，鼓励学生打破思维定式，探索新的可能性，锻炼学生的思辨能力，培养学生学术意识。

4.4 强调学术诚信，培养学术严谨性

毕业论文撰写的规范性问题是探索提高英语专业毕业论文质量有效路径必须关注的重要问题。在毕业论文写作过程中，学生必须大量阅读与选题相关的文献，在论文撰写中也必不可少地要引用一些理论，这就涉及如何正确、规范地引用他人的学术成果，避免学术剽窃的问题。学校应加大对学生学术剽窃的惩罚力度，明确对学术不规范行为的惩罚措施，严抓毕业论文学术诚信培养，通过组织学术讲座、专题报告会等活动形式，向学生宣传遵守学术规范的重要性，强调学术的规范性和严谨性，指导学生合理利用网络资源，提高学生对数据和信息的收集与分析能力，强化学生使用各种学术资源进行文献检索的能力以及规范引用他人学术成果的能力。

5. 结束语

我国高校英语专业本科生毕业论文写作中存在诸多问题，其根本原因之一就是高校对学生思辨能力培养的力度不够。提高英语专业学生的思辨能力，对提高英语专业本科生毕业论文质量来说既是一种有效途径，也是一项巨大的挑战。针对英语专业学生毕业论文中存在的现实问题，

可以从思辨能力培养的视角出发，结合课程特色进行课程改革，凸显思辨培养的重要性，在教育教学活动中强调毕业论文写作的重要性和必要性，端正学生的写作态度，鼓励学生突破思维局限，在加强自身专业知识技能的同时，不断提高思辨能力水平，引导学生养成遵守学术规范的好习惯，进而提高英语专业学生毕业论文的质量。

参考文献

[1] 林崇德．思维心理学研究的几点回顾 [J]. 北京师范大学学报：社会科学版，2006（05）：37–44.

[2] 梁桂芳．浅谈英语专业学生思辨能力培养及教学改革 [J]. 湖北函授大学学报，2019，032（002）：155–157.

[3] 林岩．英语专业知识课中的密集读写任务对思辨能力的影响 [J]. 外语界，2014，（005）：11–19.

[4] 孙有中．突出思辨能力培养，将英语专业教学改革引向深入 [J]. 中国外语，2011，8（03）：49–58.

[5] 文秋芳，王建卿，等．构建我国外语类大学生思辨能力客观性量具的理论框架 [J]. 外语界，2009（1）：37–43.

作者简介

韩映，硕士，河池学院外国语学院教师，研究方向：英语笔译、英美文学。

泉州闽南语英源音译词声调的实验研究①

钟桂梅　秦川

摘要：本文采用实验方法，对泉州闽南语英源音译词的声调开展了调查，意在探究英语重音与泉州闽南语的声调之间的匹配关系。实验结果显示英语单音节词常译成去声，尽管扬抑格和抑扬格双音节词的重音－声调对应有所差异，英语双音节词最有可能被译成阴平＋去声。本文探讨了该音译声调模式的成因，并通过横向对比杨迎楹对槟城闽南语英译词的发现，提出了闽南语英译词声调固定模型的可能。

关键词：重音，声调，音译词

1. 前言

当英语词汇作为外来语进入某个声调语言时，英语重音通常会表现为该声调语言的某一个调。于辉（2011）认为英语的单音节借为汉语的阴平（H）是最为忠实的映射。

闽南语主要分布在福建南部的厦漳泉，即闽南地区。目前对闽南语和英语的关联研究多从跨文化角度出发，亦有人对闽南语母语者的英语开展声学研究，如李语嫣（2019）和李潇（2017），但其探究的本质是二语习得者所产出的英语，并不属于借词音系研究。目前鲜有人研究泉州闽南语（下文简称闽南语）中英源音译词的声调。本文将从实验出发，探究英语的重音以及非重音音节会被音译为闽南语的哪个调，以及音节数量的不同和重音位置的不同带给音译词声调的影响。

2. 英语重音

从音系学角度来看，世界上的所有语言基本可以根据词层面超音段

① 基金支持项目：国家社科基金西部项目“汉语与越南语、泰语间的音译词声调互借机制实验研究”，项目编号：18XYY024。

特征分成三类：声调语言、重音语言和高音高调语言（张洪明，2014）。英语属于重音语言，其重音有两大特点：一是在发音阶段，发重音时的肌肉会比发非重音时更加用力。二是感知音的过程中能感受到重音的“凸显性”，这个凸显性包含四个方面：音高、音长、音强、音质。其中音高和音长凸显作用最明显（Roach，2000）。音高指声带振动的频率，其影响因素主要是基频（Cruttenden，2001）。音长指的是音的长度，即声带振动时间。一般来讲，和非重音相比，重音的音高更高，音长更长（Yallop，1995）。

英语的重音分为词的重音以及句子的重音，本文仅讨论词重音。重音等级分成主重音、次重音和非重音。Roach（2000）指出，重音语言大致可以依据重音位置分两类：一类是固定词重音，即重音位置相对固定；另一类为自由重音，即重音位置不固定，比如英语。英语中，单音节独立发音时带有主重音，双音节词重音可在首音节或末音节。

3. 闽南语的声调

“声调类型”可从“类”“值”“型”三个维度进行理解（朱晓农，2014）。林宝卿（2007）指出：“声调是音节的高低升降。声调的高低是一种音高现象，由声带的松紧决定。”汉语方言调类分合的总趋势是北方方言的调类少，南方方言的调类多。闽南语属于南方方言，调类较多。（林焘、王理嘉，2013）。本文将调类和调值结合起来对声调进行研究，调值采用五度制调值。林宝卿（2007）的《普通话闽南语方言常用词典》（下文简称《常用词典》）对闽南语调类调值记录如表 1。

表 1《常用词典》中的泉州闽南语调类调值

调类	阴平	阳平	阴上	阳上	去声	阴入	阳入
调值	33	24	544	22	31	4	23

4. 实验方法

为了获取一手材料进行分析，减少不同时代以及不同地区发音的影响，本文选用 4 位泉州人进行实验。使用实验方法的意义还在于研究者能获取任意英文词的音译词，充分考虑各种不同的音节搭配，而不受传统词典的束缚，并且可以尽可能地排除掉语义、文化等因素的干扰，尽可能地将相关因素控制在语音、音系本身。本实验相关信息如下所示：

4.1 实验对象

本实验的实验对象为4位泉州人，2男2女。所有实验对象均过英语四级，无听力障碍，能使用泉州闽南语进行日常交流。

4.2 实验材料

实验所用单词为150个英语单词，其中50个单音节词，50个扬抑格双音节词（即重音在首音节）和50个抑扬格双音节词（即重音在末音节）。所有英语词汇均基于字典发音标注音标并制作成录音。

4.3 实验流程

实验前所准备录音会被呈现给实验对象，实验对象听到录音之后需要将录音以闽南语念出来，再将所念闽南语发音用汉字写出来。为确保实验对象充分熟悉实验流程，研究者在正式实验前会先向实验对象呈现几个与本实验不相关的英文单词以供练习，并向对象强调所写汉字必须基于闽南语发音。

5. 实验结果

实验中所收集到的汉字声调会被标记下来，调值标记以林宝卿（2007）的《常用词典》为准。由于英语重音附着在元音上，统计调值时只计入与英语元音相对应的汉字的调值，最终汇总调值出现百分比。

5.1 单音节词

表2 单音节词重音对应闽南语的调值占比表

调类（调值）	阴平（33）	阳平（24）	阴上（544）	阳上（22）	去声（31）	阴入（4）	阳入（23）
占比	13.00%	8.00%	10.00%	0.00%	50.00%	14.50%	4.50%

如表2所示，单音节重音最常译为闽南语的去声（31），占比50.00%。

5.2 扬抑格双音节词

表 3 扬抑格双音节词对应闽南语的调值占比表

调类（调值）	阴平（33）	阳平（24）	阴上（544）	阳上（22）	去声（31）	阴入（4）	阳入（23）
首音节占比	36.50%	8.50%	5.50%	0.00%	31.00%	14.50%	4.00%
末音节占比	22.00%	16.00%	15.00%	0.50%	32.50%	4.50%	9.50%

如表 3 所示，在扬抑格双音节词中，重音（首）音节音译为闽南语阴平（33）最多，占比达 36.50%，其次为去声（31），占比为 31.00%。而非重音（末）音节最常被音译为闽南语中的去声（31），占比达 32.50%，其次为阴平，占比为 22.00%。

5.3 抑扬格双音节词

表 4 抑扬格双音节词对应闽南语的调值占比表

调类（调值）	阴平（33）	阳平（24）	阴上（544）	阳上（22）	去声（31）	阴入（4）	阳入（23）
首音节占比	28.50%	9.50%	7.00%	4.50%	22.50%	18.00%	10.00%
末音节占比	6.00%	15.00%	7.50%	3.50%	51.00%	7.50%	9.50%

如表 4 所示，在抑扬格双音节词中，非重音（首）音节多译为闽南语中的阴平（33），占比达 28.50%，其次为去声（31），占比为 22.50%。而重音（末）音节多译为闽南语中的去声（31），占比达 51.00%，其次为阳平（24），占比为 15.00%。

6. 讨论

本研究中，单音节词和抑扬格双音节词的重音音节均对应去声（31），这在本质上是与英语重音的基频走向相一致。以英语单音节词“Tim”为例，下图呈现的是一名男性发音该词时的基频走向图。F0 代表基频，蓝色线条代表其走向，录音软件为 Praat5.4.08 版（Boersma & Weenink，2015）

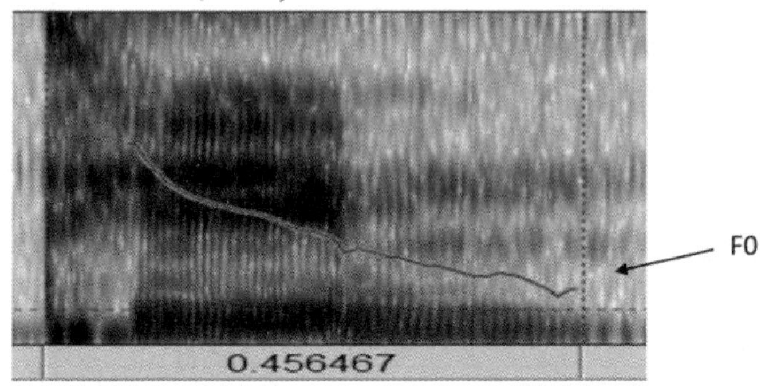

图 1 英语单词“Tim”基频走向图

图中的基频呈下降走向，这正好与去声（31）的音高走向相对应。抑扬格双音节词的重音音节（末音节）也通常呈现出基频下降的走势，这同样与去声（31）一致。而去声（31）又是闽南语中唯一一个明显体现出调值下降的声调，因此自然成为音译的最佳选择。综合表 3 和表 4，我们可以得出表 5。

表 5 双音节词中（非）重音音节对应的调类占比

调类（调值）	阴平（33）	阳平（24）	阴上（544）	阳上（22）	去声（31）	阴入（4）	阳入（23）
重音占比	21.25%	11.75%	6.50%	1.75%	41.00%	11.00%	6.75%
非重音占比	25.25%	12.75%	11.00%	2.50%	27.50%	11.25%	9.75%

如表 5 所示，双音节词的重音最常对应闽南语的去声（31），占比 41.00%；双音节词的非重音最常对应闽南语的去声（31），占比 27.50%。

由于重音和非重音的最常音译为去声，我们不禁想：是否双音节中最常见的搭配是去声 + 去声（31+31）？仔细审阅实验数据后发现，情况并非如此。在扬抑格双音节中，阴平 + 去声（33+31）组合与去声 + 去声（31+31）出现的概率最高，均为 12.50%。如“Eric”发成闽南语中的“唉锐”，音为 /ai^{33}due^{31}/，“Collins”发成闽南语中的“库认”。在抑扬格双音节中，阴平 + 去声（33+31）组合出现的概率最高，占比 16.50%，如“balloon”被译为闽南语中的“玻锐”，音为 /po^{33}due^{31}/。而去声 + 去声（31+31）出现的概率仅为 7.50%，居第三。

由此可知：无论是抑扬格还是扬抑格，阴平 + 去声（33+31）皆是出现频率最高的声调搭配，在扬抑格词中去声 + 去声（31+31）也同样常见。该发现推翻了去声 + 去声（31+31）最为常见的假设。

在杨迎楹（2013）的研究中，英语单音节借词最通常表现为阳入（3）

和上声(35)。这与本研究有一定差异,可能是由两种闽南语语体之间的调类差异导致的。槟城闽南语共有 6 个调,分别为阴平(44)、阳平(13)、上声(53 或 35)、去声(21)、阴入(1 或 5)、阳入(3)。此外,也可能是不同个体对语言的不同解读方式,正如 Chomsky (1986)提出语言其实是内化于个体大脑内部内的一套生理机制。杨迎楹(同上)研究中还提到,英语双音节借词在槟城闽南语中最常见的声调模式为阴平 + 上声(44+35)。这与本研究的共同之处在于首音节均为阴平,其不同之处在于末音节的调值,说明两地的闽南语英译词声调似乎都在遵循某个模板。

7. 结语

通过实验方法,本文探讨了泉州闽南语英译词中英语重音与闽南语调值的匹配情况。结果显示英语单音节词常译成去声(31),各类双音节词整体最倾向阴平 + 去声(33+31)的模式。横向比较当前研究与杨迎楹对槟城闽南语音译词的研究,我们发现两地的闽南语英源双音节音译词似乎在遵循某个固定的声调搭配模式,即阴平 + 英语单音节词所对应的声调。至于只是巧合还是有某种内在机制还有待进一步研究加以证明。

参考文献

[1] 李潇 . 闽南语者英语词重音产出的声学研究 [D]. 湖南大学,2017.

[2] 李语嫣 . 闽南语背景者英语词重音产出与感知的实验研究 [D]. 湖南大学,2019.

[3] 林焘,王理嘉 . 语言学教程 [M]. 北京: 北京大学出版社,2013: 131.

[4] 林宝卿 . 普通话闽南语方言常用词典 [M]. 厦门: 厦门大学出版社,2007: 14-15.

[5] 杨迎楹 . 槟城闽南语语音研究 [D]. 北京大学,2013: 64.

[6] 于辉 . 汉语借词音系学——以英源借词的语音和音系分析为例 [D]. 南开大学,2011: 130-133.

[7] 张洪明 . 韵律音系学与汉语韵律研究中的若干问题 [J]. 当代语言学,2014,16 (3): 323.

[8] 朱晓农 . 声调类型学大要——对调型的研究 [J]. 方言,2014 (3): 193.

[9]Boersma, P & Weenink, D. 2015. Praat: doing phonetics by

computer. [Computer program]. Version 5.4.08, retrieved 15 May, 2015, from http: //www.praat.org/.

[10]Chomsky, N. *Knowledge of language: Its nature, origin, and use*[M]. New York: Praeger, 1986: 20.

[11]Cruttenden, A. *Gimson's Pronuciation of English*[M]. London: Edward Arnold (publishers) limited, 2001: 22.

[12]Roach, P. *English Phonetics and Phonology: A Practical Course*[M]. Cambridge: Cambridge University Press, 2000: 86-89.

[13]Yallop, C. *English Phonology*[M]. Sydney: National Centre for English Language Teaching and Research Macquarie University, 1995: 92.

作者简介

钟桂梅,硕士研究生,研究方向:外国语言学、翻译理论与实践。

基于语料库英汉“手”的概念隐喻

周雯玥

摘要：英汉语中“手”的概念隐喻具有系统性，概念隐喻的隐喻映射和语义扩展是以人们对手的意象以及体验认识为基础，于特定文化背景下形成。从概念隐喻理论视角来看，汉英语“手”的概念隐喻存在着四个方面的经验域：人物域；事物域；行为活动域；权力/空间/计量/虚义域，并尝试揭示出两种语言环境下“手”的隐喻表达运行机制的异同性。

关键词：概念隐喻，体验哲学，隐喻映射，对比分析

1. 引言

Lakoff & Johnson（1980）经过大量、系统的研究把概念隐喻纳入认知语言学范畴，认为：“隐喻渗透于日常生活中，不仅体现在语言里，也反映在思维和人类活动中，我们思维和行动的概念系统从本质上说是基本隐喻的。” Lakoff & Johnson（1980）认为，“概念隐喻的功能就是把某个事物的一些特征映射到另一个事物的推理认知过程。” 从认知语言学角度来说，概念隐喻是人类的一种思维方式和认知能力，它构成了语言的认知基础。所以隐喻不仅是一种语言现象，也反映出人们的思维方式和内隐的文化特征。

体验哲学认为，心智具有内在的体验性（Lakoff & Johnson，1999），作为人类心智重要组成部分的概念、意义和语言“都是基于身体经验和认知加工形成的”（王寅，2007），都具有体验性。概念隐喻也具有体验性。在描述抽象事物时，隐喻思维尤其能帮助人们将抽象概念具体化，通过人类已知和熟悉的经验来理解和体验未知和抽象的事物（孙毅，2010）。在各种语言的词汇中，人体词、动物词和植物词常常是形成隐喻概念的“源词”（陈晦，2014）。国内学者关于人体词的研究大多采用定性研究方法，并且大多只列举了人体词的隐喻表达，并没有阐明隐喻的靶域、内在机制和认知理据，或只是表明了“手的功能表达”的固定模式。很多学者的研

究数据不是源于真实的语料库,也不能反映出相关概念的语境和时代变化特征。还有些学者的研究并没有从研究数据中归纳出一些概念隐喻的固定模式或内在机制来,手作为人体重要部位之一,不同语言中与它相关的隐喻表达极为丰富。基于手隐喻的研究现状,本文通过分析对比汉英语言中手的隐喻表达,探究“手”隐喻表达的差异以及不同文化背景下的思维方式和认知模式,主要考察“手”概念隐喻的两个问题:①“手”在汉语、英语中的隐喻概念模式;②“手”在汉语、英语中的隐喻概念所表现出的独特文化和内涵。研究采用的语料均选自《成语大词典》《现代汉语词典》、国家语委现代汉语平衡语料库、The Corpus of Contemporary American English(COAC)等,相关数据能真实、典型、具体地反映出词语隐喻用法的范畴和内涵。

2.“手”的概念隐喻英汉对比分析

由于不同民族文化传统和社会环境的差异,各个民族对同一人体词在概念隐喻上有着显著的特点和差异性。人体词隐喻“手”的隐喻表达,在英汉语中呈现出共性和个性两方面。

2.1 靶域指人时,“手”隐喻映射的对比分析

人体词隐喻普遍存在于人类语言中,人体词的隐喻常常以它的物理特征和功能特征进行引申,这是极为普遍的概念隐喻机制,但不同的人体词会影响词语转义跨射的语义范畴。

通过英汉语料库对比发现,英汉语中都存在“手喻人”这一普遍的隐喻模式。更确切地说,英语、汉语都存在“手隐喻从事某个行业的人员”的概念隐喻。

(1)手比喻从事某个行业的人员。

例如:

然而,使画家更为忧心忡忡的是,已经成立了一些年的敦煌研究所,也是经费无几,人手不足,不仅无钱修复这些宝库,而且连干预过问这种种违法行为的力量都没有。

All hands on the deck.

汉语中,“手喻从事某个行业的人员”的相关隐喻表达较为常见,比如水手、歌手、枪手等等,英语中也有相似的隐喻表达 stagehand(舞台工作人员)、deckhand(舱面水手)。

（2）手喻在某种技术或工作中居某种地位的人。

英汉语中，“手”均可喻指在某种技术或工作中居某种地位的人，在汉语中，有关表达褒贬不一，褒义色彩的隐喻有“能手”“国手”“神枪手”等，贬义色彩的隐喻有“臭手”等。英语中也有相似的隐喻表达chargehand（副组长）、a good hand at some work（某项工作的能手）。相较而言，汉语中手隐喻在某种技术或工作中居某种地位的人时，带有褒义色彩的隐喻表达更多。

2.2 靶域指事物时，“手”隐喻映射的英汉对比分析

手是人类最重要的身体部位之一，手的功能特征经过人们认知加工后，通过文化因素过滤后，突显出来的特征就映射到了靶域上。汉语中手的隐喻表达深深地烙上了中国习俗和风土人情的印记。手的物理特征和功能特征经一一剖析，被赋予了不同的喻意。英汉语中“手”的隐喻表达绝大多数是从它的功能特征延伸而来。

2.2.1 英汉语中“手”的共有隐喻表达

基于英汉语料库对比分析得出，当靶域指事物时，“手”在英汉语中存在多个相同的隐喻映射：

（1）手喻手迹、字迹。

例如：

天子识其手，问之，果为书。

write in a clear hand

（2）手喻手艺、技能。

人类通过劳动创造了世界，因此英汉语中都存在手喻手艺、技能的映射。在汉语中这一隐喻表达较为常见。例如，手艺、手腕、妙手、高手等，英语中有：a light hand（妙手），a master hand（高超手艺），get one's hand in something（使某方面的手艺熟练起来）等等。

（3）手喻空间方位，面、方面。

人的手分两只，分别位于身体两侧，由此延伸出“边、面”的隐喻。例如：

她们从藤下走过，到西手的南缘上用茶去了。

on the left hand

（4）手喻控制、掌握的范围。

事物只有放在人的手里，人才能感到获取和拥有。汉语神话故事中早已出现这一隐喻表达，西游记中“孙猴子再厉害，也跳不出佛祖的手掌心”生动形象地表达了这一隐喻，而且汉语中还有“手握政权”等说法。

英语中也有相似的隐喻表达,如“out of hand(不可收拾)”等。

(5)手喻计量单位。

英汉语中手都可以隐喻计量单位,而两者隐喻各不相同。汉语中,手可以作为衡量事物大小的工具,比如“一把沙”“一把米”,此处的“把”就是手握拳的姿势。英语中,手作为衡量马的高度的单位,意为“一手之宽(4英寸)”。西方盛行扑克,执牌的动作也是通过手的执物功能而实现的,因此英语中手可以作为量词使用,表示“一手牌”,如 have a good hand(有一手好牌)。拳击比赛起源于西方,拳击手在攻击对方时,常常是握成拳头,因此英语中手可以引申为“一拳、一击”。

(6)手喻动物前肢或动物前部伸出的感触器官。

例如:这时候,狡猾的章鱼偷偷伸过一只触手,妄图堵住阿回的呼吸孔,把它闷死。

(7)手喻次序。

人的一切活动都是靠手进行,而做事也要分先后顺序。英汉语存在相似的隐喻表达。例如:

先下手为强,后下手遭殃。

first-hand matter(先做的事情), second-hand materials(二手材料)。

(8)手喻实力。

在谈判过程中,谈判的主动权往往取决于谈判双方“手上的砝码”,英语故将手引申为“实力”之意。汉语中也有相似的隐喻表达,如“扳手腕”。

2.2.2 汉语中特有的“手”隐喻映射

由于政治制度、风俗习惯和意识形态的差异,英汉语言对“手”的表达体现出差异性,这也就造就了各具文化特色的隐喻表达。研究发现,“手”隐喻表达中靶域为事物时,不同国度的人由于生活在特定地理环境、自然环境条件下,对同一人体词的认知和体验会产生差异性,人体词隐喻中所映射的靶域往往与该国人民的思维认知密切相连,也进一步证实了人体词隐喻是人们感知、认知和体验身边事物的反映。

(1)手喻某些代替手工作的机械。

例如:扳手、机械手。

(2)手喻中医切脉的位置,寸口。

2.2.3 英语中特有的“手”隐喻映射

英语“手”的物理特征的隐喻表达映射到靶域时,喻指指针、像手的东西等。由于英语民族独特的地理位置、文化背景,英语“手”的隐喻表达相比汉语更为丰富。

（1）手喻钟表的指针。

钟表的指针与人的手指具有形貌上的相似性，因此英语中 “hand” 可用来喻指钟表的 “指针”。例如，hour hand（时针）、minute hand（分钟）、second hand（秒针）。钟表是西方文化的产物，因此汉语中没有相对应的隐喻表达。

（2）手喻像手的东西，如（香蕉的）一串、（烟草、麻）的一束。

例如：a hand of gingers（一串生姜）

（3）手喻织物、皮革等的手感、手觉。

人类在感受某件事物的时候，常常用手去触摸，借此得到初步印象和感受，因此英语中手可以引申为 “触摸的结果”。例如：

The fabric has a satin-like smooth hand.

（4）手喻夫权。

人类最初对事物的控制是通过将事物握在手中实现的，同样，对妻子的控制权也是通过 “手” 来实现，古罗马 “丈夫对妻子的权利” 即 “夫权”，手由此引申出 “夫权” 这一隐喻表达。

2.3 靶域指行为活动时，“手” 隐喻映射的英汉对比分析

手的功能特征即 “执物” 和 “做事”，英汉语中手的隐喻表达深深地暗含了手的功能特征。相比较而言，当靶域指行为活动时，英语中手的隐喻表达有着更多的功能特征，隐喻表达也更为丰富。不同民族、不同历史、不同的地理环境造成了靶域指行为活动时，英汉语中 “手” 的隐喻表达不存在相同的表达。

2.3.1 英语中特有的隐喻表达

英语 “手” 的隐喻表达映射到靶域时，喻指参与、帮助、收卷风帆等。如：have a hand in sth.（参与某事）、give sb. a hand（帮助某人）。

（1）手喻交、递、给、提供。

例如：Hand me the pen, please!

（2）手喻参与、插手、经手。

例如：have a hand in sth（参与某事）

（3）手喻帮助。

例如：The neighbors are always willing to lend a hand

（4）手喻收卷风帆。

西方世界中，人类与大海相伴，常乘船只出海航行。尤其是英国四面环海，与大海有着更加紧密的联系，因此船在人们生活中扮演着重要角色，而船帆的收卷离不开手的运动。除此之外，船只风帆收卷后的形状与手握拳的形态十分相似，因此英语中“手”引申为“收卷风帆”。

（5）手喻允婚、答应。

西方婚礼中，新娘往往由父亲陪伴走向新郎，新娘的父亲随后将新娘交给新郎，新郎新娘手牵着手走向神父，进行宣誓，因此英语中手可以引申为“允婚、答应”之意，如，sb.’ s hand（in marriage）。

例如：He asked the general for his daughter’ s hand in marriage.

（6）手喻鼓掌。

例如：give sb a good hand（向某人热烈鼓掌）

（7）手喻搀扶。

手不仅是攻击他人的有效手段，在帮助他人的时候也常常会借助手，因此英语中手引申为“搀扶”。

2.3.2 汉语中“手”特有的隐喻表达

（1）表示手的动作，击杀。

杀生、执利器均以手完成，在人与自然的斗争中和人与人的战争中，人都是靠手握工具进行攻击。因此，汉语中“手”延伸出“击杀”的隐喻表达。例如：

汉语中手喻行为活动时，隐喻表达不如英语表达丰富，由此看出中华民族在其发展历史中，动手的能力不比英语民族差。中华民族长达五千年的历史可以说是一部战争史，其间，朝代更迭，战争频繁，因此汉语中“手”可以隐喻“击杀”。

如：生貔豹，搏豺狼，手熊罴，足壄羊。

（2）表示手的动作，执持。

例如：武王乃手大白以麾诸侯，诸侯毕拜，遂揖之。

（3）表示手的动作，取。

例如：宾载手仇，室人入又。

2.4 靶域指虚义范畴时，“手”隐喻映射的英汉对比分析

2.4.1 英语中“手”的特有的隐喻表达

手喻用手的、手操纵的

例如：a hand signal（手势信号）

2.4.2 汉语中“手”的特有的隐喻表达

手喻亲手。汉语常借部分代整体，手是做事的工具，则代指做事的主体者。例如：

亭有枇杷树，吾妻死之年所手植也。

3. 综合分析与讨论

人体词隐喻作为人们日常生活体验与感受的凝炼，是地道精辟的语言代表。英汉语言中均存在运用“手”人体词隐喻来表达与人类相关的事物和生活体验。“手”在英汉语中共有 42 个隐喻投射，其中 10 个是两种语言所共享的，其他是英汉语特有的隐喻表达。由于人具有相同的生理结构和类似的感知、认知能力，英汉语中“手”的概念隐喻具有相同模式，而不同民族文化模型、自然地理环境和风俗习惯的不同，导致人们对手的物理特征和功能特征的认识和关注程度各有千秋，体现在语言时会呈现出大相径庭的靶喻投射。英汉语言中即使是“手”映射到靶域上指物时，也会表现出细微差异，折射出不同的文化色彩。

整体上看，英汉两种语言的隐喻映射，我们可大致归纳为着四个方面的经验域：（1）人物；（2）事物域；（3）行为活动域；（4）权力 / 空间 / 计量 / 虚义域。“手”作为始源域主要投射到与人生产、生活相关的范畴内，汉语和英语都倾向手的功能特征，但英语中有两个非常显著的特点：一是英语“手”的隐喻表达更加侧重手的功能特征，引申义项较于汉语更多；二是英语“手”的引申义项体现出强烈的文化性。

4. 结语

汉英语中“手”的概念隐喻形成基于人们对手的体验认知和独特文化作用的双重因素。正是因为这样，汉英语中“手”的概念隐喻均带有其浓郁的民族文化色彩和鲜明特征。我们要通过大量的人体词隐喻语言现象剖析出其内在的运行机制和缘由，帮助我们更好地认识语言和思维的本质。另外，分析和研究概念隐喻有助于帮助外语学习者了解不同国度间内隐的文化内涵，提高其认知水平和思维能力。

参考文献

[1] 陈晦 . 汉英植物名理据及生态观对比分析[J]. 西安外国语大学学报,2014(5): 14.

[2] 孙毅 . 英汉情感隐喻视阈中体验哲学与文化特异性的理据探微[J]. 外 语教学,2010(1): 45-48,54.

[3]Lakoff, G. & *M.Johnson.Metaphors We Live by* [M].Chicago: The University of Chicago Press,1980.

[4]Lakoff, G. & M.*Johnson.Philosophy in the Flesh* [M].New York: Basic Books,1999.

[5]Lakoff, G. & M. Turner. *More than Cool Reason: A Field Guide to Poetic Metaphor* [M].Chicago: The University of Chicago Press, 1989.

作者简介

周雯玥,广西大学外国语学院硕士研究生,研究方向: 翻译、文化。

隐喻映射及其在言道中修辞效果的认知探究

——以《道德经》为例

谭坤媛

摘要:《道德经》哲理深奥,寓意深刻,隐喻丰富,集大成智慧于言道中。本文从概念隐喻视角出发,结合定量与定性研究方法,构建以“道”为目标域的隐喻概念模型并分析归纳其源域表征类型。结合源域的映射机制与源域特征,进一步探讨不同类型的源域在言道中的修辞效果。研究发现:(1)《道德经》中的“道”隐喻模型共包括6大种源域,其中源域“母”所占数量最多;(2)“母”隐喻、“水”隐喻和“婴”隐喻这三大类始源域的映射均体现言道过程中施喻者所作出的能动性阐释;(3)道隐喻的始源域呈现多元性特征,所起的修辞效果也是多样化的。从隐喻源域映射探讨其在言道中的修辞效果,旨在揭示《道德经》中的言道话语体系,推动中华传统文化“走出去”。

关键词:隐喻,隐喻映射,言道,修辞效果,道德经

1. 引言

老子的著作《道德经》是中国哲学的经典之作,其哲理深奥,语言丰富,呈现多样的修辞景观,蕴含多种概念隐喻,已形成一套完整的言道话语体系与抽象的“道”隐喻概念模型。老子在开篇中指出,“道可道,非常道”,能够用语言表达出来的“道”,已经不再是真正意义上的“道”。“道”是《道德经》中的核心哲学思想。老子选择隐喻的语言来阐释“道”,从而最大限度地接近“道”的本质,达到“传道说道”的目的。本文拟从概念隐喻理论视角出发,构建以“道”为目标域的隐喻概念模型,分析归纳其源域表征类型与特点,并结合源域的映射机制与特征,深入探讨不同类型的源域在言道中的修辞效果,以期揭示《道德经》中“道”隐喻对言道话语体系的话语张力与修辞效果的影响,提高《道德经》的可读性与可接受性,进一步增强西方国家对中国典籍的认知识解。

2. 理论框架

我们的概念系统本质上都是隐喻的，概念隐喻是以一种概念来理解另一种概念，是不同概念域之间的映射过程（Lakoff G. & M Johnson，1980）。隐喻本质上是人类理解周围世界的一种感知和形成概念的工具（束定芳，2005）。概念隐喻的主要运作机制是基于喻体与本体之间相似性的跨概念域（Cross-Domain）的系统映射（mapping），心理基础是意象图式。其中，被映射的概念域为目标域（Target domain）；用以投射的概念域为始源域（Source Domain）。从始源域到目标域的映射过程称为映射（Metaphorical Mapping）。"Love is journey" 该句中，"journey" 是始源域，表征为确定的、具体的，易于识解的概念，"love" 是目标域，表征为难定义的、抽象的，不易于识解的概念。通过跨域映射的机制运作，"journey" 的相关特征被部分系统性地投射到 "love" 上。源域被映射的过程是基于认知主体的能动性选择，为了凸显目标域的特征，达到传递信息，实现修辞效果的认知手段。映射过程如图 1 所示：

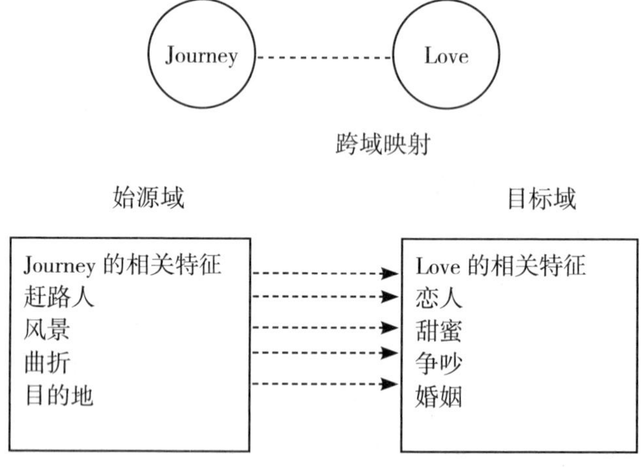

图 1 "Love is journey" 隐喻映射过程

3. 不同始源域映射类别在言道中所具修辞效果的认知分析

哲学意义上的 "道" 玄妙难识，难以言说。对于这样一个玄妙幽隐的抽象概念，老子运用朴木、婴儿（赤子）、根基（本，柢）、网、水（渊，深，谷，奥）、雌（牝）、母（宗，生，养）等隐喻来阐释他心目中的 "道"（方芳、戚涛，2016）。而事物往往具有多面性，需要多个始源域才能对目标域进行全面的描述（Kovesces，Z，2010）。不同类别的隐喻源域（如表 1 所示）对于传道释道所起的修辞效果不尽相同，它们交相辉映，共同勾画了道的整体轮廓和表述了道的核心概念。

表 1 “道”隐喻概念模型中子隐喻量化识别与统计

子隐喻及源域	频次	子隐喻及源域	频次
“道”是“母”	28	“道”是“一”	8
“道”是“水”	17	“道”是“木”	6
“道”是“婴”	15	“道”是“谷”	5

3.1 “母”之隐喻

源域“母”身上的相关特征通过映射机制被对应投射到抽象的目标域“道”概念域上，“母”的相关特性在“道”上得以凸显。具体而言，从整体上看，“母”这一人物形象自古以来充满柔性、光辉和大爱的象征。女娲娘娘捏泥巴造人的神话故事，谱写了母爱和母性的伟大篇章。母亲的地位与身份受到认同、尊敬与爱戴。这一形象被投射到“道”上，警醒和劝说世人要如同信奉和爱戴以女娲娘娘为代表的“母亲”般信仰和遵循“道”，因为“道”如“母”，是世间万物的主，其重要性不言而喻。其次，“母”生儿育女，繁衍后代，在世间人们享受天伦之乐的过程中发挥了极其重要的作用。若是缺失“母”的人物角色，世间阴阳失衡，失去运行规律。而“道”所起角色正如“母”这般重要，世间的万事万物正是通过“道”得以繁衍，其他德道、天道、圣道、人道等子体只有在“道”的母体孕育下才得以生存，在“道”的制约与管束下才能自成一体，继续延伸，管束世人。道是万物的本源，老子正是借助人类经验中对“生育”“生养”的真实体验来解释道化育万物的过程。最后，“母”的无私，体现在呕心沥血养育儿女却不求回报，默默无闻，所作一切行动是无用无为，彰显了物质行动的无功利性。“道”是无为，提倡无为而治、无为而作，隐化物质性和功利性，强调人要懂得内省，切忌急功近利、平心静气、专一而注。其源域“母”到目标域“道”的跨域映射过程如图 2 所示。

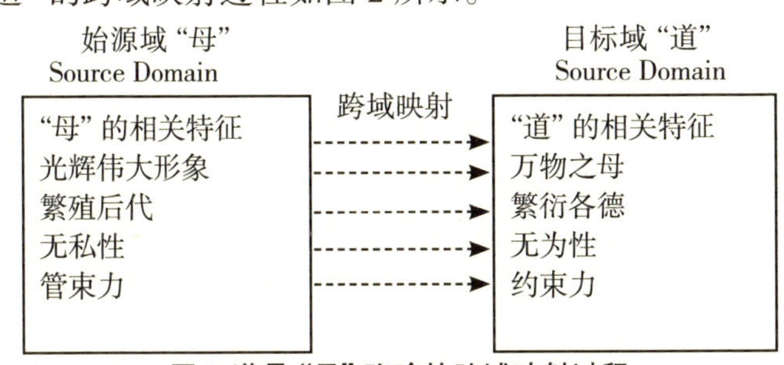

图 2 道是“母”隐喻的跨域映射过程

源域“母”的多元化特征把言道的修辞效果发挥到极致，形象生动地物化了“道”的母体性特征，把虚无缥缈的哲学概念“道”赋予人的生命特征，利用女娲娘娘受人爱戴与敬仰的“母”性特征，塑造“道”的伟大光辉的人物形象，凸显“道”为天下之主、宇宙之始地位，无形之中警示世人要始终信奉和自觉遵循“道”，切忌破坏“道”的规律，“道”的约束力与威严得以最大化。同时，源域“母”言道的修辞效果是基于老子的认知思维所作的认知推理的能动性选择，其言道的修辞效果独一无二，其他源域难以代替“母”这一源域的独特性。

3.2 “水”之隐喻

《道德经》中除了“道是母”隐喻模型外，其中不乏大量“道是水”的隐喻，如“渊兮，似万物之宗”“上善若水”“水利万物而不争，处众人之所恶，故几于道”“居善地，心善渊，与善仁，言善信，正善治，事善能，动善时”和“夫唯不争，故无尤”等。以“水”喻“道”，“水”的相关性特征被投射到“道”之上，使得“道”的概念具体化。“水”作为生命之源，源源不断，永不枯竭，滋润着大地万物，这一特性被映射到“道”上，与“道”相关的概念域被激活。道作为万物之母，其生命力如“水”般源源不断，生生不息，孕化着大地万物。“水”涌现于山涧浅泉，迸发于蜿蜒河道，汇聚于江河流域，“水”肩负着神圣使命，不辞万里与大海合二为一，铸成浩瀚如烟的大海景观，继而润物细无声。道如同“水”般，起源于宇宙之处，历经几番演变，最终与宇宙合二为一，终成“三”生万物，“道”的使命便是在无声无息中感化教化世人。“水”的初始状态纯净唯美，静若处子，不受任何世俗的纷扰与污染。“上善若水”“道”的本质如同“水”般清澈透明，真诚质朴，毫无功利性，是人性的至纯至朴至美至真至善。“道”的最高境界是在喧嚣扬尘的世界里波澜不惊，不受纷扰，专注自我。“水”如渊深不可测，在此隐喻中用来表现“道”的深厚和深远，知道参道悟道非一日之寒的功夫。水的属性冰凉柔弱，凸显了道“柔性与阴性”。“道是水”的跨域映射过程如图 3 所示：

结合图 3 可见，道是“水”的概念隐喻模型把“道”的本质与特性诠释得淋漓尽致。老子通过以“水”喻道，具体生动地刻画了“道”如水的画面轮廓，凸显道的纯真质朴和柔性与阴性，强调道是“顺其自然”和“无为不争”，是人性的真善美之合，达到了劝说世人远离纷争，静心修炼，自觉内省，无为而作，共同和谐安然有序地生活和劳作的修辞效果。

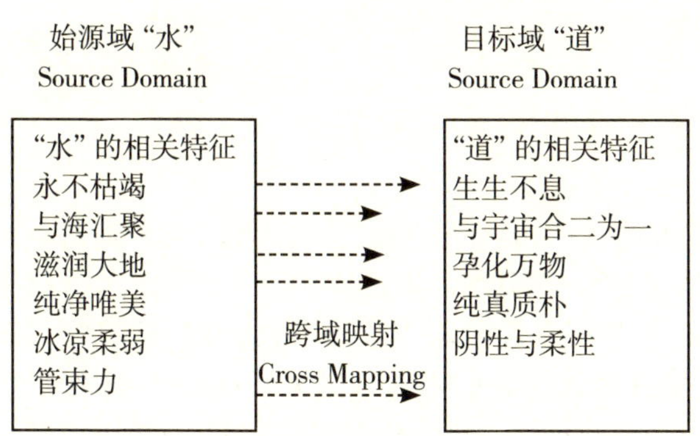

图 3 道是“水”隐喻的跨域映射过程

3.3“婴”之隐喻

除了上述讨论的“母”隐喻和“水”隐喻外,《道德经》中常见的概念隐喻模型为“婴”之隐喻。“婴儿”这一意象在《道德经》中反复出现,其在言道中的重要性和修辞效果不可忽视。相关隐喻表达式如“专气致柔,能如婴儿乎”和“知其雄,守其雌,为天下溪。为天下溪,常德不离,复归于婴儿”等,均体现了“婴儿”是言道中的不可或缺的意象和载体。“婴儿”与“道”之间看似毫无关联,实质上二者之间存在着许多相似性。例如,“婴儿”呱呱坠地,代表着新的生命与新的希望,道如“婴儿”,暗示着生命的起点。“婴儿”不谙世事,毫无世俗之气,是人类最纯真最天真无邪的初始状态,此特征被映射到“道”上,道体现为如同“婴儿”般,散发质朴纯真的气息,是无为无争的最典型之例。“道”是“婴”的跨域映射如图 4 所示:

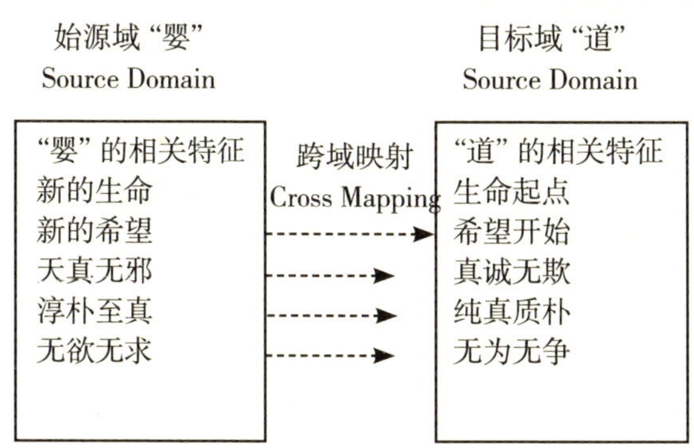

图 4 道是“婴”隐喻的跨域映射过程

如图 4 所示,“婴儿”的相关性特征被投射到“道”上,具体化形象化了抽象概念“道”如婴儿的画面。通过“婴儿”凸显“道”淳朴憨厚,天真无邪,劝说世人要达到“婴儿”般无为无争的理想生活模式,再次达到了劝说效果。

4. 结束语

《道德经》的核心哲学概念“道”玄妙难懂,老子通过运用大量的隐喻话语达到言道目的。隐喻在言道过程中发挥的修辞效果至关重要,其体现在不同类别的源域到目标域“道”的跨域映射过程中。本研究基于概念隐喻理论,结合源域的映射机制与源域特征,进一步探讨了不同类型的源域在言道中的修辞效果,旨在揭示《道德经》中的言道话语体系的隐喻认知模式,增强西方国家对中国典籍的识解方式,推动中华传统文化“走出去”。与此同时,本研究限于篇幅,仅选取三类“道”隐喻概念模型进行谈论分析,样例过少,代表性有待商榷。在今后的研究当中,可适当扩大样例分析。

参考文献

[1] Lakoff G. & M. Johnson.*Metaphors We Live by*[M]. Chicago: University of Chicago Press, 1980: 7-14, 25-36.

[2] 束定芳. 隐喻学研究 [M]. 上海: 上海外语教育出版社, 2005: 30.

[3] 方芳, 戚涛. “道”之隐喻与隐喻之“道”——《道德经》隐喻机制解读 [J]. 学术界, 2016, (7): 137-141.

[4] Kovesces, Z. *Metaphor: A Practical Introduction*[M].Oxford: Oxford University Press, 2010, p.91.

作者简介

谭坤媛,广东茂名人,广西大学外国语学院硕士研究生,研究方向:认知语言学,翻译研究。

六、文　学

伊迪斯·华顿《另两个》的不可靠叙述

关熔珍　周楚汉

摘要:《另两个》是首位普利策奖女性获得者、美国女作家伊迪斯·华顿最优秀的短篇小说之一。其中女主人公爱丽丝的形象备受争议,文本内外都存在对爱丽丝的"误读"现象。本文拟借助不可靠叙述理论,从修辞方法的文本生成角度,分析韦森视角下叙述的不可靠,剖析华顿对不可靠叙述的巧妙运用,揭示小说男性视角掩盖下"老纽约"女性的"他者"地位和婚姻窘境,旨在提供一个新的小说研读视角。

关键词:伊迪斯·华顿,《另两个》,不可靠叙述,修辞方法

1. 引言

美国首位女性普利策奖获得者,伊迪斯·华顿(Edith Wharton),一生创作颇丰,备受学界关注,尤其是其长篇小说《纯真年代》《欢乐之家》等。然而,她对短篇小说的创作热情更是高涨,先后创作出版了83篇短篇小说,充分展现了华顿精湛的小说艺术造诣。20世纪90年代开始,西方研究越来越关注华顿的短篇小说,国内也随之兴起。其中,对短篇《另两个》的研究尚少,主要是从女权主义思想深入。小说以爱丽丝的第三任丈夫韦森视角进行叙事,探讨现代女性在婚姻中的问题,堪称华顿婚姻题材小说的典范。然而,爱丽丝的形象历经了从"天使"到"破鞋"的逐渐丑化过程(蓝云春,2013),这与韦森视角下的不可靠叙述密不可分。

“不可靠叙述”是当代西方叙事理论的“一个中心话题”，被广为阐发应用（申丹，2018）。目前，叙事学界对该理论的修辞方法强调以“隐含作者的规范”为基准，判断叙述者与该规范的偏离程度，以确定文本叙述的不可靠。因此，本文以不可靠叙述理论入手，从修辞层面聚焦《另两个》叙述的不可靠性，探究其文本生成具体过程，剖析其艺术价值和意义。

不可靠叙述修辞学派的代表人物韦恩·布思（Wayne Booth）将不可靠叙述定义在叙述者与“隐含作者”关系的基础上：“当叙述者的言行与作品的规范（即隐含作者的规范）保持一致时，叙述者就是可靠的，否则就是不可靠的。”（Booth，1961）布思重点关注事实层面与价值层面两大轴的叙述可靠与否。其后，詹姆斯·费伦（James Phelan）进一步发展了布思的理论，增加了“知识 / 感知轴”，将不可靠叙述发展到了三大轴，并沿着三大轴相应划分出六种不可靠叙述的亚类型：事实 / 事件轴上的“错误报道”和“不充分报道”；价值 / 判断轴上的“错误判断”和“不充分判断”；知识 / 感知轴上的“错误解读”和“不充分解读”（申丹，2018）。而这三大轴之间还会相互构成因果关系，即一个轴上的不可靠叙述可能会导致另一个轴上的不可靠，两个轴上的不可靠性在一个因果链中共同作用（同上）。《另两个》中韦森对爱丽丝的逐渐丑化在感知轴、事实轴、价值轴上都有所反映，充分展示其叙述的不可靠性。

2.《另两个》中感知轴上的“错误解读”

首先，文本中充斥着韦森感知轴上的“错误解读”，最典型的便是韦森见到妻子前两任丈夫后产生的幻想。韦森在地铁偶遇妻子第二任丈夫瓦里克后满是尴尬，却又紧接着在咖啡馆再次遇到。他在一番暗中凝视瓦里克的用餐举止后，便开始幻想瓦里克是否与妻子仍有联系。“难道他竟真的这样彻底地把他的妻子从自己的生活中排斥了出去，以致在她新婚后的一个礼拜里碰上她现今的丈夫，这对他只如同每日里的小事一桩？”（Wharton，1999）反映出韦森对自己妻子与前夫瓦里克的关系抱有怀疑。“他小心绕开了瓦里克，免得承受后者颔首致意所带来的赤裸裸的讽嘲。”（同上）而实际上，瓦里克背对着韦森而坐，根本没有意识到韦森的存在，更没有对后者报以讽嘲的态度。这里的叙述完全是韦森自我没有根据的幻想，是一种错误的感知。韦森在家中意外见到妻子第一任丈夫海凯斯特后，再次展现相同的幻想和猜忌。海凯斯特的假领结“似乎变成了理解爱丽丝往日生活的关键”。（同上）而他竟凭着这样一个微不足道的领结就将妻子与海凯斯特的往日生活细腻地描绘了出来，并声称想象得出

"她那时又该是怎样地蔑视其他那些妇人,恼火自己命运不佳"(同上)。凭借这种毫无事实依据的想象,韦森对妻子的言行评头论足,认为她狡黠虚伪,充分体现了其感知轴上的不可靠。两次不着边际的幻想和猜忌,揭示了韦森潜意识中对妻子的不信任,无端扭曲了妻子的形象。

3.《另两个》事实轴上的"错误报道"

感知轴上的不可靠叙述又进一步引起了事实轴上的"错误报道"。两次幻想都已在韦森的潜意识中埋下了对妻子的怀疑,而这样的怀疑又都被所谓的"证据"证实了。妻子无意间往咖啡中加白兰地的方式与咖啡馆中瓦里克喝咖啡的习惯相同,这一韦森视角下的关键证据实际有待商榷:相似的习惯并不能证实不当关系的存在。同样,对海凯斯特的猜忌韦森也似乎被验证,他从海凯斯特口中得知妻子曾与其私下会面,有违常理。但实际上二人会面只是因为女儿的病情,因此同样不构成关键证据。韦森过度解读妻子与前夫的交涉,造成"错误报道"。

4.《另两个》价值轴上的"错误判断"

事实轴上的"错误报道"进一步引发了价值轴上的"错误判断"。妻子的形象经由两次幻想和猜忌的"被证实",已经从原来的温顺可人转变到狡猾虚伪。而在韦森的叙述下,两位前任的形象被不断美化。他听说海凯斯特为了亲近自己的女儿,不惜卖掉股份来到纽约工厂当职员;而瓦里克原本鲁莽粗俗的形象在韦森视角下也被他生意场上的精明能干和对自己的奉承所替代。由此,他与两位前任的关系越来越亲密,与妻子却逐渐疏远。而这实际上却是他价值判断上双重标准的反映。同样是爱护女儿莉莉的行为,"她非常爱莉莉——可能正是这种爱的魅力才让韦森迷恋上了她"(同上),妻子慈母的形象婚前感动韦森,但婚后与海凯斯特的"爱女"慈父形象对比,立刻崩塌。妻子明明有着卓越的人际交往能力,被"公认为拥有奇迹般卓越的品性"(同上),却被韦森视作"圆滑世故"(同上)。而瓦里克的一点商业才能却让他觉得"着实令人佩服,随和又不失身份,自觉相形见绌"(同上)。这种价值轴上的"错误判断"使得韦森越来越欣赏两位前任,并与他们成了经商好友。而妻子却被韦森渐渐物化,认为她是经过前两任丈夫的打磨,学会了取悦男性的"艺术"。

文末,三大轴的不可靠叙述构成强烈的反讽:四位主人公第一次相遇,三位男性尴尬不已。韦森见到海凯斯特,靠递雪茄缓解僵局。而海凯斯特一看见瓦里克,就"猛地站起身来"(同上),瓦里克则"红润的脸色窘成一片通红"(同上)。韦森局促不安之余只有向端着茶托的男仆发泄。最终妻子爱丽丝的出场化解了尴尬,"她活力充沛,满面微笑地走了进来"(同上)。"在她四周散开了一种轻松和熟稔的感觉,使眼前的局面不复显得荒唐可笑"(同上)。妻子高超的社交能力与得体的个人魅力巧妙化解了三位男性笨拙木讷的僵局,但仍被韦森所鄙夷。小说的叙述在感知轴、事实轴和价值轴的联合之下,展示了韦森叙述的不可靠,充分揭示韦森费勒斯中心主义下不可靠叙述对妻子形象的恶意扭曲。

5. 结语

从修辞方法来看,《另两个》中,韦森在感知轴、事实轴、价值轴上的叙述事实上是不可靠的,最终只是服务于丈夫对妻子爱丽丝的扭曲和恶意构建。华顿在《另两个》中巧妙地采用了不可靠叙述揭示现实社会中的婚姻问题,深刻表达了对"老纽约"女性婚姻状况的反思。不可靠叙述实际上是一个不断变化的潜在叙述过程,通过对其文本生成的关注,可表征小说叙述艺术,收获更完满的审美愉悦和心智启迪。

参考文献

[1] 蓝云春."无声"的抗拒——女性主义视角下《另两个》中爱丽丝形象解读 [J]. 杭州电子科技大学学报(社会科学版),2013,9(2).

[2] 申丹. 叙事、文体与潜文本——重读英美经典短篇小说 [M]. 北京:北京大学出版社,2018.

[3]Wharton, E. 沃顿夫人短篇小说选 [M]. 宁欣译. 北京:外文出版社,1999.

[4]Booth, Wayne C. *The Rhetoric of Fiction*[M]. Chicago: U of Chicago P,1961.

作者简介

关熔珍,博士,广西大学外国语学院教授,研究方向:比较文学与世界文学,翻译研究。

周楚汉,广西大学外国语学院硕士,研究方向:英美文学。

《穿条纹睡衣的男孩》电影对小说的保留与推进

关熔珍 杨帆

摘要：电影《穿条纹睡衣的男孩》改编自爱尔兰新锐作家约翰·伯恩的同名小说。从人物形象、叙事手法以及主题表达三个方面对小说和电影进行比较研究，分析阐释文本向影像转换过程中文字意义的保留与推进，旨在欣赏小说和电影各自的独到之处及其产生的不同魅力。

关键词：《穿条纹睡衣的男孩》，人物形象，叙事手法，艺术表现

1. 引言

无论是小说还是电影，受众都是通过“看”的方式来理解创作者想要传达的主题。尽管二者有相近的传播方式以及传播目标，但是由于电影可以通过视觉直接到达观众，语言却必须从概念的理解之幕中渗透进来（布鲁斯东，1981），这两种传播媒介之间存在一定的间隙。小说改编到电影的过程并不仅仅是媒介形式的转变，在电影中，导演按照他自己所选择的顺序把拍摄的镜头组合起来，“创造出他自己的电影时间和电影空间”（普多夫金，1980）。本文以《穿条纹睡衣的男孩》为例，分析在从文本向影像转化的过程中影像对文字意义的保留和推进程度。

2. 人物形象的再现

小说中布鲁诺第一次见到身穿条纹衣服的希姆尔时，希姆尔的“皮肤几乎是灰色的，但又不是布鲁诺所见过的任何一种灰的颜色。他长着一双大眼睛，是焦糖的颜色，白的部分又很白”（伯恩，2007）。在对文本的理解中，读者只能凭借日常生活和艺术体验中积累的知识来填补文字与影像间的缝隙。读者在阅读小说时必须依靠以往的经验通过想象构建出希姆尔面无血色的形象。影片中，听到脚步声的希姆尔惊慌地抬起头，作家笔下人物略显模糊的面容在镜头中清晰起来。镜头的营造确立了概念与符号之间的关系，从而使得原本在读者脑海中漂浮不定的意义在不

同的语言和文化内部得以稳定下来（张歆，2018）。

当布鲁诺换上条纹衣服，从铁丝网下面钻进营地之后，他看到的景象与自己想象中的截然不同，这里没有像柏林街边一样的商店、咖啡店或者蔬果店，出现在他眼前的只有一群群坐在地上的人，“瘦骨嶙峋，眼神黯淡，剃着光头”（伯恩，2007），看起来充满无尽的悲伤与压抑。作者用文字刻画了目光空洞、形如枯槁的犹太人群像。但是在电影里，布鲁诺、希姆尔混在一群大人之中被押送到一间屋子，在士兵的命令下，大家都脱掉了自己身上的衣服，之后又被关进一个完全密闭的房间，俯拍的镜头中，一具具骨瘦如柴的躯体挤作一团，大家恐慌不安的声音与悲怆的背景音乐融为一体，充满视觉冲击画面直击人心。电影将文字具象化，为受众展现了更加震撼的效果。

3. 叙事手法的简化

布鲁诺第一次看到铁丝网后的希姆尔时，在两人的交谈中，希姆尔讲述了自己来到营地里的经过，之后小说采取插叙的手法叙述了元首到布鲁诺家里做客，父亲因为元首的信任得以升职，但一家人必须搬到奥斯维辛的情节，点出故事开始母亲通知布鲁诺他们不得不离开柏林的原因。之后，因为奥斯维辛新家的生活枯燥乏味，布鲁诺经常陷入对祖父母的思念之中。作者在布鲁诺的会议中穿插了他们住在柏林时，每年圣诞祖母给孩子们安排的话剧的情节，布鲁诺和姐姐会穿上祖母为他们准备的精致的服装，或表演魔术，或跳舞，或朗诵诗歌，他原先的生活愉快之中带有一丝人文气息。在搬到奥斯维辛之后布鲁诺只能终日孤零零地坐在自制的轮胎秋千上晃荡，没有玩耍的伙伴，也不能去上学。搬家前后的生活写照形成鲜明的对比，二战夺走的不仅仅是犹太人的生活，日耳曼人的日常也在战争中失去了光彩。在柏林的最后一次话剧表演时，父亲升职成为司令官，祖母对醉心战争的儿子感到不满与失望，两个人发生激烈的争吵，直到祖母因病逝世两人都没有和好。

电影在改编中舍弃了插叙的手法，将布鲁诺祖母与父亲发生冲突的场景安排在电影开场父亲的升职庆祝会上，祖母提醒父亲思考自己身上硬挺的军装代表的含义，两人不欢而散。影片将情节处理得更加概括集中，节省篇幅。故事在整部电影的正叙之中不可避免地走向悲剧的收场，相较小说而言，电影的叙事更加紧凑，让观众的注意力得以集中在主线剧情上，虽然电影的画面多为暖色调，但是剧情上删节了小说布鲁诺回忆中玩耍的部分，整体的氛围更加沉重。

4. 主题表达的深化

影片的第一幕中出现的是约翰·贝哲曼的一段话:“在黑暗的理性到来之前,用以丈量童年的是听觉、嗅觉以及视觉。”之后一面飘扬的纳粹万字旗从镜头前慢慢拂过,为整部影片奠定了基调。为了更加直观地传达反战的主题,电影对于能够体现贝哲曼观点的情节做了深化处理。八岁的布鲁诺对世界没有深刻的了解,他的童年也尚未被“黑暗的理性”所掌控,因此,尽管周围一直在向他传达犹太人本性恶劣的观点,不论是自己敬畏的父亲还是故作成熟的姐姐都对犹太人表现出反感甚至是厌恶的情绪,但布鲁诺对于犹太人的认知与判断依旧是源自在和希姆尔相处的过程中自己的感受,没有偏见与歧视。

所谓的“理性”对姐姐格蕾特尔的荼毒在电影中表现得更加突出。搬家之前,格蕾特尔只是一个每天无忧无虑地摆弄玩具人偶的小女孩,她对于人偶的喜爱甚至让她在搬家的时候将这些玩具全部带到了新家。小说中格蕾特尔在科特勒中尉离开奥斯维辛之后“决定不再喜欢娃娃了,于是把它们放进四个大袋子里扔出去了。在以前放娃娃的位置上,她挂了一幅欧洲地图”(伯恩,2007)。电影的改编中,导演强化了这段情节。因为对科特勒中尉的仰慕,以及家庭教师孜孜不倦的爱国教化,格蕾特尔将自己心爱的玩具都扔进了地下室,转而在自己卧室的墙上贴上了纳粹万字符以及爱国士兵的画像。电影巧妙地利用一段布鲁诺找篮球的情节带观众一起走进地下室,布鲁诺手中拿着的手电筒成为画面中唯一的光源,在四处寻找篮球的过程中,堆积成山的娃娃猝不及防地出现在布鲁诺的视野,随后来自手电筒的一束光打在这些被随意丢弃的人偶身上,场景透出阴森恐怖的气息。画面中堆积的娃娃能够让观众联想到铁丝网另一边的集中营,一波波犹太人被士兵押送进毒气室,他们就像这些人偶一样被随随便便丢弃在不见天日的永久的黑暗之中。布鲁诺慌张地跑上楼将自己在地下室看到的景象告知格蕾特尔,姐姐却只是平静地说:“玩具是给小女孩的。有人正在为我们的国家牺牲性命,现在不是玩那些愚蠢玩具的时候。”格蕾特尔此时也还只是一个十二岁的小女孩,战争却使得“黑暗的理性”过早地收回了她童年本应享受的乐趣。

在布鲁诺和希姆尔初次见面的场景中,影片的视角随着他们的对话在两人之间来回切换。身穿棕色针织背心的布鲁诺站在一丛黄色的小花前面,阳光照射着他背后的树林,画面温暖而富有生机。视角一切换,铁丝网后面,穿着灰白条纹衣服的希姆尔坐在营地的角落里,背景中只有灰白的石头和荒地，因为长期的营养不良，希姆尔脸色苍白得几乎要融入背景中。小说通过细节的刻画，比如希姆尔一家原本平静幸福的生活被士兵彻底打破，先是每个人都被迫带上臂章，之后又不得不离开自己的家园，乘坐拥挤又肮脏的火车来到奥斯维辛集中营，作品循序渐进地让读者感受到希姆尔以及像他一样的犹太人在二战中无比艰难的处境。电影中，随着镜头的转换，画面在柔和温暖以及凄冷灰白的色调之间不断切换，视觉上形成强烈的对比。布鲁诺和希姆尔两个人同是八岁的孩童，应该本都是天真烂漫的年纪，希姆尔的生活中却没有任何色彩与生机，影片更加直接地通过画面之间巨大的反差将战争带来的苦难传达给观众。

故事的最后，布鲁诺与他的伙伴希姆尔一起走进集中营深处却意外碰到一次列队前进，他们被挤进这条迈向死亡的队伍。尽管故事的结局令人唏嘘不已，但小说对死亡的处理是平和的，“房间骤然变得黑暗起来，尽管接下来一片混乱，但是布鲁诺发现他还是紧紧地握着希姆尔的手，世界上没什么可以让他放开希姆尔的手”（伯恩，2007）。在近乎平淡的叙述中，布鲁诺和希姆尔两人手牵手走向死亡，之后布鲁诺的父母寻遍了整座城没有找到布鲁诺的踪迹，母亲和姐姐悲伤痛苦不能自已，在日复一日对布鲁诺的思念中，父亲逐渐接受了儿子是在自己管理的这座集中营里失去了性命的事实，故事在父亲受到重创无法振作中结束。平淡之下压抑的沉重与悲伤在读者心中萦绕。电影对故事结尾的处理与小说不同，影片将两个小男孩一起进入集中营直到最后迎来死亡的过程以及布鲁诺父母焦急寻找布鲁诺的过程交替分叙，加强了影片的节奏。

影片背景中瓢泼的大雨以及悲怆的音乐营造出紧张而又悲凉的气氛，两条情节线并行表现，最后父亲沿着布鲁诺的足迹来到集中营里，毒气室内人们挣扎的声音逐渐消失，站在毒气室外的父亲无力回天，布鲁诺没能帮希姆尔找回他的父亲，布鲁诺的父母也没能找回布鲁诺，电影平行蒙太奇以及交叉蒙太奇的剪辑手法，镜头与镜头间的碰撞产生强烈的对比，最大化地传达出故事的信息元素，营造出扣人心弦的气氛和节奏感（周新霞，2008），整部影片在最高潮的时刻落下帷幕。

5. 结语

在阐释反战以及人性主题的方面上，《穿条纹睡衣的男孩》电影与小说的内核是相同的，小说文本在细节的刻画方面有得天独厚的长处，作者通过平和却又富有张力的叙述，用文字描绘出看似平静的画面背后的惊涛骇浪，小说中没有出现任何对于血腥暴力场景的直接描写，但细节之处暗示和透露的那种恐怖让人感到无比的压抑和沉重。电影则在视觉冲击力、艺术表现力方面更胜一筹，将赤裸裸的现实呈现在观众眼前，达到震撼人心的效果。小说和电影作为两种不同的艺术表现形式，电影难以完全再现小说的全部信息，然而，导演在媒体影像的生成过程中架起了小说和电影之间的桥梁。在两种艺术形式的相通性之下，电影在解读和表达小说时，尽量保留了小说文本原有的信息与内涵，创造性地对文本进行阐释和适度的改编。

参考文献

[1] 普多夫金．论电影的编剧、导演和演员 [M]. 何力译．北京：中国电影出版社，1980.

[2] 乔治·布鲁斯东．从小说到电影 [M]. 高骏千译．北京：中国电影出版社，1981.

[3] 约翰·伯恩．穿条纹衣服的男孩 [M]. 龙婧译．西安：陕西师范大学出版社，2007.

[4] 张歆．从小说到电影——《清水里的刀子》的影像叙事研究 [J]. 文化艺术研究，2018，11（03）：85-91.

[5] 周新霞．多重蒙太奇剪辑 [J]. 电影艺术，2008（03）：123-126.

作者简介

关熔珍，博士，广西大学外国语学院教授，研究方向：比较文学与世界文学，翻译研究。

杨帆，广西大学外国语学院硕士研究生，研究方向：英美文学。

《使女的故事》中的极权主义及其影响

何紫荆

摘要:《使女的故事》把背景放在了未来的美国,作品中的美国被宗教极端分子掌权,成立了基列。《使女的故事》作为一部反乌托邦小说,和《1984》《美丽新世界》等反乌托邦代表作一样涉及了极权主义社会。其描述的耸人听闻的高压政治和对人性的压制,反映了极权社会的特点。

关键词:玛格丽特·阿特伍德,极权主义,《使女的故事》

1.《使女的故事》简介

玛格丽特·阿特伍德是加拿大最杰出的作家之一。《使女的故事》于1985年首次出版,很快成为畅销书,并获得了英国总督奖。这部小说将背景设定在未来的美国。那时,美国被称为基列,是一个极权的基督教神权国家。基列推翻了前政府。在这场突然的政变之后,一切都改变了。这个被称为基列共和国的新政权是由政治组织的军事政变建立起来的。基列是一个宗教国家,它试图通过镇压和残酷的措施来维持其统治地位。在这个国家中,妇女没有个人权利,她们被人为地划分成不同的分类。由于严重的环境污染,基列中大部分人无法生育。因此,生育率急剧下降。为使基列的大主教(掌权者)可以生养儿女,基列强迫能怀孕的妇女作使女,为大主教和他的妻子生育儿女。小说的最后一部分告诉我们,这个故事是一个被一个女性救援组织解救的使女奥芙弗雷德的回忆录。

这个故事主要是围绕着奥芙弗雷德的。她讲述了自己过去的日子和做使女的经历。

2. 极权主义

极权主义无疑是暴政的一种形式,但它不同于历史上的其他暴力统治时期。历史上,暴政通常是某个阶级在占据统治地位时,为了维护自己的利益而采取的政治行动的结果。在某种程度上,极权主义是一个过程,其目的不是维护统治，而是建立一种不需要自我反省的制度。因此，极权主义是一种对文明的暴力统治。极权主义以意识形态的形式存在，意识形态是“解释生活和世界的体系”。当极权主义所宣称的法则与现实生活发生冲突时，它选择创造事实而不是承认现实，通过标准的改变来实现对人民的统治。在这种思想的控制下，人们的行为将完全脱轨，恐怖可以随时发生，而永远无法预测其影响的目标和范围，极权主义因此成为一种恐怖行为。

极权主义控制了社会之后，一个极权主义社会就形成了。极权主义声称其行动符合历史进程。其实，在它的统治下，群众并不能感到幸福，而是在更深的痛苦和迷茫中。大众可能会被迷惑，他们是否被欺骗了。个人变成了没有头脑的机器，由于对组织的忠诚和缺乏思考而行动。对于邪恶的执行者来说，他们之所以执行极权主义的要求，是因为他们变得无法分清对错，放弃了本应属于他们的目标和动机。而存在的目的就是利用一切手段来维持现有的极权统治。

3.《使女的故事》中的极权主义

3.1 政治模式

面对小说背景中社会动荡、道德滑坡、生态环境恶化的困境，小说中的基列试图通过宗教的力量回到上帝创世之初，用宗教的力量来控制人们的思想和行为。他们试图把地球拉回原来的状态和生态。而事实上，他们用极权的方式来控制国家，用灭绝人性的手段来“挽救人类”。在基列政府开始执政后，他们使整个社会的结构发生了改变。在基列的指挥官看来，过往的一切不过只是历史的偶然。而现在“我们所做的是使一切回归自然。”（阿特伍德，2017）他们自欺欺人地认为，如果每个人都相信万能的上帝，并按照《圣经》所说的去做，所有的社会、道德和经济问题都会得到解决。为了禁止思想和行动的多元性和多样性，防止动乱和更好地管理其人民，基列以极权政治统治，并为此采取了一系列措施。最重要的一点是，一切都要有计划、统一、规范。

首先，原来的阶级消失了，他们建立了更加严格的阶级划分。不同分工的人之间的界限清晰且难以融合。女性被分门别类，并且根据她们的功能和角色穿着特定的服装。基列是一个等级森严的社会。每个人都会被贴上一个固定的标签。男性和女性都有着固定的分工，每个人不得不接受他们被安排的角色。正如丽迪亚嬷嬷所说：“自由有两种，一种是随心所欲,另一种是无忧无虑。”(阿特伍德,2017)从这个意义上说,基列建立后,人们似乎不再孤独或焦虑。尤其是对女性而言,社会地位和阶级已经确定且无法改变。她们没有权利去思考生命的意义和自我价值。基列已经决定了她们的人生。阶级不会因人的个人努力而改变。正如丽迪亚嬷嬷说过的,使女们会心甘情愿地接受她们的义务,因为她们不会去要求那些不可能得到的东西。通过“层级监视”,基列国的民众被有效地区分和控制。到处散发着怀疑和猜测的气息,任何两个个人都不可能有联系(王苹、张建颖,2005)。

国家花费大量资源来维持暴力制度,以便使人民因害怕受到惩罚而遵守规定。然而整个国家却处于一种低效的状态。基列声称它想要创造一个更好的社会,但事实上,公共权力吞噬所有的自由和自我意识,并以恐怖和胁迫的方式控制个人。基列没有以科学理性的态度拯救人类,而是利用反自然、反科学的手段,利用宗教来实现极权统治。“在洞察了人类心灵深处的愿望之后,基列国建立起了以绝对权威者为宗的教权国家。人们让渡出自身的权利,并获得相应的回报:关于‘安全’的承诺及对于‘安全感’‘内在相连’的心理慰藉。”(王一平,2017)小说中基列所采用的手段并没有使社会朝着更好的方向发展。基列“用反自然、反科学的手段,利用宗教来实行极权统治,甚至不以扼杀人性来‘挽救’人类,这样做到头来,只有把人类推向更为可怕的境地。”(陈小慰,2003)

3.2 经济层面

在经济方面,基列实施了一系列措施剥夺了女性的工作权和个人财产权,使女性失去经济独立,只能完全依附于男性。在奥芙弗雷德的回忆中,有一天她像往常一样去街角的商店买香烟,她注意到收银员是一个年轻的男人而不是通常的那位女士。随后她付钱时,发现自己的银行卡已经无效了。很快所有的妇女都被赶下她们的工作岗位,奥芙弗雷德认为这样的自己“好比被人砍掉了双脚。”(阿特伍德,2017)

事实上,基列没有好的措施来改善经济。严重的经济衰退使所有行业都不景气。过去街上的很多店面,现在都已经空置了。食物短缺,市场萧条。即使在指挥官家里,牛排也不是每天都能吃到的。更不用说,人们总是不知道为什么某一种食物会停止供应。在基列基本没有现金流通,购买每一项都需要相应的代价券。一些商品也变得非常稀有,只能在黑市上买到,使女们甚至没有护肤霜来保持皮肤湿润。奥芙弗雷德只能从她的午餐中藏一小块黄油,然后把黄油涂在皮肤上以使其不那么干燥。

基列是一个非常虚伪的社会。一开始，基列关闭了所有的色情场所。然而，基列仍然有一个地下夜总会为有权势的大主教们服务。也就是说，基列并不像他们所说的那样“纯洁”。在荡妇俱乐部那里，女人仍然是地位高的男人的玩物。当局号召人们不要追求物质上的奢侈，而要追求精神上的充实，黑市依然猖獗，妻子们依然享受着舒适的物资供给。

3.3 意识形态控制

基列有一种比军事暴力更重要的镇压方式——意识形态控制。意识形态控制是让人民主动“认同”的过程。暴力是一种强制性手段，使用文化规则是一种软手段。只有群众得到了一种心理上的认可，他们所宣称的理念才能赢得更广泛、更自觉的认同。“原教旨主义者为了加强自己的统治建立了一整套意识形态机制，用以对个体进行体制化规训和合法化改造。”（丁林棚，2015）

基列共和国想要依赖于宗教的力量，试图根据《圣经》安排一切。基列认为他们的做法是正确的，符合历史趋势。过去的一切不过是历史的畸形年代。为了让人们可以信奉他们所传教的理念，当基列在突然的政变后上台时，他们开始了一场更激烈的文化改革。文化也是思想的反映。在这样的关系下，文化自然成为极权主义统治者统治的重要手段。因此统治者掌握着文化的传播，将人们所能接触的文化知识框在一个狭小的范围之内。在基列，大多数人不能读书，虽然他们每天都在谈论上帝，但是他们却没有机会读《圣经》。只有大主教有权读《圣经》给别人听。在这种情况下，普通民众也接触不到杂志书籍，所以当奥芙弗雷德看到房间里的书时，她忍不住盯着它们看。除了对于书籍的管控，对于电视等媒体，基列也实施极为严格的管控。人们不能看电视，只有在举行授精仪式的夜晚，奥芙弗雷德才有机会和赛丽娜一起观看新闻。然而，电视所播出的新闻也未必是真实的。

在日常生活方方面面的控制之下，奥芙弗雷德也无法控制地被同化。在感化中心，她和其他人一起谴责曾有过悲惨遭遇的珍妮。奥芙弗雷德说过去她认为她是个好人，但是那个时候她不是。人们被极权主义思想同化，并实行这种极端思想。人们看似热爱自己的工作，尽管有时他们会对此表示怀疑。他们认同统治者的政治理念，尽管偶尔也会感到自相矛盾和荒谬。所有的人都被极权主义的意识形态同化了，无视自己的人性和权利。极权主义的意识形态使他们忽视了人性。人们已经忘记真实的善与恶，失去了独立思考的能力，全都沦为统治者的附庸。

4. 结论

《使女的故事》自出版以来备受关注，其原因在于对虚构的未来世界和现实世界的生动反映。虽然作者将小说的背景设定在未来，但其主题却与现实密切相关。正如作者所说，小说中的故事是真实的。极权主义会导致什么后果？这个问题很难回答。但毫无疑问，通过对这部小说的分析，我们可以更深刻地理解在一个极端社会中对人性的压抑和人们无意识的邪恶。在宗教极端主义日益猖獗、环境保护日益严峻的今天，这本书就像先知的警告，提醒人类要保持高度警惕，避免误入歧途。

参考文献

[1] 玛格丽特·阿特伍德．使女的故事 [M]. 上海：上海译文出版社，2017.

[2] 王一平．应对"风险社会"的原教旨主义国家——论《使女的故事》中"基列国"对现代社会的颠覆 [J]. 外国文学，2017（02）：122-131.

[3] 丁林棚．《使女的故事》中的话语政治 [J]. 外国文学研究，2015，37（01）：91-100.

[4] 王苹，张建颖．《使女的故事》中的权力和抵抗 [J]. 外国语（上海外国语大学学报），2005（01）：72-77.

[5] 陈小慰．一部反映现实的未来小说——玛格丽特·阿特伍德《使女的故事》评析 [J]. 当代外国文学，2003（01）：162-167.

作者简介

何紫荆，广西大学外国语学院硕士研究生，研究方向：英语语言文学。

海明威早期作品中的流动式书写研究[①]

罗俊敏

摘要：海明威的侨居生活经历对他的书写影响颇深。侨居期间，他接触到欧洲的与众不同的社会文化系统，地理空间、身份空间和交际空间都产生一定程度上的流动，并映射到文本空间的流动性表征上。地理空间的流动赋予战争与死亡主题的逐步深化；身份空间的流动牵动人物思想基调与文化审视视角的转变；交际空间的流动引领艺术创作手法的交融，创造特色的氛围营造方法。可以说，正是三个空间的流动塑造了海明威引领风潮的流动式书写模式，使他成为美国文坛的耀眼明星。

关键字：海明威，流动，书写

1. 引言

在20世纪初，以欧内斯特·海明威（Ernest Hemingway）为代表的美国著名作家集体奔赴欧洲侨居。这段经历在国内外评论界备受瞩目，学者的探讨和研究重心在于美国侨居作家这一命运共同体，抽象出他们写作的整体特征并对之进行分析，但鲜少就某个个体的流动在具体文本之中是如何表达进行深入研究。

流动性研究源自空间研究对跨越边界、建立关系的探寻。文学理论家格林布拉特等人提出文学领域的流动性包括四个方面：字面意义上的物理位移；人类、物件、意象、文本与思想的显著位变及背后的隐藏变化；文化交流的接触域（contact zone）；个体能动性与结构性制约之间的张力（Stephen Greenblatt, et al. 2010）。国内学者刘英针对文学流动性研究补充提出，要对文学表征流动进行再阐释，以创造出更多的空间和社会意义，实现表征和学科的流动（刘英，2017）。

有鉴于此，本文以流动性为方向，以海明威侨居期间创作的早期作

① 基金支持项目：2019年度广西高等教育本科教学改革工程项目《“一带一路”背景下地方高校外语专业思政教育改革探索》，项目编号：2019JGB112。

品为对象,包括短篇小说集《三个故事和十首诗》(*Three Stories and Ten Poems*)、《在我们的时代里》(*In Our Times*)和《没有女人的男人们》(*Men Without Women*)和长篇小说《太阳照常升起》(*The Sun Also Rises*)及《永别了,武器》(*A Farewell to Arms*),分析流动性在主题、人物、氛围等文本表征塑造上的体现,以展现海明威高明的书写艺术手法。

2. 地理空间流动与主题描写

2.1 战争

1921年,海明威作为外派记者,漂洋过海来到欧洲。满目战争的疮痍,令他意识到无论战争胜利或失败都伴随着流血与牺牲。随着地理空间的位移,他对战争的认识愈发深刻,描写战争成了海明威主要的写作主题。

海明威在《在我们的时代里》中借尼克之口控诉他所经历的战争的暴力和杀戮。尼克身负重伤被拖离战场,面对周围遍地敌军尸体,告予在教堂的同伴:“你我各自获得了和平”(Hemingway,2002),只有摆脱“爱国者”帽子的束缚,才能暂时免受战争之苦。正如尼克所言,海明威对一战的创伤感悟鲜有人理解,为他带来了延续且无法解脱的内在痛苦。

海明威执笔《永别了,武器》时,长时间来的战争创伤困扰以及亲眼见证欧洲的战后重建过程,令海明威对战争主题有了更完整的阐释。主人公亨利在战场上受伤进入医院接受治疗,探病的战友令他意识到战争的虚伪。恰在此时,凯瑟琳使他感受到了真诚的爱情。亨利被迫返回前线,只等到一系列无辜的流血事件发生,内心涌起了强烈的反战情绪,在冰凉的河水中洗尽了最后一丝毫无意义的军人责任,主动告别了战争。两次告别战争刻画了主人公对战争认识的递进和反战情绪的积累,最终让他做出主动离开战场的决定。然而个人的告别并不能带来永久和平,亨利逃脱了追捕,却失去了代表了希望的爱情。正如一开始战友帕西尼所言:“战争是打不完的(Hemingway,2016)”,他的人生就是一场永远无法摆脱战争的命运悲剧,就算告别了硝烟,枪声也永远在耳边回响。

2.2 死亡

死亡是海明威作品中的另一重要主题。对海明威而言,死亡不是单纯的生命结束,而是弱者的逃避或勇者的嘉奖。海明威早期在文学中对死亡主题的展现是不断变化的,这也与他在地理空间上的流动有关。

他对死亡主题的第一次正面描述是《印第安人营地》(*Indian Camp*),借与自己有相似背景的主人公尼克之口,对死亡的意识进行了最初的探讨。尼克目睹父亲为难产妇女进行无麻醉剖腹手术,旁边的丈夫因无法逃避妻子的痛苦而自尽。这个短篇故事充满了压抑的氛围,尼克在父亲的麻木回应中奠定了"死是很容易"的基础观点。正是欧洲的战争遗骸点燃了海明威特殊的死亡之思。死亡是不可避免的,也是轻易的。

死亡与英勇联系起来的转机是西班牙的斗牛项目。他在之中切实体会到了人类与死亡的搏斗坚忍不拔和勇敢果敢。人类的死亡结局或许不可避免,但那敢于奋力主宰自己命运的精神使死亡得到了升华。海明威将斗牛士直面死亡、挑战命运的精神嵌入到作品当中,成为渲染命运悲剧的重要情节。在《永别了,武器》中,亨利一开始怀着无畏死亡的责任感冲向战场,队友的死亡令他抵抗死亡命运的念头愈演愈烈,于是他逃离了战场,和凯瑟琳勇敢地追求幸福生活。海明威对死亡主题的描写并非为了证明死亡的恐怖,而是歌颂直面死亡,对抗死亡的意识。这种强烈的抗争死亡思想在后续作品均延续了下来,成为海明威作品中的重要主题。

3. 身份空间流动与人物刻画

3.1 从正义的士兵到迷惘的青年

1918年,海明威满怀热血与期待,前往一战欧洲战场,却在救助战友的过程中受伤。回乡后热度褪去,他渐渐意识到,战争是一场骗局,给他带来的是不可治愈的身心伤害。海明威对所接受的价值观产生了怀疑,而欧洲的战争疮痍和巴黎颓靡的人们更是令海明威深切意识到战争的虚假、精神的虚无,成为斯坦因所说的"迷惘的一代(海明威,2018)"。

"迷惘的一代"的思想基调逃不出"叛逆"二字。精神的虚无是对传统文明的背弃所致,出国侨居也是对传统社会的叛离。最能体现"迷惘的一代"的叛逆,当属《太阳照常升起》。他通过描写一群放浪形骸的迷惘青年来揭露掌权者借助商品消费营造出歌舞升平的假象。故事以杰克为中心展开,将相似的一代人连接起来。这群青年深受战争创伤,精神却无可寄托,唯有在麻木中表达对传统社会的不满和歌舞升平假象的批判。海明威在故事中设定了两个对立的角色皮德罗和罗伯特相互较量。皮德罗是一名斗牛士,充满勇气和激情,是新时代希望的代表。罗伯特则是如同战前海明威一样的"辉煌美国"旧时代歌颂者。海明威借布莱特的口仲裁，对旧时代精神审判出局，选择了代表新希望的皮德罗，传达革新思想。

3.2 美国青年与国际青年的身份阈限

阈限一词源自拉丁语“limen”，意为“开门，门槛”，引申意义为“过渡的或跨越界限的”。斯帕里奥苏提出：“在不同语言、不同文化和不同社会结构之间的交界、过渡状态是一种阈限空间（Spariosu，2015）”。海明威从美国搬到法国侨居，正是处在一种徘徊在两种文化之间的身份阈限空间中。他作为阈限主体，一方面对美国社会精神文明失望，自我放逐脱离了美国和自己的美国身份，在边缘化和临界中造就了身份的不确定性；另一方面来到巴黎侨居，以巴黎为据点周游欧洲各国，身份的不确定性使得主体获得双向他者视角，实现美国与欧洲文化的“交融”，以国际身份和国际视角重新审视美国文化。

《在异乡》展现了这种身份与视角的变化。系列主人公尼克是沉浸在厌弃和麻木中的美国“迷惘”青年，直到倾听了来自异乡的青年的经历，才意识到这种痛苦不仅是美国人的遭遇，而是整一代人的伤害。海明威在流动身份阈限中显示出跨界优势，获得流动的、开放的、比较的国际视界，重新审视“身份的丧失、方向的迷失、中心的丢失”，跨越狭隘的民族立场（刘英，2018）。他不再局限于对美国的虚假的传统精神文明的批判，而是从国际的角度审视战争带来的伤害。同时，他以边缘他者身份游历欧美诸国，接触并吸收各国文化与母国文化聚合交融，以此重新评估美国文化，重建文化自信，重审美国身份，从而在作品书写美国希望。他在西班牙的传统斗牛文化中看到了不惧死亡、敢于挑战的顽强拼搏精神，这种勇气带来的希望正是美国“迷惘的一代”打破当前绝望的虚伪格局所需要的。海明威将阈限中得到的拼搏精神融入作品《太阳照常升起》之中，塑造了这种精神的具现人物皮德罗。正如杰克和布莱特因皮德罗斗牛中的勇敢和顽强而重燃希望，这就是“迷惘”的美国青年心中太阳升起的地方。

4. 流动的交际空间与氛围营造

伴随着侨居活动的进行，海明威的人际交往空间也产生了一定的流动，对他的氛围营造手法产生了不容忽视的影响。早在美国为《堪萨斯城星报》撰写文章时，严格的写作训练令简短直白地描写事实成为他写作的第一要义。随后,他来到欧洲,流连斯坦因的文艺沙龙、庞德的才智之士组织、莎士比亚图书公司、卢森堡博物馆等文学和艺术地标。这些地标为作家、艺术家们搭建跨文化、跨学科的沟通桥梁,提供交流场所和出版平台,形成艺术流动的跨文化接触域。他在此与各地作家、艺术家谈文说艺,接受熏陶,形成了一个流动的交际空间。多样文学和艺术思想的碰撞和语言文化的交流,为海明威作品中颇具特色的象征氛围营造手法的成长提供了优质的营养。

象征是一种以具体的事物表现抽象的含义的写作手法,必须靠暗示、隐喻、联想等近乎猜测的技巧实现,与海明威早期受到的现实主义写作训练几乎背道而驰。来到巴黎后,海明威在斯坦因的沙龙结识意象派诗人庞德和艾略特,和二人进行深入的交流后,对意象诗中的象征手法有了深入认识。随后加入庞德"才智之士"组织,接受庞德的写作指导,与组织内作家、艺术家进行跨学科、跨文化交流,将诗歌和绘画的象征手法运用到小说写作中。

《大双心河》(*Big Two-Hearted River*)充满了意象隐喻。鳟鱼在流水激起的"动荡的砂砾迷雾(Hemingway,2002)"中游行,令尼克联想起自己的经历,象征着如尼克一般的迷惘青年在怅惘动荡的社会中无所依靠,营造出一种迷惘无助的氛围。当鳟鱼高高跃出水面,摆脱了水底的砂石迷雾,也让尼克看到了战后"迷惘一代"摆脱现状的希望,此时的氛围一如拨云见日的舒畅。另一意象则是被战火烧焦的土地染黑的蚱蜢,象征着受到战争伤害的人民。战争给包括尼克在内的所有人带来的是无法消弭的身心伤痛,尼克放飞蚱蜢,渴望摆脱这种痛苦。以蚱蜢为中心,读者借隐喻感受到了氛围从战争苦痛之沉重到解脱之轻松的转变。

5. 结语

侨居对海明威的影响是毋庸置疑的。海明威从美国前往法国侨居,以巴黎为据点周游欧洲各国,随着侨居的进行,他接触到了不同社会系统和文化系统,地理空间、身份空间和交际空间都产生了流动。他将地理空间流动中的感悟融入到文本中,成就他的流动式主题的深刻书写艺术。周转各国也使海明威的身份发生了一定的变化:一方面从维护家国正义的士兵转变成批判虚伪精神文明的"迷惘"青年,作品中体现叛逆的思想基调;另一方面接触多个社会与文化系统令他拥有了双重他者视角,在文本中以希望的基调从国际角度探讨重塑美国精神文明的可行性。侨居也为海明威提供了艺术思想流动的接触域,诞生了颇具特色的现代主义象征氛围营造手法。正如《流动的盛宴》末尾所言："巴黎永远没个完……我们总会回到那里(海明威,2018)"。海明威在欧洲的侨居生活触发了三个空间流动,牵动了文本表征的流动。其独特的流动式艺术写作手法在20世纪以来的美国文坛和社会中引领风潮,进一步促进了文学表征的流动,使得他的流动式书写被赋予了跨时代的深远意蕴。

参考文献

[1]Greenblatt. S., Županov I. G., Meyer-Kalkus R., Paul H., Nyiri P., Pannewick F. *Cultural mobility: a manifesto*[M]. Cambridge: Cambridge University Press, 2010: 250-251.

[2]Hemingway E. *In our time* [M]. New York: Scribner, 2002: 62, 128.

[3]Hemingway E. *A farewell to arms* [M]. Beijing: China Translation & Publishing House, 2016: 36.

[4]Spariosu M. *Modernism and exile: play, liminality, and the exilic-utopian imagination*[M]. London: Palgrave Macmillan, 2015: 84.

[5] 刘英,王浩然."流动的盛宴":侨居与美国现代主义文学 [J]. 国外社会科学,2018(4): 109.

[6] 刘英. 流动性研究:文学空间研究的新方向 [J]. 外国文学研究,2020(02): 38.

[7] 欧内斯特·海明威. 流动的盛宴 [M]. 汤永宽译. 上海:上海译文出版社,2018: 24,172.

作者简介

罗俊敏,广东梅州人,广西大学外国语学院硕士研究生,研究方向:英语语言文学。

空间的禁锢

——论《别让我走》中的黑尔舍姆

刘艺

摘要：石黑一雄的《别让我走》中克隆人从小生活的学校——黑尔舍姆的空间不仅是贯穿全文的线索，也是赋予这些克隆人身份禁锢的空间。本文结合列斐伏尔的空间理论，从黑尔舍姆的物质空间、社会空间和精神空间三个维度出发，论证黑尔舍姆施加于克隆人身上的空间禁锢，反思黑尔舍姆象征的空间含义。

关键词：《别让我走》，空间理论，黑尔舍姆

1. 引言

石黑一雄（Kazuo Ishiguro，1954— ），英籍日裔作家，2017荣获诺贝尔文学奖。《别让我走》是石黑一雄2005年创作的第六篇长篇小说，2005年这部作品获得英国布克奖提名。2006年获得美国亚历克斯奖等文学奖项。这本文学作品的创作以人们对克隆技术的广泛关注为背景，讲述了以三个克隆人——凯茜、露丝和汤米为中心在三个不同的地点与人生不同的阶段发生的故事。小说中的空间地理也是贯穿于小说的一个重要的线索，使人印象最深刻的空间就是小说主人公在最开始被养育的学校——黑尔舍姆。黑尔舍姆作为凯茜这几个克隆人从小生活学习的地点，对他们的影响意义不容小觑，是他们悲剧一生的发源地，也是一直潜藏在他们心中的一个标志物。

2. 文学中的空间理论

空间和时间一向是文学作品必不可少的两个要素，先前由于进步论和历史决定论强大话语的影响下（王欢欢，2018），人们对空间的关注度远远比不上对时间的重视，但随着工业革命的发展，资本主义经济文化也随之在不断进步，社会与文化需要重新阐述（吴庆军，2007）的必要性使得

人们对后现代语境中的空间进行了重新的认知与研究，空间在文学作品中的重要地位开始逐渐显露出来，理论家与学者们开始对空间进行定义与研究，当代西方空间理论中对空间的理解有个共同的认知，即空间摆脱了传统的依附性与同质性，突显出了其本体性与异质性（刘进，2007），这两点特征构成了西方当代理论的空间研究基石。

空间，在人们最初的认识上只是自己身体占据的某个场所和自己所处其中活动生活的某个区域，随后随着社会的发展和人类认知能力的提升，这种感性认知被理性认知所替代，空间被定义成为认识主体的外观感（张子凯，2007），一种主体的、内在的、本质的结构。而文学空间是作者以文字辅导为工具，以现实世界为摹本而建构的一种空间形式，文学空间是对现实空间的摹仿与重塑，它与现实空间有重叠的地方，但并不等同于现实空间。英国的文化地理学麦克·克朗在《文化地理学》一书中提出："文学不是一面反映世界的镜子，而是复杂意义网络的一部分。"（王欢欢，2018）他反对将文学空间看作死板一成不变的一个物理空间，文学并不只是从地理方面来看的一个空间，而是具有文学中的空间所反映的社会价值、文化内涵和人性剖析。麦克·克朗深受西方当代空间理论的奠基人之一亨利·列斐伏尔的影响，列斐伏尔认为空间从根本上是一种与人的创造性相关的主观空间，是人的存在方式（刘进，2007），他在《空间的生产》中提出了对于空间的新定义——"空间三元辩证法"，提出了存在社会空间的空间理论，并肯定了社会空间与先前二元论中的两个空间（物质空间和精神空间）具有同等地位的重要性。其"空间三元辩证法"中有三个空间的存在：空间实践（spatial practice），即物质空间，是自然和宇宙，这些以空间形式存在的有形的物质，以经验主义映射的地理实体，也可以被视为被感知的空间；空间表征（representations of space），即精神空间，包括逻辑抽象与形式抽象（赵海月，2012），以人类的精神形式或认知形式存在的观点和表征，也称为感觉想象的空间；再现性空间（space of representation），即社会空间，是人类生活世界的缩影，包括并升华了物质空间和精神空间，也就是逻辑—认识论的空间（赵海月，2012）。列斐伏尔提出的这三个维度的空间对于空间理论批评起到了极大地促进作用，拓宽了人们对空间这个概念的局限理解，也在文学空间的研究方面开辟了新的局面。

3. 黑尔舍姆：学生们的禁锢区域

3.1 物质空间——围困的栅栏

黑尔舍姆作为一个真实存在的地理空间，是一个专门为凯茜及她的克隆人伙伴创立的一个寄宿学校，有着比较完备的监护人与学校课程，但是一个不能与外界接触的全封闭式空间。黑尔舍姆的空间设置更像是杰拉米·边沁（Jeremy Bentham）所创造的“圆形监狱”，一个权利表征的理想模式和极致范例（周和军，2007）。黑尔舍姆的建筑类型有一座主楼，四周是空地以及围绕着主楼的建筑物，这些建筑物里的克隆人以及举动都在被主楼所象征的权力所控制，克隆人无时无刻的被监控与被禁锢的自由。

黑尔舍姆的周围地理环境无处不彰显了其对这些克隆人学生的限制与禁锢，黑尔舍姆的周围围绕着栅栏以防这些孩子逃跑，限制了孩子们外出的可能性，栅栏与树林的存在将这些克隆人小孩子困在封闭的黑尔舍姆中，前者是不能跨越的一道界限，后者是超越界限可能会面临的严重后果。黑尔舍姆的物理空间带给孩子们的是身体与心灵的双重囚禁，从建筑物的全景权利象征到周围自然景观的潜在禁止含义，都是黑尔舍姆的物理空间上带给年幼的克隆人的禁锢与限制，这种物理空间的禁锢将克隆人与人类隔绝在两个不同的世界，也深刻暗示了克隆人的生活自始至终都与人类的生活空间分割隔离。

3.2 社会空间——扭曲的身份

小说中的景观空间是自然空间的一种空间属性，在微观层面上作用于社会空间的建构、隔离和防护（陈蒙，2018）。黑尔舍姆这个社会空间又有一套属于自己的社会准则，是一个远离普通人类社会、与人类隔绝的专属于克隆少年们的社会制度。

黑尔舍姆的设立是为了培养这些克隆少年们健康成长，接着给普通人们去捐献器官。在这个寄宿学校里，凯茜与她的克隆小伙伴们做着与普通人相似却不完全相同的活动，里面会教授这些克隆人孩子美术、礼仪、体育等课程，还会有课外活动、棒球比赛、身体检查（同上）等，这些教育活动在教给孩子们一些知识的同时，给这些克隆孩子们灌输的思想就是一切都要以身体保持足够健康为基础，比如监护人刚开始讲述有关性的课程时，“他们倾向于把它和有关捐献的问题放在一起”，（同上）将两个话题自然巧妙地结合，由“做爱要十分小心避免染病”（同上）到为什么这件事情对他们这些学生们比外界的正常人更加重要，牵扯到这一切都是因为捐献。还有关于抽烟的禁止，“监护人对待抽烟的事十分严厉”（同上），每次提到抽烟都会进行训话，著名作家或领袖手里夹烟的照片会终止课堂，露西小姐对孩子们的回答“……你们是……特别的，所以要保持自身良好的状态,让自己的身体内部非常健康,这对于你们每个人远远比我来得重要”。(同上)这些关于健康重要性的教育以及对于捐献的提及,使孩子们在潜意识里就会认为捐献对他们来讲是自然而然的事情,类似于“洗脑”式的教育方法,对于外部世界全面认知的极度匮乏,恰恰反映了黑尔舍姆作为社会空间的封闭性。老师与监护人对克隆孩子们身体健康的过分关注,这些不正常的现象却被克隆人当成“理所当然”,违背了学校单纯空间的教育功能(陈蒙,2018),也建构了黑尔舍姆扭曲的社会空间含义。

文学自身不可能置身局外,指点江山,反之文本必然投身于空间之中,本身成为多元开放的空间经验的一个有机部分,它们都是文本铸造的社会空间的生产和再生产(陆扬,2004)。黑尔舍姆里的老师与监护人尽管与这些克隆人朝夕相处,但作为普通人,心理上对克隆人还是缺乏认同感,从夫人在小孩子们一拥而上时“难以掩饰的唯恐我们之中的一个人会意外的触碰到她……她怕我们如同有人害怕蜘蛛一样”;(同上)也有埃米莉小姐在之后的谈话中提及“我们都害怕你们。我在黑尔舍姆的时候,我自己几乎每天都要强忍对你们的恐惧。有好几次当我从书房窗户向下看你们的时候,我会感到那样的厌恶……”。(同上)这些克隆人虽然存在于世界上,但是被人用异样眼光对待,黑尔舍姆不仅仅意味着地理空间的隔离,更意味着将普通人与克隆人划分成了两种不同等级的群体(吴红涛,2018)。黑尔舍姆只是一个被冷落的封闭社会空间,隔绝了外部世界普通人的愧疚与逃避心理,也隔绝了克隆人融入世界的途径,是一个畸形的社会空间的映射。

3.3 精神空间——顺从的心理

黑尔舍姆使克隆人从小就对自己的风险命运有着理所当然的认知,是克隆人的精神桎梏;另一方面,黑尔舍姆是这些克隆人从小到大生活中不可或缺的烙印,黑尔舍姆的影子始终伴随在捐献尽头前的每一刻。首先,凯茜在回想起过去第一次为夫人对她们恐惧的现实而震惊失落时,模糊知道自己的使命,形成与其他人身份不同的意识:不能随意越界,要在自己被允许的范围内做该做的事情,尽管他们向往常人的生活,他们从始至终也从未想过要逃离捐献的命运,克隆人心理上定义了一个“黑尔舍姆”的区域,这个黑尔舍姆不再是单纯的物理空间意义上的学校,而是一个这些学生们在心里给自己设定的不能越界的禁锢空间,超出这个区域的世界是不能涉及的范围,只能在被约束、被限制的“黑尔舍姆”这个空间行动。克隆人生而为人，却是有别于常人的生命轨迹，他们与人类不同，被创造的意义就是捐献器官给那些器官衰竭的权贵，然而这种在常人听来不可思议的事情，凯茜他们却认为理所当然，对此毫无异议。他们在黑尔舍姆里“被告知又没有真正被告知”，被定义的身份束缚在黑尔舍姆这个空间所赋予的精神意义下。克隆人从小就被培养捐献意识，这是他们不会偏离的使命。也是黑尔舍姆附加的精神枷锁，约束的不止有身体，还有克隆人的灵魂，使克隆人乖顺地服从着不同于普通人的命运，不能反抗，也不会反抗，这是黑尔舍姆使克隆人顺从既定命运的精神空间。

在外部空间的无形逼压下，人总能凭着生命的张力进行生活的二次体验，小说中的二次体验则是在约束与规范的生活外，创造属于克隆人自己独特的认知。挪威建筑学家诺伯舒兹将这种存在体验概括为“场所精神”（Spirit of Place）（吴红涛，2018）。这源于克隆人在黑尔舍姆生活对他的依赖性以及离开黑尔舍姆后依旧怀念在此生活的心理效应，黑尔舍姆承载着克隆人的一切，尽管凯茜以及露丝、汤米离开了黑尔舍姆到了村舍，还是会经常提及黑尔舍姆，以黑尔舍姆为指向标，即使凯茜陪伴露西和汤米在康复中心度过生命最后的时光时，也会经常回忆黑尔舍姆的经历，这些克隆人的人格建构是在黑尔舍姆，最重要的塑性时期也都发生在黑尔舍姆，所以对黑尔舍姆的依赖心理也是必然结果，这也是黑尔舍姆操控克隆人精神空间的反作用。

4. 结论

黑尔舍姆是《别让我走》一书的绝对地理空间，贯穿了全文的人物与事件的进行，它的三重空间含义揭示了其对小说中克隆人无形的空间禁锢，从身体上、社会关系与精神意识上都有着强烈的束缚感，是一切的根源，也是一切结束的证据。克隆人无法逃脱的地理环境、不被认同的身份以及乖乖服从的命运都是黑尔舍姆这个空间制造的秩序枷锁，也是石黑一雄作为一个移民作家对于空间含义的深刻思考与探讨。

参考文献

[1] 陈蒙、曲涛．论空间批评视域下《别让我走》中的身份焦虑 [C]. 东北亚语言学文学和教学国际论坛组委会，2018：10–14.

[2] 刘进．论空间批评 [J]. 人文地理，2007（02）：119–122.

[3] 陆扬．空间理论和文学空间 [J]. 外国文学研究，2004（04）：31–

37,170.

[4] 吴庆军 . 当代空间批评评析 [J]. 世界文学评论,2007（02）：46-49.

[5] 石黑一雄 . 别让我走 [M]. 朱去疾译 . 南京：译林出版社,2011.

[6] 王欢欢 . 空间转向与文学空间批评方法的建构 [J]. 中国文学研究，2018（02）：60-66.

[7] 吴红涛 . 空间德性与诗性正义——论石黑一雄《别让我走》中的空间伦理 [J]. 湖北民族学院学报(哲学社会科学版),2018,36（03）：136-142.

[8] 张子凯 . 列斐伏尔《空间的生产》述评 [J]. 江苏大学学报(社会科学版),2007（05）：10-14.

[9] 赵海月,赫曦滢 . 列斐伏尔“空间三元辩证法”的辨识与建构 [J]. 吉林大学社会科学学报,2012,52（02）：22-27.

[10] 周和军 . 空间与权力——福柯空间观解析 [J]. 江西社会科学，2007（04）：58-60.

[11]Henri Lefebvre.*The Production of Space*[M].Translated by Donald Nicholson-Smith.Oxford UK：Black-well Ltd,1991.

作者简介

刘艺,广西大学外国语学院硕士研究生,研究方向：外国语言文学。

普罗米修斯在浪漫主义时期英国文学中的形象演变及其原因

刘紫瑶

摘要：本文通过对古希腊作家赫西奥德的《神谱》《工作与时日》，英国作家拜伦的《普罗米修斯》和英国作家雪莱的《解放了的普罗米修斯》的作品文本进行分析，揭示从古希腊时期到浪漫主义时期普罗米修斯在英国文学中的形象演变，探讨其变化的原因。本文的创新之处在于通过对这几部作品的整体解析，结合时代背景来展现普罗米修斯文学形象的动态变化过程。通过分析，本文得出结论：普罗米修斯从古希腊时期的盗火者形象，到浪漫主义时期被作家们赋予了新的反叛者形象，尤其是在拜伦和雪莱的作品中达到了前所未有的高度。

关键词：普罗米修斯，文学形象，浪漫主义时期，英国文学

文学与神话有着密切的关系，许多文学作品都是以神话和传说为基础的。古希腊文化源远流长，许多文学人物都可以追溯到古希腊神话。传说中，为人类取来火种的普罗米修斯，在西方历史上扮演着不同的角色。在浪漫主义时期，不少西方作家选择这一形象，从不同角度表达对普罗米修斯故事的理解。本文就普罗米修斯为何受到众多作家的青睐以及普罗米修斯的文学形象是如何改变的进行探讨。

1. 研究现状及局限性

在知网中搜索普罗米修斯和形象这两个关键词，可以找到的文献数量较少。其中，刘积源（2005）阐述道，雪莱反对妥协式的结局，普罗米修斯不肯屈服于宙斯，最后依靠大自然的力量获得了解放；拜伦表达出对普罗米修斯的同情，对施暴者宙斯的谴责和自己愿意同压迫者反抗到底的决心。

潘桂英（2013）则认为，拜伦塑造的普罗米修斯是典型的拜伦式英

雄：隐忍而悲壮，顽强振奋；而雪莱笔下的普罗米修斯则是完美的革命先驱者。

余冰（2002）认为，拜伦塑造的是为人类忍受苦难的殉道者，雪莱的普罗米修斯则是慈善人性的精灵。

这些研究都探讨了雪莱和拜伦的作品中普罗米修斯形象的差异，但很少结合古希腊和浪漫主义时期的背景进行深入研究。此外，对普罗米修斯的研究大多集中在某一位作家的具体作品上，并不能说明他的文学形象的变化是一个动态的过程。

而在国外，现任英国泰特美术馆馆长卡洛琳·考博-帕森斯，以及韦尔斯利学院比较文学主任卡罗尔·多尔蒂，也对普罗米修斯的神话演变进行了翔实的研究。这两位学者的研究具有跨文化的国际视角，为揭开神话的演变创造了丰富的背景。他们不仅注重对各种普罗米修斯神话的解读，还将普罗米修斯神话与古希腊时期和浪漫主义时期的背景相结合，探讨普罗米修斯形象的“变化”与“不变”，为本文的研究提供了一个新的视角。

本文的创新之处在于注意到普罗米修斯的文学形象是一个动态的变化过程，选择了多部关于他的作品，并结合时代背景进行研究。

2. 古希腊时期的普罗米修斯

普罗米修斯的原型可以追溯到公元前700年左右的古希腊，在赫西奥德的《神谱》和《工作与时日》中。赫西奥德的大部分作品都是关于宗教仪式和实用工艺的。

在《神谱》中宙斯和普罗米修斯的故事部分，赫西奥德首先描述了普罗米修斯是如何被惩罚的：一只长翼鹰每天吃他的肝脏，他的肝脏却在夜间重新生长。这样的痛苦日夜重复，无穷无尽。

他转而写到宙斯和普罗米修斯的冲突部分。普罗米修斯和宙斯在天上进行智慧的比拼，普罗米修斯通过花招把肉和内脏留给了人类，只留下一堆无用的脂肪给宙斯。宙斯因为被欺骗感到非常愤怒。因此，宙斯禁止人类使用火。人类没有火就不能生存，为了拯救人类，普罗米修斯用空心的茴香茎从天上偷取火种。

同样的故事在赫西奥德的作品《工作与时日》中还有另一种诠释。按照宙斯的旨意，赫菲斯托斯用泥塑了一个害羞的少女——潘多拉，用以报复人类对火的追求。当潘多拉的盒子打开后，人类开始遭受无数的灾难。

通过上述分析，赫西奥德把普罗米修斯看作一个施火者。普罗米修斯的形象是二元的。一方面,他用花招和欺骗来证明自己的智慧,这是黑暗的一面;另一方面,他为了人类的利益盗取火种并因此受到惩罚,这是善良的一面。这在一定程度上与古希腊对神的尊重产生了共鸣。

3. 浪漫主义时期的普罗米修斯

浪漫主义时期的作家深受古希腊文化的影响,选择普罗米修斯作为象征来表达浪漫主义时期的反独裁统治的愿望。

3.1 拜伦和他的"以死取胜"

在拜伦的许多作品中,当提到普罗米修斯时,大多是作为一种隐喻。例如,在《唐璜》中,他把普罗米修斯偷来的火比喻成爱。而他写的关于普罗米修斯最著名的作品,是一首"以死取胜"结尾的诗歌。

描述了普罗米修斯的苦难和诗人对他的高度赞扬和钦佩。虽然普罗米修斯是众神之一,但比起他的神性,诗人更注重他的英雄主义。与其他神忽视"死亡之苦"不同,普罗米修斯对人类表现出了极大的仁慈。在第二节中,拜伦更详细地描写了普罗米修斯受到的折磨和他对宙斯的指控。第三节是向普罗米修斯致敬。拜伦肯定了普罗米修斯不屈不挠的精神,并指出坚强的意志是有回报的。

拜伦认为人像普罗米修斯一样,有一部分是神圣的。在赫西奥德的版本中,宙斯被视作神和人类的父亲。而在拜伦作品中的,普罗米修斯与人类的关系更加密切,不仅成为人类的恩人,也是人类精神力量的源泉。

拜伦更强调普罗米修斯的勇敢、无畏和忍耐力,而不是智慧。

3.2 雪莱和他的解放了的普罗米修斯

雪莱的《解放了的普罗米修斯》是一部四幕的抒情戏剧。第一幕的背景是普罗米修斯被绑在悬崖上,以普罗米修斯的独白开始,讲述宙斯的罪行。墨丘利遵照宙斯的意愿来到人间说服普罗米修斯,然而普罗米修斯拒绝了他,宁愿忍受痛苦来等待报应的时刻。

劝说失败后,墨丘利释放了一群邪灵来折磨普罗米修斯。在第二幕和第三幕中,普罗米修斯的妻子阿西亚和妹妹潘堤亚来到了冥王的山洞,劝其营救普罗米修斯。

普罗米修斯作为一个新的形象出现了。他给人类世界带来了知识、科学、音乐、医学等。在冥王的帮助下,宙斯的统治被推翻了。普罗米修斯得到了解放。人类的世界也发生了巨大的变化：爱和希望成为世界的主题，一个快乐和光荣的主题。

4. 文学形象变化的原因

以上阐述了普罗米修斯不仅在希腊神话中作为神照亮了人性，而且在后来的浪漫主义诗歌中体现了人的终身忍耐。普罗米修斯角色的转变值得讨论。以下将探讨地域、经济因素与普罗米修斯的人格变化之间的因果关系。

4.1 古希腊时期

古希腊独特的地理环境塑造了希腊人的性格。古希腊位于地中海的东北部，三面环海。众多的港口和领海有利于工商业的发展，从而使古希腊人确立了幸福生活的观念。

工商业和航海活动都需要良好的沟通技巧。这种生产方式也培养了古希腊人的智慧和想象力，塑造了他们对人生价值的信念。这种重视哲学的思想也在许多作品中有所体现，因此，在赫西奥德的作品中，他强调了普罗米修斯的机智。

《工作与时日》的原始作用是劝诫人们努力耕作。在这样一个生产力还不是很发达的社会里，劳动生产是非常重要的，这就可以解释赫西奥德对施火者形象的重视。

与此同时，施火者的形象也反映了原始人类与自然抗争，从自然中解放的单纯愿望。

4.2 浪漫主义时期

进入浪漫主义时期，社会发生了翻天覆地的变化。

首先，18 世纪 60 年代，英国的工业革命，开创了机器取代手工劳动的时代。工业革命促进了巨大的生产关系，加强了资产阶级的力量，提出了自己的经济思想。

第二，科学技术的进步极大地解放了生产力，也带来了无数的问题。厂主通过延长工作时间和降低工人工资来榨取更多的利润。工人阶级状况悲惨，社会矛盾激化，工人运动爆发。

第三，启蒙运动所倡导的“理性王国”和法国大革命“自由、平等、博爱”的口号在后期都破灭了。浪漫主义思潮正是在对资本主义社会秩序不满的历史条件下产生的。

这些因素都对当时的作家产生了深刻的影响。在一个巨变的时代，他们都把目光投向了古希腊神话中的普罗米修斯。此时普罗米修斯的文学形象远远比古希腊时期的施火者形象更丰满。浪漫主义时期的作家大多数都在歌颂普罗米修斯，通过他反抗宙斯的故事，表达对现有制度的不满和对改革的呼吁。

此外，拜伦和雪莱的个人经历也影响了他们作品中普罗米修斯的创作。拜伦一生都在不公平的斗争中度过。目睹了浪漫主义时期统治阶级的不公和对工人阶级的压迫，自己也有着被英国政府流放的经历，拜伦在许多诗歌中表达了反对和讽刺。

雪莱的《解放了的普罗米修斯》则比拜伦的《普罗米修斯》更丰满、更完整。雪莱的再创作也造就了一个新的普罗米修斯形象，一个叛逆的战士。

5. 结论

古希腊神话有着悠久的历史，在古希腊神话中可以找到许多文学人物的原型。在所有的神话中，普罗米修斯是最著名的。艺术家们用普罗米修斯的形象进行文学创作。普罗米修斯的文学形象是随时间而变化的。

普罗米修斯的原型可以追溯到古希腊的赫西奥德的《神谱》和《工作与时日》。赫西奥德把普罗米修斯视为一个施火者。他既是人类的恩人，又是欺骗众神的骗子。他的形象是二元的。

拜伦、雪莱对普罗米修斯神话的再现仍有一定的局限性。例如，拜伦的《普罗米修斯》就反映了拜伦性格的弱点；雪莱指出了以爱作为解决问题的主题，但他的蓝图过于抽象而无法实现。即便如此，他们作品的积极方面仍然是值得称赞的，在浪漫主义时期留下了光辉的一页。

参考文献

[1]J·梅西．文学简史 [M]. 熊建编译．北京：中国友谊出版公司，2005.

[2] 赫西奥德．工作与时日，神谱 [M]. 张竹明，蒋平译．北京：商务印书馆，1991.

[3] 刘积源．普罗米修斯在西方文学作品中的人物形象比较 [J]. 社科纵横，2005（6）：239-241。

[4] 潘桂英 . 普罗米修斯在西方文学史上的形象变迁 [J]. 中国社会科学院研究生院学报,2013（02）: 104-108.

[5] 雪莱 . 解放了的普罗米修斯 [M]. 邵洵美译 . 上海: 上海译文出版社,1987.

[6] 余冰 . 欧洲文学中普罗米修斯形象的嬗变 [J]. 河南大学学报(社会科学版),2020（05）: 45-47。

[7]Corbeau, C. *From Myth to Symbol*: *The Nineteenth-Century Interpretations of Prometheus*[M]. Unpublished Ph.D dissertation, King' s College London,2005.

[8]Dougherty, C. *Prometheus*[M]. London: Routledge,2006.

[9]Gunnar, S. & Nils. G. *A History of Western Thought*[M]. London: Routledge,2001.

[10]Isaiah Berlin. *The Roots of Romanticism*[M]. New Jersey: Princeton University Press,1999.

[11]Michael Ferber. *Romanticism*[M]. London: Oxford University Press,2010.

[12]Most, G. W. *Hesiod*: *Volume I*, *Theogony. Works and Days*[M]. Testimonia. Loeb Classical Library,2006.

[13]Zillman, L. J. *Shelley's Prometheus Unbound*[M].Seattle: University of Washington Press,1959.

作者简介

刘紫瑶,广西大学外国语学院翻译硕士,英语笔译研究生,研究方向:外国文学、翻译研究。

影视剧中感叹词的翻译研究

陈佳璐

摘要：目前国内对英语感叹词进行专门化研究的情况还比较少，但是影视剧的翻译实践却急需这方面的指导。影视剧的英汉和汉英翻译，是文化交流的一种重要方式。本论文将感叹词翻译作为研究对象，进行汉英对比，分析汉英感叹词的差别。

关键词：感叹词翻译，影视剧翻译，汉英感叹词差别

1. 影视翻译简介

影视翻译属于文学翻译的一个分支，但与纯粹是书面形式的文学体裁不同。影视作品是基于图像，结合了声音和绘画的综合艺术作品，其翻译语言对逻辑、艺术、传染性等方面都有较高的要求。它必须考虑到目标语言的受众，努力照顾其语言水平并满足受众的需求。电影和电视翻译的最高标准是目标语言的观众与源语观众的心理接受度保持一致。

苏珊·巴斯奈特(2001)讨论了文化翻译概念的具体含义。"首先，翻译应以文化为单位，它不应该止步于先前的论述中。其次，翻译不仅是一个解码和重组的简单过程，更重要的是，它是一种交换行为。第三，翻译不应该只是描述原文，这取决于翻译文化中文本功能的等同性。第四，不同的历史时期有不同的原则和规范。"这些原则和规范是为了满足文化的需求以及某种文化中不同群体的需求。因此，必须从文化和社会的角度来理解文化翻译的概念，要跳出传统的翻译方法，将语义作为翻译的目标，从而促进整个文学翻译的发展。

"影视作品是现代社会不可或缺的文化形式之一，而目前国内尚无法对影视翻译进行研究。"(何占文，2011)我们必须认识到影视文学类型的特殊性，要超越传统思维的误解，重新审视这种新型文字的翻译问题，使我们对影视翻译研究的理解更加合理。我们要做好国内影视翻译理论的建设，从而进一步完善我国的整个翻译理论体系。当然，任何翻译理论

的构建都是系统而有序的，需要合理的理论指导，影视翻译理论也不例外，构建理论的关键是采取正确的研究方法。

2. 影视剧中的感叹词翻译

感叹词是中英文一个必不可少的单词类别。“它通常是一个插入组件，独立于句法结构，用来表达人们的情感。”（董海雅，2007）“大多数的感叹词出现在口语对话中，书面文字中很少使用，感叹词能够使我们的日常交流更加丰富多彩，并使文本和文章更加生动具体。”（Munday，2007）感叹词在语言使用中的普遍性是无可争议的，但是由于其词汇成分的多样性（包括一些无意义的单词，例如 ah，um，oh 等），感叹是“内心的感觉之声，而不是变化之声”。这是感叹词功能的表达，即表达讲话者的各种情感，它是最基本，最常用的功能。此功能也可以细分为情感和认知功能。前者指用来表达说话者感受的感叹词，如“啊！”要表达快乐或震惊，请使用“哦！”后者是指用来表达说话者的知识或心态的感叹词，例如使用“哦”来表达理解。具有上述等功能的感叹词或多或少取决于特定的上下文，而且更多取决于其基本语义或纯语义概念。例如，“啊！”感叹词是一种声音，它可以模拟某种情绪，根据发音的长短来表达用户的喜悦或失望，这些感觉的表达在某种程度上取决于它们的基本语义。因此，无论说话者使用何种语气或语调，都可以确保它表达出一种情感或感觉。

英语感叹词是英语中最具表现力的单词之一。“感叹词的独立性非常重要。在实际的言语交流中，感叹词与说话者的语气和语调一样灵活，可以自由地将自己的思想和感情传达他人。”（董家丽，2010）为了让我们恰当地使用感叹词，我们必须知道它在什么样的上下文中表示什么功能。就英语来说，感叹词的很大一部分是拟声词感叹词，用于模仿说话者有某种强烈感觉时产生的声音。这种拟声词通常被用来表达不同的情感和态度，如哦表示惊讶，啊表示高兴。此外，还有许多转换感叹词，如名词“耶稣”“基督”和“地狱”；形容词“亲爱的”；副词“很好”等。一些真实的单词通常被解释为感叹词，因为它们还表达强烈的感觉，尤其是负面情绪。英语感叹词与句子结构无关，与句子没有语法联系，使用感叹词可以起到增强语气、吸引注意力和增强气氛的作用。因此，从意义的角度来看，感叹词与它所位于的句子的意义是一体的。感叹词所表达的含义成为整个句子含义的重要组成部分。

3. 翻译实例

3.1 用法划分

几乎所有语言都有很多感叹词,这些感叹词有很多类似之处。但是,由于文化习俗的差异,每类语言的感叹词还有很多不同的地方。大家都熟悉的感叹词之一是 oh my god,通常用于表达惊讶,喜悦或愤怒(丁倩,2010)。我们可以通过下面的例子来了解它的一些用法。

Oh my God! I've never seen a spider like that!

哦,我的上帝! 我从未见过像这样的蜘蛛!

还有一个短语与"Oh my God"(哦,我的天哪!)的用法几乎相同,短语"Oh my gosh"(哦,我的天哪!)也很常见,有时短暂地称为"Gosh!"让我们看一下它是如何使用的:

God, can you not be so embarrassed? Here are some people to learn.

天啊,拜托你能不能不要这么尴尬,来认识一些新朋友嘛。

表达惊讶还有一些其他的方法。"Holy cow",这个短语等同于"wow",但是,此短语的使用不如上述两个短语广泛。例如,在下面的示例中,说话的人使用了这一感叹词:

Holy cow! Your new jacket is so cool!

天啊! 你的新外套好酷哦!

英语短语"all right"(没关系,还不错)。它还有其他用途。"All right"的第一个用法与 ok 相同,意为"是的"。例如,一位母亲正在向孩子布置任务:

—Walk the dog after finishing your homework, ok?

—All right, I'll do it.

—完成作业后去遛狗狗,好吗?

—好吧,我会做。

"all right"的另一个含义是"肯定"和"肯定"。例如,在一次审判中,犯罪嫌疑人对警察说"He was the one who did it, all right.","他是这样做的人,很好。"他的意思是"他做到了。我确定。"

还可以将 all right 用作"还",可以用" nice"来替换,当它修饰名词时,all right 应该用一条连接线连接,意为"没事"。我们可以看下面两段对话:

I heard you had a car accident. Are you ok?

— "听说你出了车祸。你还好吗?"

— "I'm all right now."

— "我现在很好。"

"All right" 的最后一个使用是作为感叹词，表达称赞，意思是"确定！""大！"通常会在演出期间听到它。示例如下：

当吉他手开始独奏时，整个听众都大吼一声："好吧！"

3.2 表达的重要性

感叹词通常放在句子的开头。"在对话和口语中，为了匹配说话者的语气，经常使用一些感叹词来表达叙述者的兴奋，悲伤，悲伤，遗憾，敦促等情感"（O'Connell，2007）。无论是中文还是英文，感叹词的使用频率都很高，但是在英汉互译中却很难完全翻译为对等的词语。

3.2.1 具有表达情感功能的感叹词

（1）Wow, it' s good!（"Wow" is praised））哇，很好！（称赞"哇"）

（2）Alas! My foot is killing me!（"Alas!" means suffering）啊！我的脚在折磨我！（"A！"表示痛苦）

通常，当表达积极情绪时，感叹词的音调通常较高和较短。在表达消极情绪时，感叹词的发音低，语调长，表达不愉快。说话者根据感叹词的语义并结合特定的上下文来完成单词的含义。

3.2.2 具有认知功能的感叹词

（1）Oh! I understand it! 哦！ 我明白！

（2）Aha, so that you could not come on time. 啊哈，这样您就不能准时来了。

这样的感叹词通常不像表达情感的感叹词，而是理解先前单词的内容。尽管通常伴随着一些情绪，但是这种情绪主要是从以上或下一次谈话的上下文中学习的。这里的感叹词更多是关于表达说话者的知识或心境。例如，在以上两种情况下，"哦！"和"啊哈！"专注于表达说话者的理解，即表达理解的含义以及其他心理状态。至于要表达的具体情感则取决于这种大环境。

4. 影视剧翻译中的文化与感叹词

4.1 宗教信仰

世界上所有国家的人都有不同的宗教信仰。 在英语国家，人们主要信仰基督教。基督教和《圣经》对西方国家的文化影响根深蒂固。“人们避免直接提及上帝的名字‘上帝’。”(关世杰,2005 年)大多数宗教禁忌词都变成了感叹词,例如,“我的上帝!”“天哪! 天哪!”“我的天啊!”“好主啊!”“美好的天堂!”等,表达强烈的感情,表达惊奇、喜悦或愤怒或无助的心情。这些词类似于汉语中表达祈祷、诅咒或呼吁的感叹词,例如佛教徒相信的“阿弥陀佛”和宗教人士使用的“主”。信仰文化不仅影响词汇的字面意思,而且当这些词语转换为感叹词时,还会影响这些词的扩展含义。

4.2 价值观念

根据霍夫斯泰德广泛使用的衡量当今世界各种文化价值的理论,英美文化强调个人主义,提倡个人发展,注重自力更生和独立,提倡个性表达以及更倾向于直接阐明自己的观点和态度。插入语自然成为西方人在交流中表达意见、态度和情感的重要手段,并且常常伴随着丰富的肢体语言(例如手势和表情)表达情感并营造适当的交谈氛围。与此相反,我们的东方文化则倡导强调集体利益的价值观,倡导微妙的美,专注于“此时的声音和声音无声”的艺术概念,并倾向于通过非语言因素(例如微笑、点头和手势),“在交流中使用感叹词的频率远低于英美家庭。”

4.3 习俗

咒语和脏话是英语禁忌的重要类别,如“大便”“地狱”“该死”“他妈的”等。这些脏话已被《牛津英语词典》和广播电台或电视台禁止使用,在广播时会使用这种插入语。在日常生活中。实际上,美国人很少讲这些咒语,特别是在不太熟悉的人中,因为美国人发现说脏话是很不礼貌的,而且他们也没有文化,但这并不意味着美国人不发誓。由于人们指责诅咒并且无法在口头交流中完全避免使用诅咒,因此许多坏话有委婉的说法。当使用英文中的“ shit”或“ damn”两个咒语时,很容易造成不必要的麻烦。因此,在美国语言中有一个惊叹号“射击”,只是轻微的诅咒。

4.4 性别文化

性别文化是男人和女人及其关系,性别规范和组织结构的社会观念。它反映在叹词词汇的使用上,当在口头对话中转换主题时,男人会使用“嘿,哦和听”这样的感叹词。妇女使用连词,但男人会发出更强烈的叹息甚至诅咒，如狗屎、地狱和该死的，他们更加直接和强硬，这表明，他们不受社会习俗的束缚，具有男子气概。另一方面，女性更注重语言的优雅和微妙。为了表达礼貌和礼貌，她们经常使用诸如“亲爱的我”，“哎呀”“我的良善”“我的上帝”“哦”“软糖”“哎呀”等微弱的感叹来表达惊喜或喜悦。女性经常使用“哇”和“哦”的汉语感叹词。

5. 结语

由于感叹词具有经济的语义特征，因此自然会在戏剧语言中使用频率更高。在感叹词的翻译中，最重要的是用翻译语言表达其含义，并在原文中表达说话者的情感和态度。人物的表演对于理解作者的风格和作品的特征具有非常重要的作用。尤金·奈达（Eugene Nida）在文章《翻译理论与实践》中指出：“这是原始语言在目标语言中的翻译，首先是在含义方面，其次在风格方面，最接近自然。”（Nida，2001）传统语法只是语言的一种。“对于中文翻译，它还应注意在含义和风格方面的实践。”（Nida，2003）穆勒曾指出：“短暂的互动可能比漫长的互动更有力，更有效，更有说服力。”理解两种语言中的感叹词的异同有助于加深我们对两种语言系统的理解，有助于跨文化交流和日常生活中的交流。

参考文献

[1] 丁倩．叹词“哦”的语义及其制约因素研究 [D]. 暨南大学，2010：59.

[2] 董海雅．西方语境下的影视翻译研究概览[J]. 上海翻译，2007(1).

[3] 董家丽．从言语行为理论看英语感叹词的交际语用功能 [J]. 校园英语：教研版，2010（3）：32–35.

[4] 关世杰，跨文化交流学 [M]. 北京：北京大学出版社，2005.

[5] 何占文，孙忠文．英语感叹词语汉语叹词认知对比研究 [J]. 北方文学，2011.

[6]Bassnett Susan & Andre Lefevere. *Constructing Cultures：Essays on Literary Translation*[M].Shanghai：Shanghai Foreign Language Education Press，2001.

[7] Bassnett Susan. *Translation Studies*（Third Edition）[M]. Shanghai：Shanghai Foreign Language Education Press，2004.

[8]Munday，Jeremy. *Introduction to translation——Theory and Prac-*

tice[M].The commercial pres, Beijing, 2007.

[9]Newmark Peter. *Approaches to Translation*[M]. Shanghai: Shanghai Foreign. Language Education Press, 2001.

[10]Nida, E.A. *Language, Culture, and Translating*[M]. Shanghai: Shanghai Foreign language Education Press, 2001.

[11]Nida, E.A. *Language and Culture: Contexts Translating*[M]. Shanghai: Shanghai Foreign Language Education Press, 2003.

[12]O'Connell, Eithne.*Screen Translation Clevedon: Multilingual* Matters Ltd. 2007.

作者简介

陈佳璐,广西大学外国语学院硕士研究生,研究方向:英汉互译。

浅析《索龙三部曲》小说对《星球大战》系列情节风格的影响

陈卓然

摘要：诞生于1977年的科幻电影系列《星球大战》在商业和艺术方面都取得了巨大成就，但其简单的故事内核和缺乏深度的情节设置对系列的进一步发展带来了一定的限制。1991年的《星球大战》衍生小说《索龙三部曲》扩大了故事的广度和深度，为这一系列引入了独特的现代科幻风格与新的情节发展方向，也开创了自我革新的创作传统，为《星球大战》故事风格的转变和新的成功做出了重要贡献。

关键词：科幻，衍生作品，通俗文学

1.《星球大战》系列简介

《星球大战》是由美国导演乔治·卢卡斯在20世纪福斯公司主导创作的科幻电影系列，其首部电影剧本由卢卡斯影业在1973年创作、于1977年5月23日上映。在此之后，《星球大战》系列借助多种不同媒介迅速发展，形成的庞大系列既取得了令人瞩目的商业成就，也成为一个极具知名度与影响力的文化品牌。

电影故事被设定在"很久以前一个遥远的银河系"。故事主角卢克·天行者偶然卷入了义军同盟反抗银河帝国的星际战争，他游历银河，结识了新的挚友、遭遇了强大的敌人。同时，卢克也在睿智的老导师本·克诺比的教导下学习被称为"原力"的神秘能量，成长为一名守卫银河的"绝地武士"。在故事的高潮，卢克在空战中借助原力摧毁了帝国的超级武器"死星"，成为义军同盟的英雄。

首部《星球大战》电影（1982年后被称为《新的希望》）上映后立即产生了巨大反响，在世界范围内取得了5亿美元票房成绩，位居1977年票房榜榜首。《新的希望》的成功引起了一波好莱坞太空科幻特效电影的热潮，特效技术突飞猛进，改变了美国电影行业的整体面貌。直到四十

余年后的今天，这一浪潮的影响力仍未消退。

分别于1980年和1983年上映的《帝国反击战》和《绝地归来》两部续集与《新的希望》共同构成了《星球大战》正传三部曲。1999年，首部《星球大战》前传电影《幽灵的威胁》上映，它与2002年上映的《克隆人的进攻》与2005年的《西斯复仇》被统称为“前传三部曲”，六部电影共同构成了观众熟知的《星球大战》电影系列。[1]

2. 正传电影三部曲概况与风格缺陷

《星球大战》正传三部曲上映于20世纪70—80年代，这一时期，美国新保守主义思潮兴起，“美国精神”再度盛行，文艺作品不再呈现出20世纪60年代自由主义与嬉皮士风格的颓废与另类特质，里根政府摆脱滞涨危机后美国经济也迎来了新一轮的繁荣，社会普遍弥漫着乐观积极的风气。在这样的时代背景下，故事简单、内涵浅薄的“善恶交锋”题材风靡一时。科幻“新浪潮”也正是这一文化潮流的典型代表。[2] 新浪潮时期的作品不再执着于20世纪40—60年代黄金时代科幻对严谨自然科学的追求，而是着眼于人类社会与个人情感，科幻概念只是故事的背景和舞台。[3]《星球大战》正是在这一遥远银河的科幻舞台上重现了20世纪70年代的美国社会风貌与历史文化：义军对抗帝国的战争几乎是越南战争的翻版，走私者汉·索洛等角色是美式个人英雄形象的典型代表，原力等神秘主义概念则反映了二战后美国对东方文化的好奇与关注，电影的轻松风格更是对当时美国社会气氛的最好表现。

但是，由这些复杂元素组成的正传三部曲故事十分简单。出身平凡的主角卢克·天行者离开家乡，在导师指引和好友陪同下走上英雄道路，面临黑暗的挑战，最终战胜邪恶，这一“启程—启蒙—归来”的结构明显受到了约瑟夫·坎贝尔“千面英雄”理论的启发，从中可以看到众多西方神话故事和冒险文学主角的影子。[4]《星球大战》采用的这一经典故事内核既以简单易懂的情节和深入人心的人物塑造与故事发展套路赢得了观众的喜爱，也因浅薄而套路化的情节引起了不少批评。事实上，乔治·卢卡斯本人也把正传三部曲形容为“发生在太空的奇幻电影”“为12岁男孩拍摄的电影”，丝毫没有回避电影在故事深度和叙事水平方面的缺陷。

3.《索龙三部曲》的诞生

由于正传三部曲并没有太大的野心，评论家所指出的缺陷并没有影响电影本身的质量,但在正传三部曲收官之后,肤浅的情节设置越来越难以满足拓展故事的需要。到1986年,由于收益锐减,曾经风靡一时的《星球大战》衍生作品创作已基本停止。尽管《星球大战》带来了科幻电影的繁荣浪潮,这一品牌本身却面临着被浪潮掩盖的危险。

1989年,卢卡斯影业授权部部长霍华德·罗夫曼重新启动了搁置多年的针对成年读者的文字作品出版计划。罗夫曼认为,“我们的受众年龄已经增长了……直接复制原作不会取得很好的效果,打怀旧牌既不合时宜又缺乏吸引力。我们需要创新……利用人们耳熟能详的电影角色和事件演绎新的故事。”(Roffman,2011)[8]

衍生宇宙的真正起点是作家蒂莫西·扎恩于1991年创作的长篇小说《帝国传承》。在开始为《星球大战》系列创作之前,扎恩已是一名成功的科幻小说作家,他于1984年以短篇小说《坠落点》获得了堪称“科幻文学界的诺贝尔奖”的雨果奖最佳短篇小说奖,并在1981—1983年间创作了科幻小说系列《黑领三部曲》。扎恩在6个月内完成了《帝国传承》的创作,又在1992—1993年间完成了两部续作《黑潮汹涌》和《最终指令》,这三部小说被合称为《索龙三部曲》。扎恩谈及自己的创作思路时说:“……我必须设法重现那个宇宙的视角和感觉……同时我还必须创作长达三本书的一段故事,……让电影人物获得合理的成长,还要创造出能完美融入他们的新人物。”(Zahn,2011)[4]扎恩的思路与卢卡斯影业不谋而合,《索龙三部曲》成为《星球大战》“衍生宇宙”的真正起点。[5]

《索龙三部曲》的故事发生在正传电影结束的五年后,在小说中,战败的帝国残余在一名名为索龙的出色将领领导下再次回归,对新生的新共和国发起反击。故事以索龙遇刺身亡、帝国残余败退告终,新一代的英雄也走上了自己的成长道路。

《索龙三部曲》为这一经典系列注入了新的活力。《帝国传承》刚出版就重新点燃了爱好者的热情,三部作品都取得了当月畅销书排行榜榜首的地位。伴随着《索龙三部曲》的成功,新的衍生作品也层出不穷。到1999年首部前传电影《幽灵的威胁》上映时,《星球大战》衍生小说数量已达近60部,连环画、电子游戏等其他体裁的作品更是不计其数。

4.《索龙三部曲》对《星球大战》系列的影响

《索龙三部曲》带来的最根本变革在于其更具现代气息的科幻风格。在乔治·卢卡斯等新浪潮导演的眼中,冷战时代的美国充满了昂扬乐观的风气,但是在蒂莫西·扎恩的作品中更多地反映了这一时期的科技竞赛、政治斗争和军事冲突。[6]《索龙三部曲》对宇宙空间、科学技术等概念的把握远比正传三部曲要精准。例如,奇特的星球样貌和异星种族一直是《星球大战》的经典元素,但这些元素往往停留在视觉效果层面,极少有深入的分析设定。而《索龙三部曲》中首次出现了将天体环境、星球样貌、种族形态、科学技术和社会制度等元素相结合的科学化描写,使作品中的虚构场景和人物尽可能地符合现实逻辑。这样的描写既增加了故事的丰满度和可信度,也标志着《星球大战》系列由冒险故事向严谨太空科幻的转变。

《索龙三部曲》的另一特点在于故事的发展性。早期的《星球大战》衍生故事往往受制于电影的故事框架,彼此独立,遵循同样的结构,更没有推动剧情的发展。《索龙三部曲》创造性地将故事时间推进了五年,跳出了“弱小义军对抗强大帝国”套路的限制,创造了一个和正传三部曲既一脉相承又迥然不同的合理故事背景。在这样的背景下,蒂莫西·扎恩也完成了主角人物形象的重塑。主要角色们不再是天真热情的年轻人,年龄和阅历的增加使他们变得稳重成熟,也带来了新的责任。“成长”成为了此后《星球大战》故事的重要主题。蒂莫西·扎恩没有止步于对经典作品的模仿与重现,而是开拓了一个全新的创作方向,为此后的“衍生宇宙”故事打下了基础。

5.《索龙三部曲》后《星球大战》“衍生宇宙”的进一步发展

如同《索龙三部曲》是对正传电影继承基础上的创新一样,后续的“衍生宇宙”作品对《索龙三部曲》也沿袭了继承与创新相结合的态度。21世纪后,“衍生宇宙”出现了与新的时代背景结合、与前传电影结合、作品内部结合的特点。以凯伦·特拉维斯为代表的新一代作家对扎恩开创的略显陈旧的军事科幻风格进行了又一轮革新,改善了扎恩作品中脸谱化、套路化的弊病,更多地反映了21世纪的时代特点。[7]更清晰的电影故事主线和更完善的协调规划也使衍生宇宙能够与前传电影进行更紧密的配合,电影和“衍生宇宙”的统一配合达到了前所未有的高度。同时,“衍生宇宙”内部不同体裁、风格、创作时间、剧情时代,甚至不同质量与知名度的作品之间的关联性也越来越强。可以说,“创新”本身就是《星球大战》的一大传统。

6.《索龙三部曲》对我国通俗文学发展的启示

情节简单精彩的正传电影是《星球大战》成功的关键，但这一系列能在接下来的40年间保持长盛不衰的活力，依靠的还是"衍生宇宙"与时俱进的创意。我国并不缺少精彩的通俗故事作品，其中绝大部分都比《星球大战》这一年轻的科幻系列有着更强大的生命力和更深厚的文化底蕴，原材料的数量和质量并不是我国文化产品通俗化和"走出去"所面临的难题。衍生宇宙的成功表明当代作者在将经典作品传达给读者和观众时需要在尊重原作基础上充分发挥创意，使其更加迎合当代国内外受众的喜好，这才是通俗作品在商业和质量上取得成功的关键。

参考文献

[1] 欧阳晓瑜．跨媒介叙事视野下的《星球大战》电影研究 [J]. 西部广播电视，2019（14）：114–115.

[2] 吴岩．西方科幻小说发展的四个阶段（续）[J]. 名作欣赏，1991（04）：104–108.

[3] 焦素娥，赵阳华．《星球大战》系列电影的品牌建构与社会文化价值探析 [J]. 河南理工大学学报（社会科学版），2020，21（02）：37–43.

[4] 杨扬．约瑟夫・坎贝尔的神话学理论研究 [D]. 浙江大学，2018.

[5] 姚望．走进衍生宇宙 [D]. 华东师范大学，2009.

[6] 朱光立．论21世纪美国太空科幻小说与军事科幻小说的繁盛 [J]. 齐齐哈尔职业学院学报，2009，3（01）：85–88.

[7] 张文剑．近年来欧美科幻文学作品的动态与特点 [J]. 祖国，2019（05）：94–95.

[8]Zahn T. 2011. *Heir to the Empire: The 20th Anniversary Edition*[M]. New York City, New York: Del Rey. 496 pp.

作者简介

陈卓然，广西大学外国语学院硕士，研究生，研究方向：英语语言文学。